寄语

新时代
企业民主管理实务操作
指南

范丽娜 编著

人民日报出版社

图书在版编目（CIP）数据

新时代企业民主管理实务操作指南/范丽娜编著. --北京：人民日报出版社，2022.3

ISBN 978-7-5115-7285-1

Ⅰ.①新… Ⅱ.①范… Ⅲ.①企业管理-民主管理-中国-指南 Ⅳ.①F279.23-62

中国版本图书馆 CIP 数据核字（2022）第 032325 号

书　　名：	新时代企业民主管理实务操作指南
主　　编：	范丽娜
出 版 人：	刘华新
责任编辑：	周海燕
封面设计：	先哲龙设计室
出版发行：	人民日报出版社
地　　址：	北京金台西路 2 号
邮政编码：	100733
发行热线：	（010）65369527　65369509　65369512　65369846
邮购热线：	（010）65369530　65363527
编辑热线：	（010）65369518
网　　址：	www.peopledailypress.com
经　　销：	新华书店
印　　刷：	廊坊市长岭印务有限公司
开　　本：	787mm×1092mm　1/16
字　　数：	280 千字
印　　张：	18.5
印　　次：	2022 年 3 月第 1 版　2022 年 3 月第 1 次印刷
书　　号：	ISBN 978-7-5115-7285-1
定　　价：	69.00 元

前　言

作为从事企业民主管理教学长达十余年的一名教师，每次在民主管理课程授课间隙都会有很多工会干部围绕职工代表大会、厂务公开、职工董监事等各种实务操作问题进行咨询。诚然，当前从国家层面到地方层面都出台了很多企业民主管理方面的法律法规政策，但基层企业工会干部在实践层面仍还有很多困惑无法从法条中找到解决办法。因此，希望能为工会干部编写一本拿起来就能用的民主管理"神器"的想法呼之欲出并付诸实践。

本书旨在结合国家层面出台的各项民主管理法律法规政策，主要涵盖企业民主管理的管理规范、工作要求、工作流程及参考文本等内容，为企业基层组织民主管理工作人员提供职工代表大会、厂务公开、职工董监事等知识解读和实际操作指导，使工会组织民主管理工作人员办理日常业务更有据可依、有章可查，组织民主管理工作更规范、实际操作性更强，更好地推动企业依法、科学和民主决策。

本书主要分为六章，第一章为"改革开放以来我国企业民主管理发展"，通过梳理历史脉络让读者了解我国企业民主管理的发展进程，明晰当前我国企业民主管理从法定形式上涵盖了职工代表大会、厂务公开、职工董监事等多种制度。第二章为"职工代表大会工作"，从会前筹备、会中程序再到会后工作落实，把职工代表大会完整工作流程进行梳理，并对劳资争议中涉及职工代表大会的常见案情进行法理分析，最后对实践中常见的职工代表大会问题进行解答。第三章为"厂务公开民主管理工作"，从成立厂务公开民主管理工作小组、确立厂务公开、选择厂务公开形式、建立厂务公开监督评价和考核完善机制全流程进行梳理，并对实践中常见的厂务公开问题进行解答。第四章为"职工董事、职工监事工作"，为读者梳理职工董事、职工监事的选举流程以及各项工作制度，并对实践中常见的职工董事、职工监事问题进行解答。第五章为"民主管理实践典型案例"，从正、反两个角度对职工代表大会、厂务公开、职工董监事等进行案例整理。第六章为"民主管理相关法律法规政策"，对十八大以来党中央关于民主管理工作的重要论述和现行各部委关于民主管理工作的法律法规政策进行梳理。

本书编写特点有三个。一是案例丰富，不仅包括示范性案例，还包括警示案例，从正、反两个角度为基层工会干部规范民主管理实践提供点拨。二是流程图和表格丰富，让工会干部拿起来就能用，提升工会干部的民主管理业务实践水平。三是问答形式穿插全书，结合多年工会干部在民主管理实践操作中的常见共性问题进行梳理，希望能为工会干部起到指点迷津作用。

本书在成文中得益于之前给上级工会编写《职工代表大会手册》的启发，感谢之前编写组全体成员北京市工会干部学院的范韶华老师、崔金琳老师、丁洁老师的思路启发，以此拓展至对企业民主管理实务操作的完整呈现。书中难免有不足之处，希望各位读者批评指正以完善。

范丽娜
2022 年 3 月 1 日

第一章 改革开放以来我国企业民主管理发展 1

第一节 改革开放以来企业民主管理得以逐步恢复 3
第二节 在建立社会主义市场经济体制过程中企业民主管理得以巩固发展 5
    一、职工代表制度与改革相伴发展 5
    二、职工董事制度职工监事制度探索推进 8
    三、厂务公开制度应运而生 8
第三节 在完善社会主义市场经济体制过程中企业民主管理得以深化发展 10
第四节 在全面深化改革过程中企业民主管理工作不断打开新局面 12
第五节 小结 14

第二章 职工代表大会工作 17

第一节 职工代表大会会前筹备 20
    一、起草请示报告 20
    二、成立大会筹备组 23
    三、起草报告 28
    四、选举代表 33
    五、征集大会提案 45
    六、确定会议议程 53
    七、印发报告，组织代表审议 54
第二节 职工代表大会会中程序 54
    一、预备会议 55

　　　　　二、正式会议 ··· 59
　　　　　三、临时会议 ··· 71
　　第三节 职工代表大会会后工作落实 ····································· 72
　　　　　一、传达落实会议精神 ·· 72
　　　　　二、组织职工代表活动 ·· 72
　　　　　三、处理临时重要事项 ·· 73
　　第四节 职工代表大会常见案情分析 ····································· 76
　　　　　一、职代会运作程序规范性要求 ································ 76
　　　　　二、各企业内部职代会细则规范性要求 ···················· 76
　　　　　三、企业职代会决议与上级政府决定的关系 ············ 77
　　　　　四、职工代表资格认定要求 ·· 77
　　　　　五、职代会重要事项表决要求 ···································· 78
　　　　　六、职工代表资格是否包含退休人员要求 ················ 79
　　　　　七、职代会制度与其他民主管理制度关系 ················ 79
　　　　　八、职代会制度与厂务公开制度关系 ························ 79
　　　　　九、职代会会议支出渠道 ·· 80
　　　　　十、职代会效力要求 ·· 80
　　　　　十一、公司依据未经民主程序的规章制度辞退员工的风险
　　　　　　　 ·· 81
　　　　　十二、公司依据民主程序的规章制度效力 ················ 82
　　第五节 职工代表大会常见问题及答疑 ································ 83

第三章　厂务公开民主管理工作 ··· **97**

　　第一节 成立厂务公开民主管理领导小组 ··························· 100
　　　　　一、完善组织领导机构 ·· 100
　　　　　二、强化职责，落实责任 ··· 101
　　第二节 确立厂务公开内容 ··· 108
　　　　　一、企业应当向职工公开事项 ·································· 108
　　　　　二、国有企业、集体企业及其控股企业还应当公开事项 ··· 109
　　第三节 选择厂务公开形式 ··· 111

一、向职工（代表）大会报告 ················· 111
　　　二、设置定点公开栏 ····························· 111
　　　三、定期召开党政工联席会议或职工代表大会联席会议 ··· 111
　　　四、选择新闻媒体形式 ·························· 111
　第四节　建立厂务公开监督评价和考核完善机制 ········· 116
　　　一、建立程序考核体系，强化监督与考评 ········· 116
　　　二、制订评价考核体系，实施满意度测评 ········· 116
　第五节　厂务公开常见问题及答疑 ····················· 128

第四章　职工董事、职工监事工作 ···················· **133**

　第一节　职工董事、职工监事的选举 ··················· 135
　　　一、工会提名职工董事、职工监事候选人 ········· 135
　　　二、企业党委审核确定职工董事、职工监事候选人名单 ··· 137
　　　三、职工（代表）大会选举职工董事、职工监事 ··· 138
　　　四、职工董事、职工监事报上级备案 ············· 139
　第二节　职工董事、职工监事的工作制度 ··············· 141
　　　一、职工董事、职工监事知情制度 ··············· 141
　　　二、职工董事、职工监事保密制度 ··············· 142
　　　三、职工董事、职工监事委托制度 ··············· 142
　　　四、职工董事、职工监事培训制度 ··············· 142
　　　五、职工董事、职工监事述职制度 ··············· 142
　　　六、职工董事、职工监事考核评价制度 ··········· 142
　　　七、职工董事、职工监事奖惩制度 ··············· 142
　　　八、职工董事、职工监事权利保障制度 ··········· 143
　第三节　职工董事、职工监事常见问题及答疑 ··········· 153

第五章　民主管理实践典型案例 ······················ **157**

　第一节　职工代表大会实践典型案例 ··················· 159
　　　一、典型经验 ·································· 159
　　　二、以案警示 ·································· 172

第二节　厂务公开实践典型案例 …………………………… 180
　　一、典型经验 ……………………………………………… 180
　　二、以案警示 ……………………………………………… 189
第三节　职工董监事实践典型案例 …………………………… 193
　　一、典型经验 ……………………………………………… 193
　　二、以案警示 ……………………………………………… 198

第六章　民主管理相关法律法规政策 …………………… 205

第一节　十八大以来党中央关于民主管理工作的重要论述 ………… 207
　　一、十八大以来党中央对民主管理工作的要求 ………… 207
　　二、十八大以来党中央对健全企事业单位民主管理制度出台
　　　　的文件 ………………………………………………… 208
第二节　现行各部委关于民主管理工作的法律法规政策 ………… 220
　　一、综合性法律法规政策 ………………………………… 220
　　二、职工代表大会法律法规政策 ………………………… 238
　　三、厂务公开法律法规政策 ……………………………… 257
　　四、职工董事、职工监事法律法规政策 ………………… 259

第一章
改革开放以来我国企业民主管理发展

第一章　改革开放以来我国企业民主管理发展

第一节　改革开放以来企业民主管理得以逐步恢复

1978年，邓小平同志在中国工会第九次全国代表大会的致辞中深刻地指出："为了实现四个现代化，我们所有的企业必须毫无例外地实行民主管理，使集中领导和民主管理结合起来。今后企业的车间主任、工段长、班组长要由本车间、工段和班组的工人选举产生。企业的重大问题要经过职工代表大会或职工大会讨论。企业的领导干部要在大会上听取职工意见，接受职工的批评和监督。对某些严重失职或作风恶劣的领导人员和管理人员，大会有权向上级建议给以处分或撤换。各企业的工会，将成为职工代表大会和职工大会的工作机构。因此，工会再不是有些人所认为的那种可有可无的组织了。"邓小平同志关于企业民主管理的重要论述的历史意义在于，自1978年以来，党中央把企业全面实行民主管理制度，提到事关"实现四个现代化"的高度，体现了对企业实行民主管理制度的极大关心和重视。1980年8月18日，邓小平同志在中央政治局扩大会议上的讲话中进一步指出："各企业事业单位普遍成立职工代表大会或职工代表会议。这是早已决定了的，现在的问题是推广和完善化。职工代表大会或职工代表会议有权对本单位的重大问题进行讨论，作出决定，有权向上级建议罢免本单位的不称职的行政领导人员，并且逐步实行选举适当范围的领导人。"邓小平同志的这些重要论述成为了十一届三中全会后，党中央确定企业民主管理法律政策的主要依据，以职工代表大会为基本形式的企业民主管理制度得以逐步建立恢复。

1981年5月29日至6月8日，经中央书记处批准，中央组织部、国家经委、全国总工会联合召开了全国企业民主管理座谈会，总结交流了搞好企业民主管理的经验。这次会议研究并初步确定了我国社会主义企业是"党委集体领导、职工民主管理、厂长行政指挥"的领导体制。1981年6月27日，党的十一届六中全会通过的《中国共产党中央委员会关于建国以来党的若干历史问题的决议》，把邓小平同志提出的职工代表大会制度作为党在开始全面建设社会主义时期的重要经验之一，载入史册。这也标志着企业实行职工代表大会制度，成为了邓小平同志建设有中国特色社会主义理论的一个重要思想内容，是我们党的一项重要决策。

　　1981年，中共中央、国务院相继颁布了《国营工业企业职工代表大会暂行条例》《国营工厂厂长工作暂行条例》和《中国共产党工业企业基层组织工作暂行条例》。这三个暂行条例互相配套，共同形成了当时我国企业中"党委集体领导、职工民主管理、厂长行政指挥"的领导体制。在转发《国营工业企业职工代表大会暂行条例》的同时还发出了通知（〔1981〕24号文件），明确了"职工当家作主，民主管理企业，是社会主义企业同资本主义企业的根本区别之一"；明确了各级党委要积极领导和支持职工当家做主，保障职工代表大会行使规定的权力；明确了"各级工会要把搞好职工代表大会制度作为自己工作的重点"，并"要选配相当于企业党政副职一级的干部担任企业工会主席"。《通知》还强调："推行职工代表大会制度是党的一项重要政策，各地区、各部门的党委（党组）要统一部署，组织各方面的力量，通力合作，采取切实可行的办法，指导和督促所属企业贯彻实施《国营工业企业职工代表大会暂行条例》，并且不断总结和创造经验，使职工代表大会制度进一步完善和提高，为今后全面开展企业领导制度的改革准备条件。"这对于职工代表大会制度的恢复和建立起到了积极的推动作用。1982年12月，第五届全国人大第五次会议通过的《宪法》第十六条规定："国营企业依照法律规定，通过职工代表大会和其他形式，实行民主管理。"这是职工代表大会制度第一次写入国家宪法。

　　1984年，党中央、国务院决定进行企业领导制度改革试点，对加强企业民主管理提出了新的要求。党的十二届三中全会做出的《中共中央关于经济体制改革的决定》指出："在实行厂长负责制的同时，必须健全职工代表大会制度和各项民主管理制度，充分发挥工会组织和职工代表在审议企业重大决策、监督行政领导干部和维护职工合法权益等方面的权力和作用，体现工人阶级的主人翁地位。这是社会主义企业性质所决定的，绝对不容许有任何的忽视和削弱。"决定强调：在社会主义条件下，企业领导者的权威同劳动者的主人翁地位是统一的。自此，改革开放以来，在党的历届全会，凡是涉及经济体制改革和企业改革的决定，无一例外地都对加强企业民主管理提出明确要求。

1986年，中共中央、国务院颁布了《全民所有制工业企业厂长工作条例》《中国共产党全民所有制工业企业基层组织工作条例》和《全民所有制工业企业职工代表大会条例》，并在下发通知中强调"三个条例"是在总结企业领导体制改革试点经验的基础上产生的，要进一步健全职工代表大会制度和各项民主管理制度，发挥工会组织和职工代表在审议企业重大决策、监督行政领导干部、维护职工合法权益等方面的作用。这就使我国企业民主管理进入了一个新的阶段，职工代表大会各项职权得到进一步落实，逐步成为企业领导体制不可缺少的组成部分；各级工会把职代会作为自己的工作重点，促进了工会工作的全面发展。

1988年，《中华人民共和国全民所有制工业企业法》的颁布实施，第一次通过国家立法，对以职工代表大会为基本形式的企业民主管理做出了明确规定。从此，企业民主管理在法律的轨道上更加健康地发展着，职工代表大会制度得到进一步的健全完善。

"充分发挥党组织的政治核心作用，坚持和完善厂长（经理）负责制，全心全意依靠工人阶级"这"三句话"的领导体制，是总结改革开放十几年企业管理的经验、适合中国国情、具有中国特色的企业领导体制，是历史发展的必然选择，在其后建立中国特色现代企业制度、完善法人治理结构的过程中，这"三句话"仍然具有深远的影响。

第二节 在建立社会主义市场经济体制过程中企业民主管理得以巩固发展

一、职工代表制度与改革相伴发展

1992年，邓小平同志南方谈话后，我国改革开放进入了新的历史发展阶段，中央明确建立社会主义市场经济体制。经济体制改革的各项措施纷纷出台，非公有制经济迅速发展，许多国有企业开始进行改革改制。由于社会各方对企业是否实行民主管理，以什么方式进行民主管理的认识不同，一度片面强调"能人治厂"的厂长负责制，在很大程度上削弱了企业民主管理制度，导致不少企业劳动关系矛盾激化。后来，企业进行了劳动用工、劳动报酬、社会保障三项制度的改革，建立现代企业制度，进行产权制度的改革，国有中小型企业改制等。在这一时期，企业民主管理工作在深化国有企业改革、建立现代企业制度中，发挥了积极作用，为我国改革发展和稳定提供了重要保障。实践证明，深化企业改革，必须从中国的国情和实际出发，保持和发挥自己的优势，既要借鉴国外的先进经验，又不能简单照搬西方模式，凡是企业民主管理好的企业，其改革就顺利，其劳动关系就和谐稳定。正如江泽民同志深刻指出的那样，"没有广大工人群众的支持，企业改革是不可能成功的"。

在工会组织的积极推动下，1997年9月，党的十五大报告提出"坚持和完善以职工代表大会为基本形式的企事业民主管理制度，组织职工参与改革和管理，维护职工合法权益"，第一次在中共党代会的政治报告中明确了职工代表大会作为企事业单位民主管理"基本形式"的地位，这段论述为新时期企业民主管理指明了方向、提出了新的要求：不论是企业还是事业，不论是公有制企业还是非公有制企业，都要建立民主管理制度，将职工代表大会制度拓展到了所有事业单位；进一步明确民主管理的基本工作任务，就是参与企事业的改革和管理，给民主管理工作赋予了鲜明的时代特色；明确了民主管理的基本职能就是维护职工合法权益。

在这一时期，企业民主管理法制化建设得到发展。在1986年《全民所有制工业企业职工代表大会条例》的基础上，1992年《工会法》第七条规定："全民所有制和集体所有制企业事业单位的工会，组织职工依照法律规定参加本单位的民主管理和民主监督"。1993年《公司法》第十六条规定："国有独资公司和两个以上的国有企业或者其他两个以上的国有投资主体投资设立的有限责任公司，依照宪法和有关法律的规定，通过职工代表大会和其他形式，实行民主管理"。1994年《劳动法》第八条

第一章 改革开放以来我国企业民主管理发展

规定:"劳动者依照法律规定,通过职工大会、职工代表大会或者其他形式,参与民主管理或者就保护劳动者合法权益与用人单位进行平等协商"。2001年修改后的《工会法》第六条规定:"工会依照法律规定通过职工代表大会或者其他形式,组织职工参与本单位的民主决策、民主管理和民主监督"。2004年劳动和社会保障部发布新的《集体合同规定》中规定,经双方代表协商一致的集体合同草案或专项集体合同草案应当提交职工代表大会或者全体职工讨论。职工代表大会或者全体职工讨论集体合同草案或专项集体合同草案,应当有三分之二以上职工代表或者职工出席,且须经全体职工代表半数以上或者全体职工半数以上同意。2005年修改后的《公司法》第十八条规定:"公司依照宪法和有关法律的规定,通过职工代表大会或者其他形式,实行民主管理"。2007年《劳动合同法》第四条规定:"用人单位在制定、修改或者决定有关劳动报酬、工作时间、休息休假、劳动安全卫生、保险福利、职工培训、劳动纪律以及劳动定额管理等直接涉及劳动者切身利益的规章制度或者重大事项时,应当经职工代表大会或者全体职工讨论,提出方案和意见,与工会或者职工代表平等协商确定";第五十一条规定:"集体合同草案应当提交职工代表大会或者全体职工讨论通过。"

伴随着改革的深化,职工代表大会制度在继承中创新、在改革中发展,内容不断丰富,运行机制逐步完善。除了法定的职权外,企业集体合同草案、业务招待费使用情况、领导班子建设和党风廉政有关问题,以及职工董事、职工监事和职工协商代表选举或罢免等事项,都要通过职工代表大会。职工代表大会的运行机制逐步完善,许多地方实行了企业重大决策的预告、职代会无记名投票表决以及职工代表述职、巡视等制度。在国有企业改革过程中,许多地方和企业做出规定,落实职代会对企业改制方案的审议权和对职工安置方案的审议通过权,落实职工对国有资产的监督权,落实对职工权益的各项保护措施,保证了改制的规范运作和顺利推进,促进了企业和社会的稳定。

二、职工董事制度职工监事制度探索推进

职工董事制度职工监事制度是在深化企业改革、发展现代企业制度过程中推行的一项重要的企业民主管理制度。1994年国务院决定选择百家国有企业进行现代企业制度试点,提出了建立现代企业制度的企业改革方向,为职工董事职工监事工作的开展及其制度的建立提供了契机。

职工董事制度职工监事制度是企业民主管理制度在公司制企业的一种特殊形式,是职代会制度在公司治理结构中的延伸,是职工源头参与企业管理和公司治理的重要制度安排。全国总工会于1995年下发了《关于加强现代企业制度试点企业工会工作和职工民主管理的若干意见》,明确要求,"必须在企业董事会、监事会中有工会组织职工民主选举产生的职工代表,并逐步形成充分发挥职工代表作用的制度"。党的十五届四中全会明确要求国有独资和国有控股公司董事会和监事会都要有职工代表参加,全国总工会抓住机遇,于2006年5月下发了《关于进一步推行职工董事、职工监事制度的意见》,对健全完善职工董事、职工监事制度提出了要求。党的十五届四中全会明确要求国有独资和国有控股公司董事会和监事会都要有职工代表参加。

实行职工董事制度职工监事制度,对于完善公司法人治理结构,建立健全中国特色现代企业制度,保证企业科学决策和正确决策;维护职工合法权益,建立和谐稳定的劳动关系,构建社会主义和谐社会;调动和发挥职工的积极性和创造性,促进企业发展等方面,具有重要意义和作用。实行职工董事、职工监事制度的实践,进一步确认了职工在公司制企业中的主体地位;进一步显示了在社会主义市场经济条件下,现代企业制度的优势;进一步完善了以职代会为基本形式的企业民主管理制度,深化了企业民主管理,促进了基层民主的发展。

三、厂务公开制度应运而生

党的十五大以后,企业民主管理仍在不断地创新发展。20世纪90年代,我国经济体制改革进入攻坚阶段,一些企业在经营管理中遇到了前所未有的困难。同时,企业的改革发展同广大职工切身利益的联系越来越紧密,广大

第一章　改革开放以来我国企业民主管理发展

职工了解企业改革进展情况、参与企业生产经营管理的要求越来越迫切。顺应时代发展要求，石家庄天同拖拉机厂、抚顺特殊钢厂、天津国际经济技术合作集团公司等国有企业率先实行厂务公开，积极推行民主管理，推动企业走出了困境。

厂务公开作为基层企业和职工群众民主实践的重要创举，得到了党中央、国务院的高度重视和充分肯定。1998年8月至9月，中央领导同志先后6次对石家庄天同拖拉机有限公司实行"厂务公开、民主监督"的经验做出批示。10月19日，胡锦涛同志在中国工会十三大祝词中指出："认真总结推广一些企业实行'厂务公开、民主管理'等成功经验，坚持和完善以职工大会为基本形式的企事业民主管理制度，充分发挥广大职工民主参与、民主管理、民主监督的积极性"。10月24日，尉健行同志在全总十三届一次执委会上的讲话中指出："推行厂务公开的实质是实行更加有效的群众监督。当前，我们要同纪委等有关方面一道，把它作为一个重要'抓手'，通过实行厂务公开，进一步充实职工代表大会的内容，落实职工民主管理和民主监督的权利，更好地发挥职工代表大会的作用，促进干部廉洁自律，进一步密切干群关系，推动企业改革和发展。"1998年年底成立了全国厂务公开协调小组，全国总工会是成员之一，厂务公开工作在全国迅速开展。

1999年9月22日，党的十五届四中全会通过的《中共中央关于国有企业改革和发展若干重大问题的决定》指出，搞好国有企业的改革和发展，必须切实尊重职工的主人翁地位，充分发挥职工群众的积极性、主动性和创造性。坚决维护职工的经济利益，保障职工的民主权利。进一步理顺劳动关系，依法进行平等协商，认真执行劳动合同和集体合同制度。发挥工会和职工代表大会在民主决策、民主管理、民主监督中的作用。坚持和完善以职工代表大会为基本形式的企业民主管理制度，实行民主评议企业领导人和厂务公开。

2002年6月，中共中央办公厅、国务院办公厅印发《关于在国有企业、集体企业及其控股企业深入实行厂务公开制度的通知》（以下简称《通知》）。厂务公开从一开始就是作为基层民主政治建设的经验加以宣传和推广的，《通知》把人们对于企事业单位民主管理的思想认识，提升到一个推进基层民主政治建设的新高度。学习贯彻《通知》，成为推进民主管理全面深入发展强有力的理论和思想基础。《通知》抓住了当时阻碍民主管理深入发展的主要矛盾，以制度的形式解决了职工民主参与过程中不知情的问题，在很大程度上充实强化了职代会的职权与作用。对于完善以职代会为基本形式的企事业民主管理制度，做出了全面部署，提出了明确的要求，首次对非公有制企业实行民主管理提出要求，通过法规开启了企业民主管理的新领域，把非公有制企业民主管理工作逐步提上日程，2003年9月全总发出了第一个指导非公有制企业建立民主管理制度的文件。从此非公有制企业民主管理建制工作驶上了快车道。

在各级工会组织的积极推动下，厂务公开从无到有，由点到面，呈现出全面推进、逐步规范、不断深化的良好势头，已成为国有企业普遍实行、非公有制企业逐渐推行、职工群众广泛参与的基层民主实践活动。自1998年推行厂务公开以来，对企事业单位民主管理工作的思想认识有了新的提高，各级党政领导的重视程度和推进工作力度上了一个大台阶，企业民主管理的领域和实际作用有了很大的发展，企事业单位民主管理工作进入了一个深入发展的新阶段。

在这一时期，企业民主管理工作的制度形式创新发展、工作内容不断丰富、作用效果日益凸显，法律法规不断健全的良好局面，主动地适应了经济体制改革的任务要求，在推动国有企业改革改制顺利进行，维护职工队伍和谐稳定方面发挥出应有的作用，也在建立现代企业制度的过程中焕发出了新的生机和活力。

第三节 在完善社会主义市场经济体制过程中企业民主管理得以深化发展

在党中央和国务院的高度重视下，伴随着完善社会主义市场经济体制的过程，我国企业民主管理工作在理论建设、制度建设、法制建设和舆论建设等方面取得了显著成效和进展。

第一章　改革开放以来我国企业民主管理发展

党的十七大以来，针对企业民主管理工作在市场经济条件下出现的新情况、新问题，各级工会加强了政策理论研究，积极探索企业民主管理工作的特点和规律，坚持走中国特色社会主义道路，吸收借鉴现有的劳动力产权理论、人力资本理论、利益相关者理论、全心全意依靠工人阶级理论、和谐社会理论等各种理论、观念，并与现代企业制度、企业文化、企业社会责任等相结合，形成了许多研究报告，梳理了一些基本的理论和思路：一是所有的企业都应当实行企业民主管理；二是职工代表大会制度是企业实行民主管理的基本形式；三是企业民主管理是具有中国特色的企业管理制度的有机组成部分。这些研究成果为推动企业民主管理工作创新发展特别是为非公有制企业的发展提供了新的理论支撑。

企业民主管理的社会影响不断扩大，特别是有"通钢事件"等反面典型作为前车之鉴，有青岛港、传化集团等大量先进典型的示范影响，在各级党政干部、企业经营管理者以及广大职工中形成了日益广泛的共识，大家普遍认同实行职工代表大会、厂务公开、职工董事职工监事等民主管理制度是企业实行民主管理的具体体现。企业实行民主管理，是依靠职工办企业的重要形式；是创新和完善社会管理、发展基层民主、扩大公民有序政治参与、保障人民依法直接行使民主权利的重要途径；是健全资本、管理、技术、劳动等生产要素参与分配制度，实现劳资共建、共享、共赢的客观要求；是推动建立中国特色企业管理制度，完善现代企业法人治理结构的题中应有之义；是加强党风建设和促进经营管理人员廉洁从业的有力推手；是构建和谐劳动关系、实现企业与职工和谐共赢的重要保障。

与此同时，企业民主管理各项制度深入发展。职工代表大会制度不仅在国有企业和集体企业得到普遍推行，在非公有制企业中也有了长足发展，随着企业规模和治理结构的发展变化，一些企业集团出现了内部多层级职工代表大会，比如，上海宝钢集团在承担国资委关于现代企业制度下职工民主管理实现途径的课题过程中，探索建立起一整套集团企业民主管理制度运行机制；在中小企业聚集的区域或行业，区域（行业）职工代表大会普遍推行，涌现出如江苏宜兴区域职代会、浙江临安五金灯具行业职代会、上海静安区楼宇职代会、广东佛山陶瓷行业职代会等各具特色、各有所长的区域（行业)职代会。

企业民主管理法制化建设得到长足发展。《学校教职工代表大会规定》《企业民主管理规定》和《国有文化企事业单位职工代表大会实施办法(暂行)》相继出台,进一步推进了以职工代表大会为基本形式的企事业单位民主管理制度的规范化、制度化建设。尤其是2012年,中纪委、中组部、监察部、国资委、全国总工会、全国工商联等六部门联合下发的《企业民主管理规定》,打破了企业所有制界限,明确规定所有企业都要建立以职工代表大会为基本形式的民主管理制度,这是推进企业民主管理工作的重要规范性文件。在我国地方立法中,关于企业民主管理法规的立法也正在迅速推进,相继出台了多部有关企业民主管理的地方性法规。此外,许多地方工会与党政有关部门联合下发了推行民主管理的指导性文件,有力地推动了这项工作的深入发展。这些法律法规和政策初步形成了企业民主管理的法律构架,成为依法开展企业民主管理工作的法律依据。

第四节 在全面深化改革过程中企业民主管理工作不断打开新局面

党的十八大以来,服务供给侧结构性改革各项任务,企事业单位民主管理工作力度不断加大。一方面,各级工会组织加强对企业改革改制的源头参与,充分发挥企业民主管理制度的重要作用,以规范的民主程序确保改革的顺利进行。将工作重点放在推动坚持和规范转改制的民主程序上,把"审议"企业改制方案和"审议通过"职工安置方案这两个重要的民主程序作为红线和底线,带动落实职工的知情权、参与权、表达权和监督权,凝聚共识、化解矛盾。另一方面,工会组织依托各级厂务公开协调领导机构在企事业单位持续深入开展"公开解难题、民主促发展"主题活动,引导广大职工为企业转型升级多想招,为加快发展多出力。在一些地方开展了"厂务公开民主管理宣传月""互动话公开、交流促民主""优秀职工代表提案评选""创建厂务公开民主管理示范单位、先进单位""创建厂务公开民主管理示范班组"等一系列活动,为职工践行

第一章 改革开放以来我国企业民主管理发展

新发展理念，推动企业提质增效、创新发展凝聚智慧力量。

党的十八大以来，顺应多种所有制经济共同发展，企事业单位民主管理工作领域全面拓展。各级工会组织主动作为、勇于创新，推动包括非公有制企业在内的所有企事业单位建立健全民主管理制度。全总专门下发了《中华全国总工会关于深入推进非公有制企业民主管理工作的意见》，指导推动各地下大力气推进非公有制企业民主管理工作。五年间，非公有制企业民主管理建制工作得到了跨越式发展，不仅有量的突破，而且整体水平也显著提高，特别是规模以上、管理水平较高的非公有制企业在学习借鉴国有企业的经验基础上，结合企业自身特点创新发展，建立起了一整套行之有效的民主管理制度，职工民主参与的程度可以与国有企业媲美。各地在推行区域（行业）职工代表大会制度的实践中进行了各具特色的探索，不断扩大包括劳务派遣工、农民工在内的各类人群参与面。

党的十八大以来，着眼于中国特色现代企业制度建设，企事业单位民主管理工作内容日益丰富。大量公司制企业积极推动民主管理与企业管理深度融合、与公司治理真正"嵌入"，把职工参与管理的方式从顶层治理到基层实践制度化、层次化、具体化，使职工参与从源头决策拓展到日常管理的各个层面。一是以多层级职工代表大会制度为载体，推动职工民主管理融入公司治理。许多公司制企业已经把职工代表大会作为公司治理结构的重要组成，系统设计多级职工代表大会体系，与企业管理层级相衔接，联动发挥作用，使企业民主管理与企业专业管理深度融合。二是以落实职工代表大会职权为关键，充分发挥职工代表参政议政作用。许多公司制企业能够抓住职工代表大会提案制度，涉及职工切身利益重大事项必须经职工代表大会审议通过制度和职工代表大会民主评议领导干部制度这三个关键环节，落实好职工代表大会的基本职权。三是以职工董事制度职工监事制度为平台，实现职工源头参与企业决策管理。全总专门下发的《中华全国总工会关于加强公司制企业职工董事制度、职工监事制度建设的意见》，突破了所有制限制，推动职工董事、职工监事制度的规范运作。

党的十八大以来，推动协商民主广泛多层制度化发展，企事业单位民主管理制度体系更加健全。初步形成了以职工代表大会为基本形式，以厂务公开制度、职工董事制度、职工监事制度、平等协商集体合同制度为法定形式，以职工民主管理委员会、民主议事会、劳资恳谈会、民主协商会等为补充形式的企事业单位民主管理制度体系。此外，职工民主参与的手段和载体也在随着时代的进步不断创新发展，企业内部网站、电子信箱、手机短信、QQ、微博、微信、手机APP等新媒体、新平台都被广泛运用，职工参与民主管理的互动性进一步增强，实行成本进一步降低，更多的职工群众能够在更广大的范围内参与进来。

当前，我国企事业单位民主管理工作正呈现全面发力、多点突破，纵深推进的崭新局面，职工的知情权、参与权、表达权、监督权等民主权利得到了进一步保障，主人翁地位得到了进一步彰显，党的全心全意依靠工人阶级根本指导方针得到了进一步贯彻，党的阶级基础和群众基础不断巩固，基层民主的活力不断迸发，在促进企业改革发展、维护职工合法权益方面发挥了不可替代的积极作用，也为建立健全现代企业制度、构建和谐劳动关系贡献出了"中国经验"和"中国智慧"。

第五节　小结

通过简单梳理改革开放以来我国企业民主发展变化的历史进程可以发现，企业民主管理各项制度在不同所有制企业的深入发展，显示了企业民主管理旺盛的生命力，在促进企业健康发展、维护职工合法权益、构建和谐劳动关系方面发挥了不可替代的作用。无论劳动关系和企业管理制度如何变化，职工代表大会制度虽然有反复、有争论，但是依然以其顽强的生命力坚持了下来，发展了起来，成为具有中国特色的企事业单位民主管理的基本形式。多年的实践表明，在企事业单位推行民主管理，一是促进了企业内部劳动关系的和谐稳定；二是推动了企事业改革发展；三是加强了企事业的科学管理；四是推进了基层民主政治建设；五是促进了党风廉政建设；六是提高了职工队伍素质。回顾四十年来我国企业民主管理的发展历程，从改革发端，到深化改革，再到全面深化改革，我国企业民主管理虽然几经曲折，然而每次反

第一章 改革开放以来我国企业民主管理发展

复之后,民主管理非但未被削弱,而且都取得了重大进展,上升到一个新的高度。这说明,民主管理的产生和发展不是偶然的,它是社会生产力发展的客观要求,是我国社会主义生产关系自我完善的重要体现。民主管理的发展也不是孤立的,它将伴随我国经济发展和民主建设的进展而不断完善。企业民主管理工作的发展机遇往往孕育在困难和考验之中,战胜困难、经受考验的过程就是企业民主管理不断创新发展的过程。

第二章
职工代表大会工作

第二章 职工代表大会工作

职工代表大会是企事业单位民主管理的基本形式,从工作流程来看,可以分为三个阶段即会前筹备,会中程序(包括预备会议、正式会议、根据工作需要可召开临时会议),会后工作落实。具体见图1所示。本章将重点对这三个阶段工作流程进行阐述,并对职工代表大会常见案情及问题进行分析。

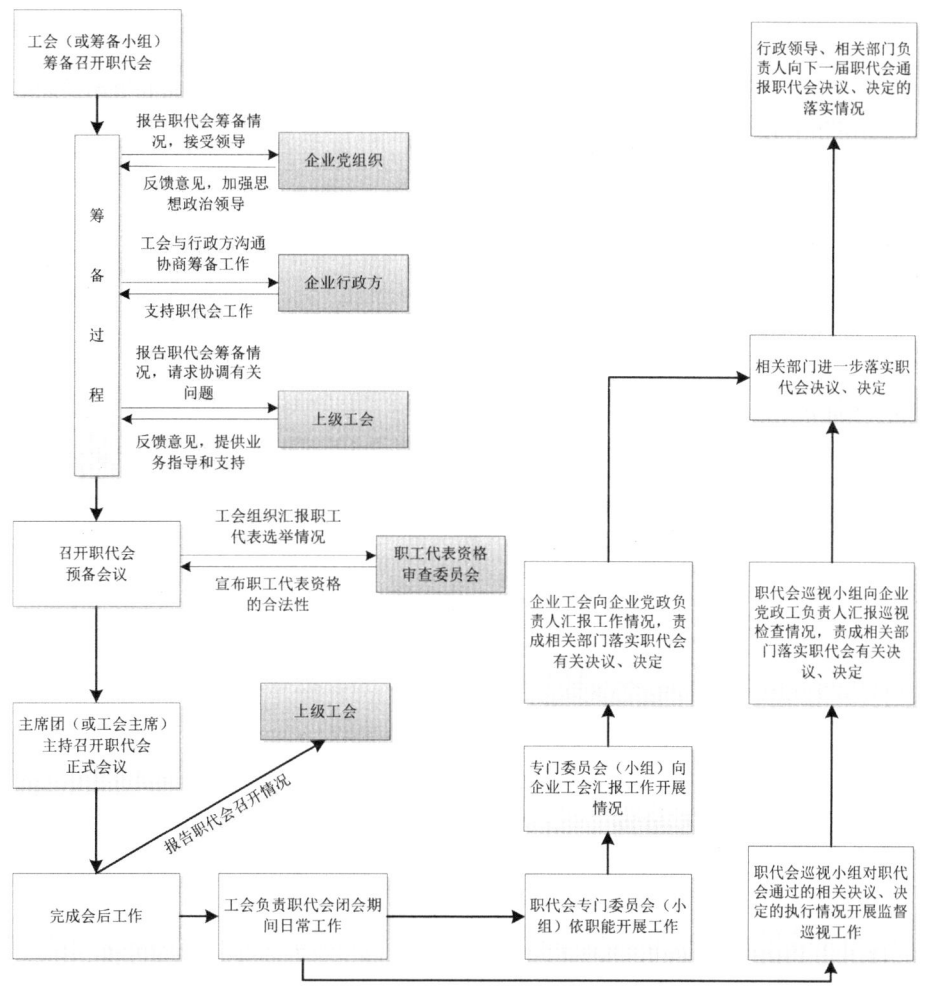

图1 职代会工作流程图

第一节　职工代表大会会前筹备

要圆满开好职工代表大会，其重要条件和基础就是要充分做好大会会前的各项准备工作。职工代表大会会前准备工作，主要包括起草请示报告、成立大会筹备组、提出大会方案，起草报告、选举代表、征集大会提案、确定会议议程、印发报告，组织代表审议等环节。（见图2）

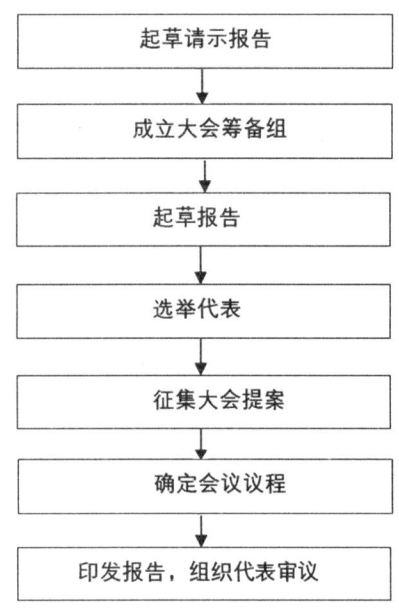

图2　职代会会前筹备流程

一、起草请示报告

（一）制订职工代表大会筹备工作的方案

内容：会议召开的任务、时间、地点、代表名额，主席团成员人选和大会的主要议程等。具体包括：

1. 明确大会筹备工作的主要领导成员、大会所设立的专门工作机构及其组成人员和工作职能；

2. 确定大会的主要任务：如大会的指导思想、上次（届）大会以来的工作总结、今后的工作思路和目标任务、大会需审议和通过的文件和提案、选举产生新一届专门工作委员会等；

3. 确定大会代表的条件、构成及产生程序；

4. 确定领导机构的配置和推选、选举办法；

5. 拟定大会召开日期及会期日程安排；

6. 预算大会会议经费。

（二）报请审批

1. 职工代表大会的筹备在党委统一领导下，工会提出召开职工代表大会的请示报告，报送同级党委和上级工会批准，由工会会同党政有关部门共同进行。

2. 同级党组织和上级工会对呈报职代会安排的请示进行批复。

3. 工会根据同级党组织和上级工会批复精神做出本次大会的安排意见。

【起草请示报告环节相关范例 & 模板】

【范例 & 模板 2-1】

第×届×次职工代表大会筹备工作方案

为开好第×届×次职工代表大会，现制订本次大会的筹备工作方案如下：

一、按照《中华人民共和国工会法》《中国工会章程》和《企业民主管理规定》等有关规定，第×届×次职工代表大会的筹备工作由工会第×届委员会负责筹备领导工作。为了保证筹备工作的顺利进行，设立筹备工作领导小组和专门工作机构。

（一）筹备工作领导小组

组　　长：×××（党支部副书记或工会主席）；副组长：×××、×××；成员：×××、×××。

（二）专门工作机构

1. 代表资格审查组：组长：×××；成员：×××、×××；负责××工作；

2. 组织秘书组：组长：×××；成员：×××、×××；负责××工作；

3. 宣传会务组：组长：×××；成员：×××、×××；负责××工作；

4. 提案审查组：组长：×××；成员：×××、×××；负责××工作。

二、大会主要任务和议题（略）

三、大会代表的条件、构成及产生程序

本单位现有职工××名，根据相关规定，代表比例为×%，本次大会设代表××名，特邀代表××名。

1. 代表条件（略）　2. 代表构成（略）　3. 代表产生程序

由职工民主选举产生。

四、会议初步拟定于×月×日召开，会期为×天。

五、会议经费预算如下：（略）

××工会委员会
××××年×月×日

【范例 & 模板 2-2】

关于召开××公司第××届第××次职工代表大会的请示

××总工会：

职工代表大会是企业实行民主管理的基本形式，也是贯彻落实党的方针政策的重要途径。为进一步加强职工代表大会的组织领导，健全完善职代会制度体系，充分调动职工参与民主管理的积极性，公司拟于近期召开第×届职工代表大会第×次会议，现将有关事项请示如下：

一、指导思想（略）

二、大会主要任务和议题（略）

三、大会代表的条件、构成及产生程序（略）

1. 代表条件

2. 代表构成

3. 代表产生程序

四、会议初步拟定于×月×日召开，会期为×天。

以上请示当否，请批复。

××工会委员会
××××年×月×日

【范例 & 模板 2-3】

关于同意召开××公司第××届第××次职工代表大会的批复

××工会：

你院《关于召开××三届一次职工代表大会的请示》收悉。经××工会委员会、教代会执委会主席办公会议研究，同意召开××三届一次职工代表大会。请按照《××教职工代表大会工作规程》《××二级教职工代表大会实施办法》有关规定开展工作。

此复

××教代会执委会
20××年××月××日

二、成立大会筹备组

1. 为加强组织领导，成立职工代表大会筹备工作领导小组，在职工代表大会召开期间，由筹备工作领导小组全面负责职代会的召开、宣传、审核等工作。

大会筹备组主要做好以下工作：

（1）搞好职工代表的选举工作；

（2）结合实际起草（修改）本企业职工代表大会实施细则；

（3）起草职工代表大会工作报告，包括职工代表大会期间有关临时解决问题的说明；

（4）选定大会中心议题，制订召开职工代表大会的工作计划；

（5）围绕大会中心议题征集职工群众提案；

（6）接收职工群众关于职工代表大会方面的意见、来访，并予以调查解决。

2. 根据工作需要，领导小组可下设若干工作小组，如代表资格审查组、宣传会务组、提案审查组等，负责大会事务工作。

【成立大会筹备组环节相关范例 & 模板】

【范例 & 模板 2-4】

关于筹备召开××公司第××届第××次职工代表大会的通知

各科室（工会小组）：

九届职代会已经届满。按照《全民所有制工业企业法》《全民所有制工业企业职工代表大会条例》及《民主管理实施细则》的规定，应改选换届。经×党委研究决定，×××第十届一次职代会拟于 2022 年元月下旬召开，具体时间另行通知。现将有关事项通知如下：

新时代企业民主管理实务操作指南

一、指导思想

深入贯彻落实党的十九大精神,以习近平新时代中国特色社会主义思想为指引,坚持全心全意依靠工人阶级的指导方针,强化以职代会和厂务公开为基本形式的民主管理、民主参与和民主监督制度,切实维护职工合法权益,更加充分地发挥职代会作用,进一步团结、动员广大职工为实现局2021年各项奋斗目标,努力夺取时代××××××建设的新胜利做出新贡献。

二、会议内容

(一) 审议

1. 《行政工作报告》。
2. 《2021年财务会计报告》。
3. 《关于九届五次职工代表大会闭会期间联席会议协商处理重要问题的报告》。
4. 《2022年职工教育工作计划》。
5. 职代会各专委会及厂务公开工作小组工作报告。

(二) 审议通过

1. 《2022年集体合同》。
2. 《关于2021年集体合同履行情况的报告》。
3. 《关于九届五次职工代表大会提案处理落实情况的报告》。
4. 《职工代表大会评议领导干部办法》。

(三) 审议和决定

《关于2021年福利费使用情况及2022年预算安排方案的报告》。

(四) 签订《2022年集体合同》。

(五) 民主评议领导干部。

(六) 选举产生十届职代会主席团、专委会等有关组织机构。

(七) 表彰先进单位和先进工作者。

(八) 其他需要提交职代会审议、通过或决定的事项。

会议主要文件将于会前15天发给各代表组,由各代表组召集人组织职工代表预审,并提出意见和建议,及时汇总整理后报职代会筹委会秘书组。

三、职工代表产生

(一) 代表条件

职工代表应是享有政治权利的现职在岗职工,并具备以下条件。

1. 能够认真学习实践科学发展观,认真贯彻执行党的路线、方针、政策,有一定的政治觉悟和理论水平。

2. 密切联系群众，有较高的威信，能如实反映职工的意愿，代表和维护职工的合法权益。

3. 有较强的事业心和责任心，业务突出，在××××××建设和和谐企业创建中起表率作用并取得显著成绩，善于团结同志一道工作。

4. 具备参与单位民主管理的素质和能力，勤于调查研究，积极为单位或部门的改革发展稳定建言献策。

5. 高中以上文化程度。

（二）代表比例和成分

根据《企业职工（代表）大会实施办法》，经×党委研究决定，本届代表名额为×××人，约占职工总数的××%。按照有关规定，代表成分构成的指导性比例是一线职工代表占50%以上，技术和管理人员代表占40%以上，×领导干部（班子成员）代表不超过代表总数的10%。其中，青年职工、女职工和少数民族代表占适当比例。

（三）代表选举

十届职代会职工代表，以各选区选举产生。领导分到××××参加选举。按照分配的名额，组织召开职工会议通过无记名投票的方式选举产生。对一线职工代表候选人的产生，有条件的可以采取竞选的方式进行。代表分配名额、代表条件、选举结果要向全体职工公开。

代表选举工作应在2022年1月15日前完成，新当选代表名单报工会。工会将在召开职工代表大会前对新当选的职工代表进行培训。

四、组织机构和代表团组成

1. 代表组。第十届职代会代表结合地区和系统划分成代表组。按照有关规定推选组长和副组长。

2. 主席团。按照有关规定，十届职代会主席团人数约占职工代表总数的15%。

3. 专委会。按照有关规定，十届职代会设立安全生产经营、生活福利、评议监督领导干部、提案审理、劳动法律监督和青年工作等专委会。

五、提案征集

1. 在组织新当选职工代表征集提案过程中，要进行广泛调查论证。代表提案应符合三个原则：一是属于×××权限范围内能够解决的问题；二是属于×××改革发展、劳动关系和谐、安全生产、经营管理、挖潜提效、技术进步、后勤保障、生活福利、队伍稳定等方面的重要问题；三是提案要一事一案，简明扼要，写明案由、问题和解决问题的建议。各×××要对提案进行认真审核，切实提高提案质量。

2. 为方便职工代表职代会提案的梳理和查询，各×××提案要求以电子版方式征集，同时打印填写提案表，由职工代表本人和提案附议人签字后，于职代会召开前报工会。（联系电话：111111）

六、组织领导

×××党委决定成立十届一次职代会筹备委员会。

主任委员：×××　×××

副主任委员：×××　×××　×××

委　　员：×××××……

下设会务、秘书、组织提案、评议干部、集体合同、宣传、生活保障等筹备组，分别进行筹备工作。

十届一次职代会，是在党的十七届六中全会、"十二五"规划即将全面实施，×××现代化建设深入推进，××××××建设向更高水平迈进的形势下，召开的一次重要会议。开好这次会议，对于更好地落实党的依靠方针，充分凝聚广大干部职工的智慧和力量，科学谋划、有效推动×××在科学发展的轨道上加快前进，具有重大的政治意义和现实意义。各×××××要高度重视、积极配合，共同做好十届一次职代会的各项筹备工作，动员广大职工以饱满的政治热情和主人翁责任感，积极为×××改革发展稳定建言献策，立足本职，拼搏奉献，以实际行动迎接××××十届一次职代会的召开。

××××××党委办公室　　20××年××月××日印发

【范例&模板2-5】

关于成立××公司第××届第××次职工代表大会筹备工作领导小组
和工作机构的通知

公司各工会分会（小组）：

经研究，定于近期召开第×届×次职工代表大会。为使本次代表大会筹备工作顺利进行，特成立职工代表大会筹备工作领导小组和工作机构。

一、筹备工作领导小组

组　　长：×××（党支部副书记或工会主席）；

副组长：×××、×××；

成　　员：×××、×××；

第二章 职工代表大会工作

工作职责：修订公司职代会实施办法；组织选举职工代表；起草职代会筹备工作情况报告；研究确定本次职代会主要议题和议程；听取职工意见和建议等。职代会筹备领导小组下设代表资格审查组、提案审查组。

二、专门工作机构

1. 代表资格审查组：组长：×××；成员：×××、×××；

工作职责：负责对职工代表条件、产生程序、人员构成比例等进行审核，并负责职工代表名单公示工作，接受职工监督。

2. 宣传会务组：组长：×××；成员：×××、×××；

工作职责：负责利用墙报、广播等形式宣传职代会的目的、意义；负责大会场所的布置；负责安排特邀代表等接待工作。

3. 提案审查组：组长：×××；成员：×××、×××；

工作职责：负责职代会召开期间收集、审查、整理提案，分送相关部门（单位）处理。对涉及全局性重大问题的提案，向职工代表大会提出建议列入会议议程；职工代表大会闭幕期间定期组织组工代表，检查有关部门（单位）落实提案的情况，负责向下次职工代表大会做出报告；对不认真处理职工代表提案的有关部门（单位）或个人，提案审查组可提出批评，直至建议予以必要的处分；维护职工的民主权利，接受职工申诉。

××工会委员会

××××年×月×日

【范例 & 模板 2-6】

××公司第××届第××次职工代表大会组织结构图

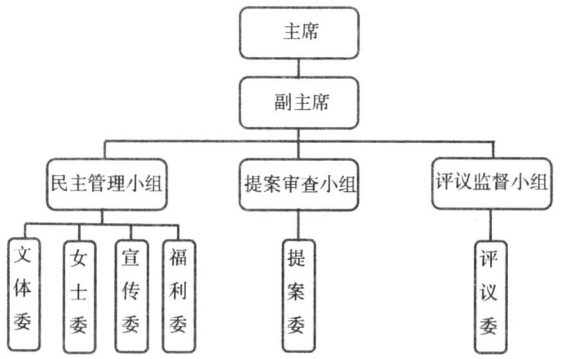

三、起草报告

1. 大会筹备组召开会议确定本次职工代表大会要审议或通过的报告内容，例如企业本年度经营工作情况报告、人力资源部门拟出台的涉及职工切身利益的规章制度、集体合同或本年度工资集体协议等。

2. 大会筹备组对起草报告人员进行合理分工，着手起草报告工作。

【起草报告环节相关范例 & 模板】

【范例 & 模板 2-7】

××公司第××届第××次职工代表大会宣传口号

充分发扬民主，开好第×届×次职工代表大会；

珍惜民主权利，选好职工代表；

全心全意依靠工人阶级，深化企业民主管理；

加强工会组织建设，全面履行四项社会职能；

以优异的成绩迎接第×届×次职工代表大会的召开；

……

【范例 & 模板 2-8】

××公司第××届第××次职工代表大会筹备工作报告

各位代表、同志们：

（略）

下面，我受大会筹委会的委托，向各位代表报告大会的筹备工作情况。

第一阶段：明确本次大会的主要任务和中心议题。一是制订了本次大会的工作程序，拟定宣传提纲，向广大职工宣传了代表条件、选区划分和代表比例等要求，×月×日完成了代表的选举、资格审查及公示工作；二是积极开展了提案征集工作，共收集提案信息×件。×件及时交有关部门办理，×件提交职代会讨论。

第二阶段：开好预备会。预备会议选举产生了大会主席团，在征求各代表组意见的基础上，由工会提出候选人，与行政联席会议协商确定，提交预备会议采取举手通过的方式产生。（根据实际可以省略此阶段）

第三阶段：会同行政领导和有关部门审议会议的有关文件并定稿，提交职代会审议。宣传组、会务组为大会的顺利召开，进行了会场布置、场内外

第二章 职工代表大会工作

宣传等工作,付出了辛勤的劳动。在此,我代表筹委会对同志们表示衷心的感谢!

至此,筹委会完成了预期任务,不当之处请代表们批评指正。

第×届×次职代会筹委会
××××年×月×日

【范例 & 模板 2-9】

××公司第××届第××次职工代表大会代表资格审查报告

各位代表、同志们:

第×届×次职工代表大会代表资格审查组按照筹备领导小组安排,对各代表的资格进行了严格审查。现在我受代表资格审查组的委托,向大会做资格审查报告,请予审议。

根据《工会法》《中国工会章程》《企业民主管理规定》和《××职工代表选举办法》等规定,××单位第×届代表数额为全体职工总额的×%。各分会(小组)在广泛征求意见的基础上,首先确定了代表候选人,然后严格按照代表条件和民主集中制原则,经民主选举(或通过职工代表竞争)产生职工代表××名。从代表结构来看,中层×名,占×%;技术管理人员×名,占×%;一线生产人员×名,占×%。其中女职工代表×名,占×%。从文化层次结构来看,研究生、本科、专科以上学历的各占×%。共产党员×名,共青团员×名,民主党派人士×名。另外还有省市级劳模×名,先进工作者×名等。

本届职工代表大会选出的代表,不但具有广泛的普遍性和代表性,而且还有较高的文化素质和政治素质,具有较强的主人翁责任感和参政议政能力,深受职工信赖和拥护,为完成好本次职代会的各项工作任务,提供了坚实的组织保证。

代表资格审查小组认为,××单位第×届职代会的×名代表符合代表条件和民主程序要求,代表资格真实有效。

以上报告,请审议。

第×届职代会代表资格审查组
××××年×月×日

【范例 & 模板 2-10】

××公司第××届第××次职工代表大会提案处理落实情况报告

各位代表、同志们：

我受第×届×次职代会提案工作委员会的委托，向大会报告提案的落实和提案征集、审查处理情况。

一、上次职代会提案的处理落实情况

上次职代会上，代表们表达了加快公司发展的共同心愿，并对公司今后的工作提出了许多好的意见和建议，这充分体现了代表们对公司发展的关心和支持，有××件提案立案。职代会结束后提案工作委员会对立案的提案进行了认真研究，提出了落实意见，向提案涉及部门的分管领导做了汇报。公司领导对提案工作非常重视，要求"对代表的提案要认真对待，件件落实，并加强督办"。各有关单位对各提案事项做到了件件落实，并将提案落实情况向提案人做了反馈。从提案人反馈的情况来看，对提案结果表示满意的××人，占提案总数的×%；基本满意的×人，占提案总数的×%。

二、本次职代会提案的征集情况

根据《××公司职工代表大会提案工作暂行办法》的要求，各代表团以高度的政治责任感，在认真讨论了公司工作报告的基础上，认真组织了提案征集工作。各位代表围绕有关公司贯彻执行党和国家的路线、方针、政策等问题；公司的发展改革；企业文化建设及科研、后勤等方面，提出了积极中肯的提案和建议。截止至前，大会共征集提案×件。

三、提案的审查情况

对所征集的×件提案，大会提案工作委员会严格按照有关程序和规定，进行了认真细致的审查。

经过审查汇总，提案和建议大体涉及以下几个方面：

1. 关于……方面的提案和建议×件，占×%；
2. 关于……方面的提案和建议×件，占×%；
3. 关于……方面的提案和建议×件，占×%；

……

通过审查，我们认为：这次职代会征集的提案和建议整体质量较高，各位代表对关系企业发展、改革的重大问题，明年的工作以及广大职工关心的其他问题提交的提案和建议，充分体现出了强烈的主人翁责任感和参与意识。代表们提交的提案基本符合提案规范要求。有××件符合立案条件，予以立案；

第二章 职工代表大会工作

有×件不符合立案要求，作为建议和意见将由大会提案工作委员会转请有关方面研究处理。对已立案的提案将由提案工作委员会分别交有关部门研究处理。

各位代表，提案是反映职员工意见和要求，行使民主权利，参与企业管理的重要形式，提案工作委员会将认真做好提案的落实工作，努力做到件件有着落，案案有交代，并在下一次职代会上向大会报告提案的落实情况。

以上报告，请大会审议。

第×届×次职工代表大会提案审查组

××××年×月×日

【范例 & 模板 2-11】

××公司第××届第××次职工代表大会预备会议主持词

各位代表：

现在举行第×届×次职工代表大会预备会议。

本次大会应出席代表×名，今天实到代表×名，因事、因病请假×名，实到代表占应到代表的三分之二以上，符合法定要求，可以开会。

今天预备会议的议程是：

1. 报告职工代表大会的筹备情况；
2. 审议通过代表资格审查报告；
3. 通过主席团名单和秘书长名单（可以省略）；
4. 通过职工代表大会的议程和日程安排。

第一项，请×××报告职工代表大会的筹备情况（或由主持人汇报）。代表资格审查报告和职工代表大会的议程已经公司工会委员会和联席会议审议通过，职工代表大会的主席团名单和秘书长名单各代表团（组）也进行了认真的酝酿，现在提请预备会议通过。

第二项，通过代表资格审查报告。

请代表资格审查组长向大会报告。

（组长报告后）各位代表对这个报告有什么意见，请发表。

（没有意见或有意见发表完之后进行举手表决）

第三项，通过大会主席团名单（根据单位实际情况，可以省略）。

请工作人员宣读大会主席团名单。

（宣读后）表决同第二项。

第四项，通过大会秘书长名单（根据单位实际情况，可以省略）。

（宣读后）表决同第二项。

第五项，通过大会议程和日程安排。

（宣读后）表决同第二项。

请大会主席团成员到××会议室参加主席团第一次全体会议。

现在休会，代主席团第一次全体会议结束后，继续开会，通报主席团会议的有关情况。

预备会议的议程现在已经全部进行完毕。

【范例 & 模板 2-12】

××公司第××届第××次职工代表大会开幕词

各位代表、各位领导、各位来宾：

经过第×届职代会筹备委员会的集体酝酿和广大职工的积极配合，××公司第×届×次职工代表大会现在开幕了。首先，我代表公司向大会表示热烈的祝贺，向全体代表表示崇高的敬意，向应邀前来参加大会的上级工会领导和各位来宾表示热烈的欢迎！

职工代表大会是企业实行民主管理和民主监督的基本形式，是广大职工行使民主权利的机构，是企业现代管理体制的重要组成部分。本次职工代表大会是单位全体职工政治生活中的一件大事，也是单位民主管理中的一件大事。开好这次大会，对于发扬职工主人翁精神，加强企业民主管理，调动职工积极性等方面都具有深远的意义。

本次职代会主要有以下×项议程：

1. 听取审议××关于《×××》的工作报告；
2. 听取审议通过本年度集体合同执行情况报告；
3. 听取审议提案处理落实情况报告。

希望与会代表要密切结合工作实际，紧紧围绕会议主题，认真履行民主权利，以主人翁的态度畅所欲言，团结一致，同心同德，为单位的发展提供既有利又切合实际的良好建议。

最后，让我们祝愿××单位第×届×次职代会圆满成功！

××××年×月×日

【范例 & 模板2-13】

××公司第××届第××次职工代表大会主持词

各位代表：

根据大会议程安排，现召开××单位第×届×次职工代表大会，今天出席大会应到正式代表×名，请假×名，实到正式代表×名，超过应到代表三分之二，符合法定人数，可以开会。

今天出席我们大会的领导有：……，嘉宾有：……，让我们以热烈的掌声欢迎他们的到来。

现在我宣布：××单位第×届×次职工代表大会开幕。

请全体起立，奏《国歌》，请坐下。

大会进行第一项，请×××同志致开幕词；

大会进行第二项，请×××做关于《×××》的工作报告；

大会进行第三项，请×××做《提案处理落实情况报告》；

大会进行第四项，请×××做《××年工资奖金分配方案的报告》；

……

下面请各代表进行分组讨论，××分钟之后对×××报告等进行审议。

（分组讨论后）下面继续开会。

请各位代表举手表决×××报告。

请工作人员宣读《关于×××报告的决议》。

请×××领导讲话（或致闭幕词）。

请全体起立，奏《国歌》，请坐下。

现在我宣布：××公司第×届×次职工代表大会胜利闭幕！

四、选举代表

依照本单位代表选举办法，以选区为单位，由职工直接选举产生职工代表。代表实行常任制，可连选连任。

新时代企业民主管理实务操作指南

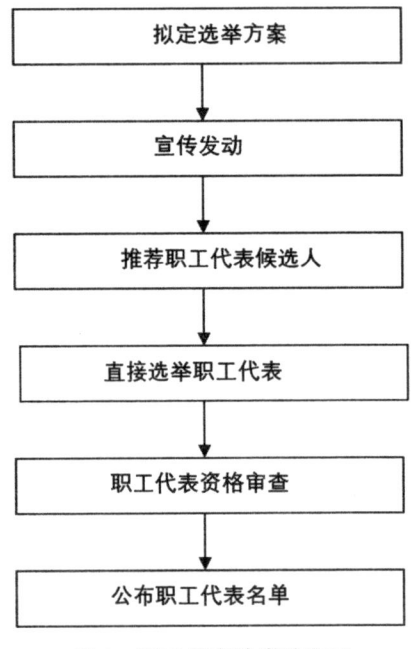

图3 职工代表选举流程图

（一）拟定选举方案

根据企业职工人数和部门设置状况，确定职工代表总数及名额分配方案，并根据企业的实际情况按班组或分厂、车间、处（科室）划分选区，制定具体选举办法。

职工代表人数应当按照企业全体职工人数的一定比例确定，具体比例和人数应当按照本企业职代会实施办法（细则）确定，或由企业与工会协商确定，职工代表人数按照不少于全体职工人数的百分之五确定，但最少不得低于三十人。企业职工人数在五十人以下的，应当召开职工大会。

与企业签订劳动合同建立劳动关系以及与企业存在事实劳动关系的职工，有选举和被选举为职工代表大会代表的权利。

职工代表在任期内因跨选区工作岗位变动或企业与其终止、解除劳动关系，其代表资格自行终止，缺额应当由原选举单位按照规定补选。

职工代表中应当有工人、技术人员、管理人员、企业领导人员和其他方面的职工。其中企业领导人员一般不超过职工代表总数的五分之一。

职工代表人数较多的可以按选区组成代表团（组），推选团（组）长。

第二章　职工代表大会工作

（二）宣传发动

企业工会要组织做好宣传发动工作，使职工充分认识选举职工代表的重要性，以认真负责的态度选好职工代表。

（三）推荐职工代表候选人

在宣传发动的基础上，以选区为单位充分发扬民主，按有关选区大多数职工的意愿确定代表候选人。

（四）直接选举职工代表

各选区按照分配的代表名额，组织职工进行直接选举。一般采取无记名投票方式差额选举。大型企业或集团，可以在分厂或车间职工代表大会的职工代表中推选产生企业职工代表大会的职工代表。

企业主要领导应分到各选区以普通职工的身份参加选举。

选举（撤换）职工代表，必须有选区全体职工三分之二以上参加，得到选区全体职工总数二分之一以上同意票者方可当选（撤换）。管理层级较多的企业，参加上一级职代会的职工代表，可以在下一级职代会职工代表中选举产生，也可以由全体职工直接选举产生。

（五）职工代表资格审查

职工代表资格审查程序如下。

1. 各单位将投票过程及选举结果提交职工代表资格审查组审查。

审查的主要内容：选出的职工代表是否享有政治权利的本单位职工，选举过程是否严格按照民主程序，选举时是否有 2/3 以上的职工参加；是否有不正当的选举行为等。对不符合规定的，应取消其代表资格或重新选举。

2. 职工代表资格审查委员会（小组）做代表资格审查报告，并提请代表团（组）长联席会议讨论通过。

3. 大会预备会审议通过代表资格审查委员会（小组）所做的代表资格审查报告。

4. 制作代表名册。

（六）公布职工代表名单

如果出现撤换职工代表情况，需要履行以下程序。

1. 选区三分之一以上职工以提案的形式提出撤换职工代表的要求，并陈述理由。

2. 工会及时调查核实，并将核实的情况反馈原选举单位。

3. 原选举单位召开会议讨论。被撤换的职工代表可参加会议并进行申辩。

4. 原选举单位进行大会表决，经半数以上职工同意可做出撤换职工代表的决定。

5. 将撤换职工代表的决定报告提交工会和代表团（组）长联席会议审查备案。

6. 原选举单位的职工按照民主程序选举新的职工代表。

7. 经职工代表资格审查委员会（小组）审查后替补被撤换的职工代表。

8. 撤换职工代表的结果，应向单位的职工公布。

【选举职工代表环节相关范例 & 模板】

【范例 & 模板2-14】

××公司第××届职工代表大会职工代表产生办法

×××公司第一届一次职工代表大会代表产生办法如下。

一、职工代表的产生

（一）职工代表的名额及分配

按照职工代表大会《条例》规定，结合公司实际，×××公司第一届一次职工代表大会职工代表由××人组成，占公司职工总数的××%左右。

本着群众性和广泛性的原则，职工代表中将覆盖公司领导、中基层管理者、骨干职工和普通职工。其中，女职工代表、少数民族以及其他方面人士将占一定比例。

职工代表名额的分配将根据各工会小组的职工数量和工作需要确定，公司领导将直接作为职工代表参加会议。

（二）职工代表的条件

按照职工代表大会《条例》规定，享有政治权利的企业职工都可以当选为职工代表。具体条件为：

1. 拥护党和国家的方针、政策，能够遵守法律、法规和公司各项规章制度，无违纪现象发生；

2. 关心公司，爱岗敬业，以身作则，作风正派，坚持原则，有强烈的主人翁精神和集体责任感，在本岗位上表现较为突出；

3. 密切联系群众，代表职工合法权益，如实反映职工群众的意见和要求，认真执行职工代表大会的决议，做好职工代表大会交给的各项工作；

4. 具有一定的思想政治水平、劳动法律法规知识、企业管理知识和参政议政的能力。

二、产生办法

（一）选举程序及要求

1. 由公司职代会筹备组制定职工代表选举办法、名额分配方案。

2. 经过充分酝酿，下发关于职工代表候选人建议人选名单，以各工会小组为选举单位组织职工进行选举。

3. 各工会小组根据代表分配名额和职工代表条件，遵循民主集中制原则，采用差额选举、无记名投票的形式（候选人应多于应选代表的20%），经过自下而上选举产生。如在选举过程中，有其他职工代表候选人建议人选提名，可一并参加候选人选举。

4. 实际投票人数超过有投票权的工会会员的三分之二，则选举有效。被选举人以得票多少为序，取足应选名额；若得票数相等且不能确定当选人时，则就票数相等的候选人再进行投票选举，得票多的当选。

5. 各工会小组将投票过程及选举结果上报公司工会筹备组，由公司工会筹备组向公司全员公示，公示期不少于三天。

（二）职工代表的任期

根据职工代表大会的相关规定，职工代表实行常任制，本届职工代表的任期为三年。

三、选举时间

自20××年×月××日至20××年×月××日

×××职代会筹备组
20××年××月××日

【范例 & 模板 2-15】

××公司第××届职工代表大会职工代表名额分配表

序号	选区	全体职工人数	职工代表总数	代表分类			代表构成		
				一线职工	一般管理人员、技术人员	中高级管理人员	工会干部	女职工代表	劳务派遣人员
合计									

【范例 & 模板 2-16】

××公司第××届第××次职工代表大会职工代表选票

符号				
候选人姓名				

说明：

1. 同意的就在候选人姓名上方的空格内画"○"；

2. 不同意的就在候选人姓名上方的空格内画"×"；

3. 弃权的，既不画"○"也不画"×"；

4. 如另选他人，就在候选人姓名空格内填写上自己要选人的姓名，并在所选人姓名上方的空格内画"○"。

【范例 & 模板 2-17】

××公司第××届职工代表大会代表名单

公　　示

在集团公司各职能部门推选的基础上，经集团公司机关工会职工代表资格审查小组审查，12名候选人均符合相关要求和条件。×月×日，集团机关召开职工大会，按差额20%进行了无记名投票选举。机关现有职工×××人，选票×××张，超过80%，符合程序。初步确定10名同志为××××××第一届职工代表大会代表（代表名单见附件），现予以公示。公示期间，广大职工如有意见，可通过电话、面谈等方式反映。

公示时间为5天（×月×日—×月×日）

接待电话：

接待地点：

集团机关工会
年　月　日

【范例 & 模板 2-18】

××公司第××届职工代表大会代表登记表

姓　　名		性　　别		民　　族		照片
文化程度		出生年月		参加工作时间		
政治面貌		籍　贯				
岗位职务				专业技术职称		
是否为上届职代会职工代表						
工作简历						
基层工会意见	年　月　日		基层党组织意见		年　月　日	
职工代表资格审查委员会意见					年　月　日	

【范例 & 模板 2-19】

××公司第××届职工代表大会职工代表花名册
第×届职工代表大会职工代表花名册

××公司工会委员会（盖章）　　　　　　　　　　　　　　　　20××/××/××

序号	姓名	性别	年龄	文化程度	政治面貌	工作部门	电话号码	签名
1								
2								
3								
4								
5								
6								
7								
8								
9								

【范例 & 模板 2-20】

××公司第××届职工代表大会职工代表培训制度
××公司职工代表培训制度
（试行）

第一条：培训目的

为了提高职工代表参与民主决策、民主管理、民主监督的能力，充分发挥职代会作用，不断推动企业民主管理水平，促进××持续健康发展。

第二条：适用范围

适用于本单位全体职工代表。

第三条：组织领导

职工代表日常培训工作由工会负责，成立职工代表培训领导小组，组长由工会副主席担任，成员由各工会小组组长担任，办公室设在工会。

第四条：培训内容

1. 国家和行业的法律、法规。如《工会法》《中国工会章程》《劳动合同法》《企业工会工作条例》《劳动法》《烟草专卖法》《劳动争议调解仲裁法》等；

2. 职代会基本知识，如职代会的性质、地位、职权，代表的权利和义务等；

3. 职代会制度。如代表提案征集和处理制度、民主管理和民主监督制度、职工诉求表达制度、合理化建议制度、代表选举和会议表决制度等；

4. 职代会关于职工民主管理的基本知识，民主管理工作的程序控制方法，行业有关法律、法规、政策等；

5. 组织职工代表同其他先进经验单位的职工代表针对在如何行使好职代会职权，充分发挥好职工代表作用等方面开展经验交流。

第五条：培训方式

职工代表培训主要采取集中培训、以会带训的形式进行。一般放在职代会召开之前进行。培训要点面结合，对职代会代表团团长、专门工作委员会负责人等骨干代表实施重点培训或专题培训，要在培训中突出实用性和针对性。同时可采用举办专题讲座、印发学习手册、召开经验交流会、看宣传教育片等形式作为辅助培训。

第六条：培训要求

年初由工会编制年度职工代表培训工作计划，根据计划编制每次培训方案，培训后要对培训效果和授课教师进行测估。每年培训时间不少于8小时，培训结束后，对参加培训的职工代表进行统一考试，对无故不参加考试和考试不合格者，建议分工会撤销其代表资格。

第七条：保障措施

职工代表培训是提高职工整体素质的重要组成部分。是深化落实科学发展观，推进民主管理标准化、规范化、程序化的重要措施之一，工会应高度重视，加强领导，将培训工作列入重要议事日程。职工代表培训经费由公司行政负担。

【范例 & 模板 2-21】

××公司第××届职工代表大会职工代表述职制度

第一条　为了认真行使民主管理权力，强化公司工会工作，根据××公司关于创建星级之家的通知精神，结合我公司实际，特制定本制度。

第二条　总体要求：全面贯彻落实科学发展观，着力加强职工代表行使民主管理权力，解决职工生活工作中存在的问题，为推进发展、构建和谐企业提供坚强的组织保证。

第三条　主要原则：

（一）坚持实事求是的原则。述职以个人履行职责为主线，总结成绩要实事求是，分析问题要客观准确。

(二) 坚持发扬民主的原则。述职大会根据述职人员的不同，要吸收各方面职工和群众代表参加，提高职工和群众的知情权、参与权、监督权。

(三) 坚持注意实效的原则。述职始终要把促进公司工会工作作为出发点和落脚点，通过述职达到抓干群促发展的目的。

第四条　职工代表述职每年一次，原则定在每年年终最后一个月内，参会人员为公司董事长、总经理、党政工分管领导、职工代表、中层干部。

第五条　述职内容：

(一) 贯彻执行公司党政工的路线、方针、政策，执行上级公司党政工组织的重大部署、决策和决定情况；

(二) 本年度工作职工工作方面工作情况以及职工反映各类问题的解决情况；

(三) 目前存在的突出问题；

(四) 下一年工作打算。

第六条　述职程序：

(一) 调研分析。述职前职工代表应按照述职内容要求开展调查研究，认真总结，全面掌握总体情况。

(二) 撰写报告。在摸清情况、找准问题的基础上，认真撰写述职报告。对好做法要认真总结；对尚未完成的任务，努力抓好落实；对存在的问题和不足，认真剖析原因，研究制定改进措施。述职报告要做到总体思路清、基本情况准、问题分析透、工作措施实。

(三) 述职汇报。召开述职大会，述职要实事求是，突出重点，准确反映基层工作的真实情况。

(四) 组织测评。职工代表述职结束后，要进行群众满意度测评，由参会人员根据述职情况和实际情况对述职人员进行测评。

第七条　本制度自公布之日起执行。

【范例 & 模板2-22】

××公司第××届职工代表大会职工代表巡视制度

(参考样本)

为了全面贯彻落实党的十七大提出的关于发展社会主义基层民主政治，坚持和完善职工代表大会制度的要求，公司根据《上海市职工（代表）大会工作规范》特制定了本制度，以更好地发挥职工代表在职代会闭会期间的作用，切实落实职代会职权，保障职工的合法权益，创建劳动关系和谐企业。

第二章　职工代表大会工作

一、巡视的主体

由职代会民主监督工作委员会主任带队，由精通相关公司业务、专业技能和安全生产等方面知识的职工代表（必要时也可吸收非职工代表参加）组成职工代表巡视组开展巡视活动。职工代表巡视组向职代会民主监督工作委员会负责，及时向其汇报工作。

二、巡视的时间

职工代表在职代会闭会期间进行定期或不定期的巡视，原则上每季度至少组织一次巡视活动。

三、巡视的主要内容

1. 职代会各项决议的宣传贯彻落实情况。
2. 公司重大生产经营情况，以及涉及职工切身利益的情况。
3. 各级领导的安全责任制和各个工种的岗位责任制落实情况。
4. 安全技术措施的贯彻落实情况，以及作业现场安全设施和事故隐患的排查情况。
5. 影响企业发展的重点、难点以及职工关心的焦点和热点问题。

四、巡视的处理程序

1. 职工代表大会闭会期间，职代会民主监督工作委员会根据年度巡视检查工作计划，确定巡视主题和巡视重点，由公司工会具体组织相关职工代表组成巡视组开展巡视检查活动，巡视检查前应向被巡视部门送达职工代表巡视检查通知书。

2. 在巡视检查过程中，职工代表巡视组将听取被巡视部门和职工群众的意见，必要时针对有关情况对相关人员提出质询。在进行深入调查研究的基础上，职工代表巡视组出具职工代表巡视检查整改意见书。

3. 职代会民主监督工作委员会将汇总职工代表巡视检查情况，在分管领导批示后及时将职工代表巡视检查整改意见书送达建议整改部门。

4. 负责整改的部门接到职工代表巡视检查整改意见书后，应在一月内提出整改方案，并将处理结果及时返回职代会民主监督工作委员会。

5. 民主监督工作委员会在下一次职代会召开前，对职工代表巡视检查情况写出书面报告，提交职工代表大会，向职工代表报告。

××公司工会委员会
年　月　日

▶ **新时代企业民主管理实务操作指南**

【范例 & 模板 2-23】

××公司第××届职工代表大会职工代表巡视检查整改意见书

巡视主题	
巡视时间	
巡视部门	

巡视内容：

存在问题及整改建议：

建议整改落实部门		建议整改落实时间	
巡视组成员签名			

【范例 & 模板 2-24】

××公司第××届职工代表大会职工代表巡视检查整改情况征询意见表

承办部门填写	职工代表巡视检查意见书编号		承办部门		
	标　　题				
	办理结果	已经解决			
		正在解决			
		列入计划解决			
职工代表填写	对承办部门整改情况的满意程度	满意		基本满意	不满意
	具体意见及建议				
	职工代表签名				年　月　日

说明：为了提高职工代表巡视检查整改意见的办理质量，此表请承办部门和职工代表分别填写后，及时交至××公司工会办公室。

联系人：　　　　　　　　　联系电话：

五、征集大会提案

职代会提案工作是职工民主管理的实践形式，是职工参与单位经营管理的主渠道，是化解职工不满情绪的必要选择。通过提案，向单位献计献策，将广大职工的聪明才智汇集到单位经营管理中来。单位通过征集办理职代会提案，掌握单位状况，了解职工心声，提高经营管理水平。

职代会提案是提请职代会讨论、决定、处理的方案和建议，是职工代表就单位改革和发展及职工普遍关心的问题，在广泛征集职工意见和调查研究的基础上，按照规定的程序，在规定的时间内向职代会提交的书面意见和建议。

职代会提案办理程序如下。

（一）提案的征集

工会应在职工代表大会召开前（至少一周）下发征集职工代表提案的通知，应在职工代表大会召开前，深入宣传职工代表大会的中心议题，并组织职工代表调查研究，严肃认真地履行提案权，抓住重点提出提案，使提案能集中反映全局性、重点性工作（闭会期间也可以提出提案）。

下列个人或集体可提出提案：

1. 职工代表大会正式代表可以个人名义或联名提出提案；

2. 职工代表大会代表团（组）可以代表团（组）的名义提出提案；

3. 职工代表大会专门工作委员会可以委员会名义提出提案；

4. 代表团（组）、专门工作委员会提出的提案须由代表团（组）长或专门工作委员会负责人签字；

5. 对临时突发的、影响面较大的热点问题，可由职工代表大会团（组）长会议研究讨论提出提案。

（二）提案收集整理

1. 提案初审。提案提出后，工会进行收集并对提案进行初审，对照提案要求对提案进行认真筛选，并经提案工作委员会或提案小组讨论同意后，提出初审意见。

2. 登记造册。提案工作委员会或提案小组依据有关规定，对提案进行登记造册，对报上的提案进行编号，确定标题。

（三）提案的立案

1. 提案工作委员会或提案小组本着尊重和维护提案者的民主权利、保证提案质量的原则，对收到的提案能否立案进行初审，拿出立案、不予立案、并立案等初步意见。

2. 召开提案立案会议，对每条提案进行讨论，最后确定立案或不立案。会议由行政领导主持，工会主席和提案工作委员会成员参加。

有下列情形之一的，不予立案：

（1）属于揭发和举报问题的。

（2）涉及民事纠纷或进入刑事、行政诉讼以及仲裁程序的。

(3)属于学术研讨的。

(4)为本人或亲属解决个人问题的。

(5)内容空泛、建议笼统的。

(6)对属于应由提案部门自身解决的议案,不予立案,发回提案部门,自行整改。

(7)已解决了的问题。

总的原则是把握住"三性":①代表性;②全局性;③可行性。

3. 凡确定立案的提案,由提案工作委员会重新进行整理、合并、确定案由,重新编号,同时提出主办部门和协办部门的初步方案。

(四)提案的办理

1. 经审查不予立案的,可根据不同情况退回或作为一般意见、建议处理。作为一般意见、建议处理的提案由提案工作委员会以适当的方式向提案者说明情况。

2. 确定立案的提案召开提案工作落实会议,由行政领导主持,工会领导人参加,其他有关单位负责人参加,将提案逐条进行落实,一是明确落实提案的主办部门、协办部门;二是明确完成时间。

3. 承办提案的单位或部门接到提案后,要对提案进行认真研究,确定承办责任人,提出处理意见,经主管领导审定后组织落实。承办单位必须在规定时间内对办理情况做出书面答复。复文完成后由承办单位将提案表送交第一提案人沟通意见,提案人签署反馈意见后,由承办单位送交提案工作委员会留存备案。如果提案人对办理结果不满意,提案工作委员会应建议承办单位重新研究,做进一步的答复。凡是有条件解决的问题,迅速解决;凡因条件所限不能马上解决的问题,制订出计划,创造条件解决;凡无法解决的问题,本着实事求是的态度做出解释。

(五)提案的督办

在整个提案办理过程中,企业职工代表大会提案工作委员会和工会组织应掌握提案情况和进度,负责做好必要的督促。提案工作委员会在此期间及时了解提案的落实情况,督促办理单位抓紧办理,保证提案落实的速度与质量。对重点提案,提案委员会可采用协商座谈现场办案、实地考察、专题调研、走访检查等方式推动提案办理工作对办理复文中尚需落实或当年不能解决的问题，要继续跟踪、督促落实。提案汇总落实情况要采取适当方式进行公示并向职工代表大会做提案落实情况的报告。

（六）提案的答复

提案落实后，承办单位或部门都要求有书面答复意见，处理提案的答复意见（要求书写在提案处理专用纸上），及时交到提案工作委员会。对答复提案的内容要求如下：

1. 提案提出的建议已经落实，将落实结果回复提案人。

2. 认为提案合理可行或基本可行，但因目前某些条件限制或解决有一定的难度而暂时不能落实的，应在答复中说明缺乏什么条件、难点在哪里、拟定什么措施去争取解决。

3. 认为提案有合理的内涵，应予以认真研究。但由于解决难度较大、问题比较复杂、涉及部门较多、不能在短时间拿出落实方案的，在答复中给出研究该提案的具体计划和日期、提案办理的最终答复期。

4. 认为提案不能被采用的，在答复中将不能采纳的理由表述清楚。

（七）提案处理情况的反馈

1. 提案工作委员会在收到承办部门处理意见后，及时向提案人进行反馈并附有回执听取提案人对提案办理情况的意见（满意度测评）。

2. 提案人对答复的反馈意见，直接反映给提案工作委员会，再由提案工作委员会转告承办单位。

3. 由提案工作委员会负责向下一次职工代表大会报告提案处理结果。

（八）提案评优与表彰

建立提案评优与表彰机制，激励代表和提案承办单位以强烈的责任心，以扎实深入的工作作风，在调查研究的基础上提出高质量提案和尊重代表意见认真落实办理提案。

【征集处理提案环节相关范例 & 模板】

【范例 & 模板 2-25】

××公司第××届职工代表大会提案征集工作通知

为认真贯彻落实党的全心全意依靠工人阶级办企业的根本指导方针，进

第二章　职工代表大会工作

一步强化企业民主管理工作，不断坚持和完善职工代表大会制度，充分调动职工参与企业管理的积极性和主动性，更好地落实和维护职工群众在企业中的民主管理、民主参与、民主监督的权利，充分发挥职工群众在企业发展中的生力军和主人翁作用，共同为实现集团公司及公司快速、健康、全面发展而努力，经研究决定，在召开集团公司及公司二届三次职工代表大会前广泛开展提案征集工作。为了做好局和公司两级职代会的筹备工作，请在会前组织好提案征集工作。

（一）提案征集的重点内容

1. 围绕企业改革与发展大局，如何不断提高企业管理水平的建议和意见。

2. 对企业生产经营、工程承揽、安全、质量管理、科技进步和创新、成本控制、挖潜提效、职工劳动保护等方面问题的建议和意见。

3. 如何加强集团公司政治文明、物质文明和精神文明建设，促进职工物质文化生活水平不断提高的建议和意见。

4. 如何进一步加强和改进企业党建、工会、纪委、共青团等工作的建议和意见。

5. 各单位需要解决的其他带有共性的问题。

凡是与职代会中心议题有关，又确属上级职权范围内解决的问题，均可列为职代会提案。

（二）下列问题不能列为职代会提案的内容

1. 与国家的法律、法规和党的路线、方针、政策以及上级机关的指示、决定精神相违背的；

2. 通过正常的业务关系可以处理的；

3. 属于本单位职权范围内解决的；

4. 属于正常手续请示上级机关解决的；

5. 属于个别人的具体问题；

6. 内容不清，不能说明问题的。

（三）提案的具体要求

1. 填写提案表时要一案一表（提案类别、序号不填），一式二份，并按规定的时间，封面加盖公章、各单位工会主席签字后，上报职代会提案征集组。

2. 提案应当注重调查研究，实事求是。做到一事一案，案由明确，内容简明扼要，有情况，有分析，有具体的建议。

3. 提案整理后,请按集团公司职代会统一设计的《职工代表大会提案》的格式(用 A4 纸),一律打印填写,同时,于 2012 年 1 月 10 日前以电子邮件形式发送。

4. 各单位工会要认真履行职责,广泛发动职工群众,结合企业发展实际,按照提案征集要求,踊跃提出意见或建议。同时,各单位工会要严格按照提案征集要求,对所征集上来的代表提案进行归纳整理和初步审核,确保上报提案质量。

几点要求:

1. 实事求是。推荐上报的集体和个人,要坚持实事求是的原则,高标准,严要求,不搞面面俱到,不搞平衡照顾。

2. 把握时限。超过规定时间未上报材料的单位按弃权处理。

【范例 & 模板 2-26】

××公司第××届职工代表大会提案表

单位:　　　　　　　　　　　　　　　　　　　　　　年　　月　　日

提案类别		上报时间	
提案人姓名		单位及职务	
附议人姓名		单位及职务	
案名			
案由:(提出该提案的原因)			
建议或措施			
提案审理工作委员会审查意见			
承办部门		承办部门负责人	
送交时间		分管领导	

（续表）

提案类别		上报时间	
处理提案情况			
说明	1. 提案人须打字或用钢笔、签字笔填写，字迹工整、清楚。 2. 提案必须一事一案，不能多事一案。 3. "提案类别"及"提案编号"由提案处理委员会填写。 4. "案由"和"提案人建议"栏未填写，或讲述不清者，按无效提案处理。		

【范例 & 模板 2-27】

××公司第××届第××次职工代表大会提案处理情况报告

各位代表、同志们：

　　职代会提案工作是企业民主政治建设的一项重要内容，是职工群众行使民主决策和民主监督的重要途径。为保证职代会民主决策权力的充分发挥和职工民主监督权利的有效落实，局所属各单位依据《××公司职工代表大会实施细则》和局《一届职工代表大会第三次会议提案征集的通知》，本着高度的政治责任感和严肃负责的态度，紧紧围绕企业的发展和职工普遍关心的问题，坦陈己见、献言献策，认真做好职代会提案填报工作。

　　本次职工代表大会共收到_____个单位（部门）代表提交的_____份提案，共计_____条，分别对企业深化改革、强化管理、狠抓资控战略、维护职工合法权益、提高职工技能等方面提出意见和建议。局领导高度重视，对办理工作提出了规范化、制度化要求，依照《职代会提案征集、回复、办理的规范要求》，要求局提案工作小组对收到的提案、建议进行认真仔细的整理和统计。按照"分级负责、归口办理"的原则，根据提案所涉及的内容安排相关职能部门进行答复。各相关部门结合_____供电局改革发展的实际和要求，对提案逐一进行了回复办理，局分管领导也分别对各部门回复提案内容进行了审核。

　　下面，我受大会主席团委托，代表_____供电局将提案主要内容及回复办理情况向各位代表报告并答复如下：

　　……

最后，再次向关心企业发展，积极为企业献计献策，提出合理化建议的职工表示衷心的感谢。

【范例 & 模板 2-28】

××公司第××届职工代表大会优秀提案奖励实施方案

奖励规定

凡被列为职代会暨工代会正式提案的，作为"优秀提案"给予一次性奖励，其额度为每条500元；

凡被列为职代会暨工代会职工最关心议案的，作为"热点议案"给予一次性奖励，相关职工按每人50元兑现；

经公司有关单位评议认定后被列为合理化建议的，可获得合理化建议积分奖，按照公司合理化建议有关奖励办法执行。

奖励对象

一是职代会暨工代会当年正式提案。正式提案以二级单位名义提出的，奖励对象为二级单位。正式提案以职工个人名义提出的，奖励对象为职工个人；职工个人为两人以上的，以排名第一的职工个人为奖励主体进行兑现。

二是职代会暨工代会当年职工最关心议案。职工最关心议案以二级单位名义提出的，奖励对象为二级单位。职工最关心议案以职工个人名义提出的，奖励对象为职工个人；职工个人为两人以上的，以排名第一的职工个人为奖励主体进行兑现。

三是其他有关职代会提案征集内容。当年未被列为职代会暨工代会正式提案或职工最关心议案的，工会工作部将反馈相关单位进行可实施性认定。凡被认定为可实施的议案，均视为有效合理化建议参与公司季度合理化建议评选并可获积分奖。同时，纳入建议人所在单位季度有效合理化建议条数一并管理。

方案要求

各分会在本单位党组织领导下，要认真对待职代会暨工代会提案征集工作，从企业发展的根本利益和职工切身合法利益出发，加大对提升提案质量和实效的关注程度；要指导职工从提案提出的技术性、技巧性和成功率上下功夫，使提案在促进公司发展和维护职工利益上，更具有普遍意义、科学成分和实施价值；要对获奖的职代会暨工代会提案、议案进行大力宣传，营造正向的激励效应和良好的舆论氛围。

第二章 职工代表大会工作

【范例 & 模板 2-29】

××公司第××届职工代表大会提案人对办理结果的意见反馈表

提案编号		主办单位	
对答复的评价（请在相应的框内打"√"）	满　意	基本满意	不满意
对答复和办理的意见：			
代表签名		联系电话	

【范例 & 模板 2-30】

××公司第××届职工代表大会提案汇总表

提案类型	序号	提案标题	提案主要内容	提案单位和提案人	公司审核意见	承办部门和承办人	办理情况	提案人对处理情况意见

六、确定会议议程

（一）通过召开职工代表团（组）长会议、职工代表团（组）长和职代会专门委员会（小组）负责人联系会议等方式充分讨论，形成职代会议题和议案草案。

（二）召开党政工联席会议，协商确定召开职代会的时间、地点、会期、会议议程等内容，形成一致意见后，由工会向党委提交请示报告，党委批复后着手准备；未建立党组织的，由工会提出与行政协商确定后准备。

【范例 & 模板 2-31】

××公司第××届第××次职工代表大会议程

预备会议议程：

1. 宣读上级工会批复；

2. 通过代表资格审查报告；

3. 通过大会主席团。

正式会议议程：

1. 总经理工作报告；

2. 2021财务决算和2022年财务预算报告；

3. 集体合同履行情况及女职工专项集体合同履行情况报告；

4. 宣读2022年经营方案；

5. 听取×××、××、×××述职报告；

6. 民主测评领导班子和班子成员；

7. 提案解答报告；

8. 审议通过大会各项决议；

9. 签订2022年经营目标责任状；

大会总结讲话。

七、印发报告，组织代表审议

在正式召开职代会前，应提前一至两周将大会相关报告发给全体职工代表，使职工代表有充足的时间去征求职工群众的意见并进行充分的思考，并由职代会专门工作委员会综合研究后，以书面形式反馈行政进行修改、完善。

第二节 职工代表大会会中程序

筹备工作完成后，进入正式召开"职代会"阶段。职工代表大会的会议制度是职工代表大会工作制度的核心内容。开好职代会的预备会议、正式会议和临时会议是发挥职代会作用的基本途径。职代会正式会议是职工代表行使职权的关键，职代会主席团要按照预备会议通过的议程，按照规定的民主程序，主持开好大会。

一、预备会议

职工代表大会召开前，企事业单位根据工作需要可以召开预备会议。预备会议由企事业单位工会组织召集，全体正式代表参加。

（一）预备会议内容

1. 审议职工代表大会筹备工作情况报告；
2. 审议职工代表资格审查情况报告；
3. 审议通过职工代表大会表决办法；
4. 审议通过职工代表大会主席团成员名单；
5. 审议通过职工代表大会议题和议程；
6. 审议或审议通过其他有关事项。

（二）预备会议流程

1. 会议签到；
2. 清点到会人数；
3. 选举大会主席团；
4. 大会主席团团长负责汇报本次大会筹备情况：代表人数、代表资格、代表分组、确定组长，提出大会议程和议题的建议，举手表决通过；
5. 其他事项说明。

（三）注意事项

1. 职代会主席团产生方式

职工代表大会可以设主席团主持会议。职代会主席团是由每次会议前的预备会议选举产生的。职工代表大会主席团并不是职工代表大会的常设机构，也不是职工代表大会的决策机构。《企业民主管理规定》第十九条规定："职工代表大会可以设主席团主持会议"，《中华全国总工会办公厅关于规范召开企业职工代表大会的意见》也规定："职代会主席团负责处理会议期间的相关事项"。主席团成员由企事业单位工会与职工代表大会各团（组）协商提出候选人名单，经职工代表大会预备会议表决通过。其中，工人、技术人员、管理人员不少于百分之五十。

2. 职代会主席团具体职责

（1）主持召开大会，负责大会期间的各项工作；

（2）研究需要大会通过和表决的事项，草拟大会决议；

（3）听取和综合各项职工代表团（组）对各项议案的审议意见和建议，对提案进行修改；

（4）主持大会的表决和选举工作；

（5）处理大会的其他重要事务。

【预备会议相关范例＆模板】

【范例＆模板2-32】

××公司第××届职工代表大会主席团工作制度

第一章　总则

第一条　根据《中华人民共和国工会法》《山东省企业职工代表大会条例》等有关法律法规，为了充分发挥大会主席团核心作用，保障职工的民主管理权利，维护职工的合法权益，充分发挥职工的积极性、创造性，提高科学管理水平，促进企业发展，制定本制度。

第二条　大会主席团是职工代表大会开会期间的领导核心，其主要职责是：①组织、主持大会期间的各项活动，处理大会期间发生的问题；②听取、讨论各代表团、专门工作委员会对各项议题的审议意见；③讨论、审议提交大会表决的议题、议程以及决议、决定草案等；④讨论、确定职工代表提案是否列入大会议案事宜；⑤主持选举及决定其他重大问题。

第三条　大会主席团决定大会重要事项的原则是民主集中制，凡提交大会表决通过的事项，必须获主席团成员多数同意。职代会开会期间，主席团应根据大会议程和日程安排确定大会执行主席。执行主席按分工主持大会日程并召集主席团会议。主席团会议议题要事先打印安排表，明确会议的内容、时间和地点。

第四条　职代会主席团在大会闭会期间的主要职责和决定问题的权限：①检查督促职代会通过的决议、决定等重要议题的贯彻落实情况，听取各有关职能部门承办代表提案、大会议案的情况，对贯彻落实情况提出指导性意见；②指导各专门工作委员会的工作，听取它们的工作汇报，研究决定各工作委员会所不能决定的问题；③讨论并审议应由职代会讨论通过但因特殊原

第二章 职工代表大会工作

因不能召开职代会的重要议题。讨论通过这类议题时,主席团应在一定范围内广泛征求职工代表的意见,充分体现职工的意志,重大问题可召开主席团成员和各代表组长联席会议讨论通过或研究决定;④及时向党委和矿行政报告主席团在大会闭会期间的工作情况及研究决定的有关事项;⑤承办由职工代表大会委托办理的其他事项;⑥尊重并支持学院行政依照有关法律法规和职代会决议行使行政决策权和指挥权。

第二章 职权

第五条 大会主席团的职权:

(1) 决定会议日程;

(2) 向会议提出议案和各项决议草案;

(3) 组织审议列入会议议程的议案和有关报告;

(4) 提出选举办法草案,主持选举;

(5) 依法提出和确定职工代表大会主席;

(6) 决定议案的审议程序和处理意见;

(7) 决定代表提出议案的截止日期;

(8) 发布公告;

(9) 其他需要决定的事项。

第六条 主席团主持会议,并负责召集下一次职工代表大会会议。职工代表大会代表向本次职工代表大会提出的各方面工作建议、批评和意见,由大会主席团组织研究处理并负责答复。主席团在召集下一次职工代表大会会议前应做好的有关筹备工作。

第七条 职工代表大会主席在本次代表大会闭会期间,根据履行职责的需要,可以召集主席团成员举行会议,讨论有关事项。

第三章 组织形式

第八条 职工代表大会选举主席团主持会议。

主席团成员按代表总数的10%左右产生,应有职工、中层管理人员和矿领导,其中职工、中层应超过半数。

主席团成员名额和候选人由职代会筹备领导小组推荐,与矿党政领导协商后,提交大会预备会议选举产生。

第九条 主席团职责:

1. 主持召开好大会,领导大会期间的各项工作;

2. 研究需要大会通过和决定的事项,草拟大会决议;

3. 听取议案的审议意见,对议案进行修改;

4. 主持大会的表决和选举工作;

5. 处理大会交办的其他事项。

第四章 附则

第十条 本制度由工会办负责解释。

第十一条 本制度自20××年×月×日起施行。

【范例 & 模板2-33】

关于召开××公司第××届职工代表大会预备会议通知

各处室、院(系)部、工会、团委:

根据学院党委批复,经研究决定,拟召开全院职工代表大会预备会。现将有关事项通知如下。

一、会议时间

20××年×月×日 16:30

二、会议地点

综合行政办公楼二楼

三、参会人员

全体职工代表

四、大会议程

(一)审议通过代表资格审查报告

(二)审议通过主席团、执行主席及秘书长名单

(三)审议通过职代会议程和日程

五、工作要求

1. 请各部门提前通知本部门职工代表。职工代表必须按时参加大会,不得缺席,无特殊情况一律不准请假;需请假者,本人提出书面申请或相关证明,经工会主席和党委副书记签字批准并到组织组备案。

2. ×月×日下午4:30预备会开始,请全体代表于4:20之前进入会场。

3. 大会期间,全体职工代表应佩戴代表证,遵守会议纪律,不得迟到、早退,不得中途离开;并将手机调置成静音或关机。

4. 请各位职工代表到规定区域指定座位参加大会。

××学院
20××年×月××日

二、正式会议

（一）正式会议主要流程

职工代表大会由主席团或主席团推选的主持人主持会议，按照预备会议通过的议程进行，主要程序包括：

1. 大会执行主席或主持人核实出席大会的职工代表人数，到会职工代表超过代表总额的三分之二，符合法定会议人数，宣布开会。如果职工代表有特殊情况不能出席会议的，应向代表团（组）长请假。会议主持人应首先简要讲明本次大会的目的、意义、中心议题和主要任务，宣布大会议程。

2. 听取单位主要负责人工作报告，如工作报告已事先发给代表充分讨论，可针对职工代表提出的意见做出说明。

3. 听取单位行政有关负责人做专题议案报告。

4. 听取工会主席及职工代表大会专门委员会（小组）负责人就上次职工代表大会决议落实情况、职工代表提案处理情况、集体合同执行情况等向大会做出的报告。

5. 工会主席就职工代表大会闭会期间，职工代表团（组）长和专门委员会（小组）负责人联席会议处理的重大事项，向大会做出说明，提请大会确认。

6. 听取需要接受职工代表大会民主评议人员的述职报告。

7. 以职工代表团（组）为单位，分组讨论有关报告、议案，同时对大会的各项决议草案和需经大会选举的候选人进行酝酿。各代表团（组）指定专人记录整理归纳职工代表讨论发言，向主席团汇报。会议应安排时间，让各代表团（组）推选代表陈述本团（组）讨论审议的意见和建议，也可由职工代表自由发言。

8. 根据有关决定和实际需要，选举参加董事会、监事会、劳动争议调解委员会的职工代表，参加平等协商的职工协商代表和企业领导人等；根据大会主席团提名，表决通过职工代表大会专门委员会（小组）人选；表决通过其他需经职工代表大会选举的人员。

9. 对有关的各项方案和大会决议、决定草案进行表决；审议集体合同草案和专项集体合同草案。

10. 对有关人员进行民主评议。

11. 宣布大会闭幕。

(二) 职代会的决议和决定

1. 凡属职代会职权范围内的问题，都应提交职代会讨论、审议，并做出相应的决议或决定。

2. 职代会决议、决定的内容一般包括：决议、决定的时间；职代会的届次；对讨论事项的评价；会议对议题的意见和表决结果等。

3. 职代会届内年会决议、决定的形成程序

（1）大会主席团根据对各项议题的审议情况起草决议、决定草案；

（2）将决议、决定草案交各代表组讨论，征求意见；

（3）大会主席团集中讨论意见，对决议、决定进行修改；

（4）召开会议对各项决议、决定分别进行表决；

（5）由大会主席团宣布各项决议、决定的表决结果。

4. 职代会决议、决定的实施

职代会专门工作小组负责决议、决定执行情况的督促检查；未设相应专门工作小组的，由各单位工会负责决议、决定执行情况的督促检查。检查可以采取定期检查、专题检查等形式。在每次检查后，应对决议、决定实施过程中存在的问题，向主管领导汇报，并提出整改意见。

5. 决议、决定的修订

职代会在其职权范围内决定的事项，非经职代会同意不得修改；在职代会决议、决定的执行过程中，情况发生变化，确需修改时，必须经过以下程序：

（1）由行政领导或承办部门向职代会提出修改决议、决定的建议；

（2）对涉及面广，与职工切身利益关系重大的问题，在有 1/3 以上代表同意的情况下，可召开职代会临时会议进行讨论，并就修改内容进行表决，同时做出新的决议、决定。

(三) 职代会民主评议

1. 职代会民主评议的对象

职代会民主评议企业领导干部的对象为单位领导班子成员，如企业的总经理（经理）、副总经理（副经理）、企业的党委（总支、支部）书记、副书记。企业其他领导人员及中层干部是否列入民主评议的范围,由企业根据实际情况确定。

2. 职代会民主评议的主要内容

对领导班子的民主评议、民主测评主要以领导班子的整体合力和作风形象为重点,主要内容包括:坚持正确的政治方向情况;经营业绩和科学管理情况;民主作风、团结协作情况;履行社会责任情况;坚持以人为本、密切联系职工群众、维护职工合法权益情况;遵守党和国家廉洁自律各项规定情况。

对领导人员的民主评议、民主测评主要以履行岗位职责要求和完成目标任务情况为依据,主要内容包括:履行岗位职责、工作业绩、完成急难险重任务、关键时刻表现、善于处理复杂矛盾、廉洁从业等方面。概括为"德""能""勤""绩""廉"五项标准。

（1）德:牢固树立"四个意识",牢固树立科学发展观和正确的政绩观,讲政治、讲党性、顾大局、重品行、信念坚定。坚持原则,法纪、政纪、组织观念强。作风端正,诚实守信,团结协作,维护出资人利益和企业、职工群众合法权益,保守企业商业秘密。

（2）能:思路清晰,战略性、前瞻性强。具备较高的理论政策水平,熟悉现代企业管理,具有战略决策能力、驾驭全局能力、风险控制能力、识人用人能力、开拓创新能力、组织协调能力、分析表达能力。认真贯彻落实上级精神,工作经验丰富,善于处理复杂矛盾和问题。

（3）勤:注重学习,爱岗敬业,勤奋工作,脚踏实地,具有强烈的事业心和责任感。注重决策效率和工作效率,真抓实干,作风扎实,敢于负责,勇于担当。经常深入一线,善于调查研究,密切联系职工群众,倾听职工群众意见,关心职工群众疾苦。

（4）绩:科学决策,民主决策,符合企业发展大局,无重大失误。主管或分管工作管理科学,制度健全,机制顺畅,有序推进,业绩突出。围绕企业中心工作开拓进取,善于创新,团队工作效率高。胜任急难险重任务,关键时刻表现出色。

（5）廉:遵守廉洁自律有关规定,清正廉洁,任人唯贤,办事公道,艰苦奋斗,勤俭节约。能够自觉抵制不正之风和腐败现象的侵蚀,严于律己,严格约束亲属和身边工作人员,自觉接受组织和群众监督。

3. 职代会民主评议的程序要求

（1）认真准备。民主评议专门委员会制订评议方案。各级企业党委及有关部门积极开展思想动员工作，引导职工代表正确履行监督评议权，从关心、爱护领导人员和加强领导人员队伍建设的愿望出发，客观公正地进行评议。民主评议专门委员会以书面形式通知领导人员准备个人书面述职述廉报告。领导人员对照评议内容认真总结，报告应实事求是，既总结成绩，又找出不足，并有整改措施。

（2）述职述廉。领导人员按会议安排向职工代表大会述职述廉，一般以大会报告形式进行。如确因特殊情况不能到会述职述廉的，会前必须请假。

（3）民主评议。职工代表大会在听取领导人员述职述廉报告后，以代表团（组）为单位，由各代表团（组）长负责主持民主评议，认真做好民主评议记录，并将评议情况向大会主席团汇报。民主评议专门委员会对民主评议意见进行汇总整理。

（4）民主测评。在民主评议基础上，采取无记名、大会集中投票方式，由职工代表对领导班子和领导人员进行民主测评。实到会代表须超过应到会代表的三分之二方可进行测评。

民主测评领导班子按"总体评价"和"政治方向""经营业绩和科学管理""民主作风和团结协作""履行社会责任""职工合法权益维护""廉洁自律"等7个要素进行评价。

民主测评领导人员按"总体评价"和"德""能""勤""绩""廉"等6个要素进行评价。"总体评价"的平均分作为被测评对象的最终得分，向大会公布。其余分项得分在职工代表大会后进行汇总和统计，作为履职评价的参考依据，并向被测评对象本人反馈。

（5）统计汇总。领导班子测评等级分为"优秀""良好""一般""较差"，根据职工代表对领导班子测评计票结果，统计对应等级的总票数以及"优良率"。领导人员测评等级分为"优秀""称职""基本称职""不称职"，根据职工代表对测评对象的评分，统计6个要素的平均分数，按照"总体评价"平均得分评定等级。

民主评议专门委员会根据职工代表民主评议意见和测评结果形成民主评议情况报告，报职工代表大会主席团审议。

（6）公布报告。民主测评结束后，由职工代表大会民主评议专门委员会汇总各代表团民主评议意见，形成《××公司×届×次职工代表大会民主评议领导人员情况的报告》，经职工代表大会主席团研究审定后，向大会报告。

4. 职代会民主评议的结果运用

（1）职工代表大会后5个工作日内，民主评议专门委员会按同级党委领导的要求，应将《××公司×届×次职工代表大会民主评议领导人员情况的报告》书面报本企业党委。各级企业按照分级管理原则和干部管理权限，二级单位向集团公司报告，基层企业向所属上级单位报告。职工代表大会对领导人员民主评议情况、民主测评结果由本企业组织人事部门存档，同时形成民主测评领导人员情况统计汇总表，经本企业党委同意后反馈给被测评对象。

（2）按照上级有关规定，职工代表大会领导人员民主评议结果将作为考核、任用、奖惩的重要依据。在民主测评结果中，对于总体评价得分低于70分的领导人员，将按干部管理权限提请有关部门通过谈话或者书面形式对其进行警示或诫勉；对于总体评价得分低于60分的领导人员，将视具体情况按干部管理权限提请有关部门对其做出组织处理。

（3）职工代表大会闭会后，党委（党组）组织领导人员采取党委（党组）会、中心组学习、民主生活会等形式，对照民主评议情况，制定整改措施。

【正式会议相关范例 & 模板】

【范例 & 模板2-34】

××公司第××届职工代表大会表决票主持词

各位代表：

受大会委托，我们将按照职代会工作的有关规定，公开、公正地主持会议的投票表决工作，请大家配合。

下面，请监票人、工作人员开始工作。

首先，请工作人员核实今天出席会议的正式代表人数。【语气平和】为便于清点人数，请各位代表不要随意走动。

各位代表，今天大会应到职工代表30名，实到30名，因事、因病请假××名，到会人数超过应到会代表的三分之二，符合法定人数，可以进行投票表决。

请监票人当众检查票箱（没有问题）。

请工作人员领取表决票（待领完）。

现在，请工作人员分发表决票。

（待表决票分发完结后）表决票为一张有三个表决项目：一是工资专项集体合同表决项；二是女职工劳动权益保护专项集体合同表决项；三是安全卫生保护专项集体合同表决项。

各位代表，有没有未领或多领表决票的。（稍停）没有。

现在开始填写表决票。请各位代表注意，每个表决项目只能在同意、不同意、弃权三个选项中选择一项，多选作废。（稍候片刻）

各位代表，表决票的三个表决项目填写好后，请认真检查一下是否符合填写要求。（稍候片刻）

现在开始投票。

首先，由总监票人、监票人投票。接着，请各位代表按工作人员的引领，按座位依次投票。

【音乐起】

（投票闭）现在，请工作人员当众打开票箱，清点表决票。

各位代表，今天实到会30人，共发出表决票30张，收回表决票30张，收回的表决票等于（或少于）发出的表决票，表决有效。请监票人开始计票。

【音乐起】

经大会监票人员和工作人员，本次大会表决情况如下：

某某股份有限公司工资专项集体合同表决票，同意票，不同意票，弃权票。

某某股份有限公司女职工劳动权益保护专项集体合同，同意票，不同意票，弃权票。

某某股份有限公司安全卫生保护专项集体合同，同意票，不同意票，弃权票。

各位代表，经过大家的共同努力，我们圆满地完成了监票、计票工作，感谢大家给予我们工作的支持和配合。

某某股份有限公司第××届××次职代会
筹备工作领导小组
20××年×月×日

第二章 职工代表大会工作

【范例 & 模板 2-35】

××公司第××届职工代表大会投票表决办法

一、××公司职工代表大会（职工大会）企业改制方案和职工安置方案表决工作，由大会主席团主持。

二、××公司职工代表大会（职工大会）对企业改制方案和职工安置方案进行审议，并由职工代表（职工）进行表决。

三、参加表决的代表（职工）必须超过全体代表（职工）的三分之二。因事因病请假的职工代表委托到会代表投票的，视为到会。表决采取无记名投票方式进行。收回的票等于或少于发出的票，表决有效；收回的票多于发出的票，表决无效，应重新表决。

四、每个方案得票超过应到代表（职工）的半数，方能通过。

五、本次表决设总监票人1名，监票人××名，由大会主席团提名，提请大会通过。

六、表决票上的表决符号可采取同意的画"○"，不同意的画"×"，弃权的不作任何符合的形式；也可采用同意的不作任何符号，不同意的画"×"，弃权的画"○"的形式。（由各主管单位选定其中一种）

七、本次选举设×个票箱，总监票人、监票人先投票，主席台上就座的主席团成员再投票，然后台下就座的代表（职工）依次投票。

八、投票结束后，当场打开票箱，清点选票，由总监票人将实际收回的选票数报告主持人，由主持人宣布表决是否有效。

九、计票完毕，由总监票人宣布计票结果，由主持人宣布表决是否通过。

十、本表决办法，由瑞华装饰工程有限公司职工代表大会（职工大会）通过后施行。

【范例 & 模板 2-36】

××公司第××届职工代表大会监票人、计票人名单

职工代表大会（职工大会）总监票人、监票人建议名单

总监票人：

监票人：

【范例 & 模板 2-37】

××公司第××届职工代表大会清点到会人数报告单

会议主持人：

  经过清点：本次大会应到代表（职工）　　人，因病、因事请假职工　　人，实到　　人。符合法定人数。

  特此报告。

工作人员（签字）：
20××年　月　日

【范例 & 模板 2-38】

××公司第××届职工代表大会发出选票报告单

会议主持人：

  本次会议实到代表（职工）　　人，发出表决票　　张。发出的票与实到人数相等。

  特此报告。

总监票人（签字）：
监票人（签字）：
20××年　月　日

【范例 & 模板 2-39】

××公司第××届职工代表大会收回选票和表决是否有效报告单

会议主持人：

  本次表决实到代表（职工）　　人，发出表决票　　张。收回表决票　　张。发出的票与收回的票相同（或发出的票少于收回的票）。

  表决有效。

  特此报告。

总监票人（签字）：
监票人（签字）：
20××年　月　日

第二章　职工代表大会工作

【范例 & 模板 2-40】

××公司第××届职工代表大会投票表决结果报告单

时间：20××年　月　日

地点：

会议情况：应到职工代表　人，因事因病请假　人，实到职工代表　人；发出选票　张，收回选票　张，有效票　张。

得票情况		××公司××方案1	××公司××方案2
	赞成票		
	不赞成票		
	弃权票		

总监票人（签字）：

监票人（签字）：

20××年　月　日

【范例 & 模板 2-41】

××公司第××届职工代表大会闭幕主持词

各位代表：

第二十一届四次职工代表大会在×工会、×××工委的关怀下，在×党委的正确领导和×××的支持下，经过全体代表的共同努力，历时一天，圆满地完成了大会预定的各项任务，现在就要结束了。

会议期间，代表们认真地听取并审议通过了行政工作报告，这个报告对×××的经济工作进行了实事求是的总结，并精辟地分析了当前××所面临的严峻形势，具体地部署了今后一个时期工作。代表们一致认为，报告对×××目前状况谈得实事求是，客观公正，对今年的工作任务讲得目标明确，措施具体，具有较强的操作性。代表们一致表示，要以报告精神为动力，动员和带领广大职工群众，为实现×党委——四工作思路和×××—六工作目标，促进××的全面发展而努力奋斗。大会还认真审议通过了其他有关报告和议案，评议了企业领导干部，签订了××年《集体合同》和双文明建设责任状。会议期间，代表们各抒己见，畅所欲言，会议始终充满了民主、团结的浓厚气氛，收到了预期的效果，取得了圆满的成功。

这次大会得到了×党委的高度重视，党委书记×××同志做了重要讲话，他就贯彻好这次会议精神，动员广大干部群众认清形势、统一思想、坚定信心、扎实工作，努力开创全×各项工作新×面，为实现×××三步走发展战略提出了具体要求，并号召全×广大职工群众要立足本职，发挥作用，为完成×党委、×××提出的各项工作任务，开创××经济发展的新×面而努力奋斗。

各位代表、同志们，在这充满希望的新世纪的第二年，不管我们面前会遇到多大的困难，我们都要高举邓小平理论伟大旗帜，解放思想，抓住机遇，务实创新，开拓进取，迎接考验。大会闭幕后，希望代表们要认真贯彻落实会议精神，为全面完成会议确定的各项工作任务而努力。

现在我宣布：×××××第二十一届职工代表大会第四次会议胜利闭幕。

祝各位代表身体健康，工作顺利，万事如意！

【范例 & 模板 2-42】

××公司第××届职工代表大会民主评议领导班子测评表

年　月　日

序号	评议要素	评价意见			
		优秀	良好	一般	较差
	总体评价				
1	坚持正确的政治方向情况				
2	经营业绩和科学管理情况				
3	民主作风、团结协作情况				
4	履行社会责任情况				
5	坚持以人为本、密切联系职工群众、维护职工合法权益情况				
6	遵守党和国家廉洁自律各项规定情况				

说明：

1. 请根据领导班子工作情况在相应等级栏目中画"√"。
2. "总体评价"为必填项，漏填视为废票。
3. 测评表加盖组织人事部门印章有效。

第二章 职工代表大会工作

【范例 & 模板 2-43】

××公司第××届职工代表大会民主评议领导人员测评表

年　　月　　日

测评要素 \ 测评对象						
总　体　评　价						
德	牢固树立"四个意识",牢固树立科学发展观和正确的政绩观,讲政治、讲党性、顾大局、重品行、信念坚定。坚持原则,法纪、政纪、组织观念强。作风端正,诚实守信,团结协作,维护出资人利益和企业、职工群众合法权益,保守公司商业秘密。					
能	思路清晰,战略性、前瞻性强。具备较高的理论政策水平,熟悉现代企业管理,具有战略决策能力、驾驭全局能力、风险控制能力、识人用人能力、开拓创新能力、组织协调能力、分析表达能力。认真贯彻落实上级精神,工作经验丰富,善于处理复杂矛盾和问题。					
勤	注重学习,爱岗敬业,勤奋工作,脚踏实地,具有强烈的事业心和责任感。注重决策效率和工作效率,真抓实干,作风扎实,敢于负责,勇于担当。经常深入一线,善于调查研究,密切联系职工群众,倾听职工群众意见,关心职工群众疾苦。					
绩	科学决策,民主决策,符合企业发展大局,无重大失误。主管或分管工作管理科学,制度健全,机制顺畅,有序推进,业绩突出。围绕企业中心工作开拓进取,善于创新,团队工作效率高。胜任急难险重任务,关键时刻表现出色。					
廉	遵守廉洁自律有关规定,清正廉洁,任人唯贤,办事公道,艰苦奋斗,勤俭节约。能够自觉抵制不正之风和腐败现象的侵蚀,严于律己,严格约束亲属和身边工作人员,自觉接受组织和群众监督。					

说明:

1. 测评按百分制打分,测评内容分为"总体评价、德、能、勤、绩、

新时代企业民主管理实务操作指南

廉"6项。请分别在对应栏内为每人打分,每项均独立打分,满分均为100分(保留整数)。

2."总体评价得分"是对领导人员的综合测评分数,而非其他五项的总分或平均分计算所得。此栏为必填项,漏填视为废票。

3. 测评表加盖组织人事部门印章有效。

【范例 & 模板 2-44】

××公司第××届职工代表大会民主评议领导班子测评结果统计表

年　　月　　日

参加测评代表总数	有效票数	测评要素	票数				优良率（%）
			优秀	良好	一般	较差	
		总 体 评 价					
		坚持正确的政治方向情况					
		经营业绩和科学管理情况					
		民主作风、团结协作情况					
		履行社会责任情况					
		坚持以人为本、密切联系职工群众、维护职工合法权益情况					
		遵守党和国家廉洁自律各项规定情况					

说明:"优良率"为"优秀"和"良好"两个等级票数之和占有效票数的百分比。

民主评议专门委员会主任:
工会（盖章）

【范例 & 模板 2-45】

××公司第××届职工代表大会民主评议领导人员测评结果统计表

年　　月　　日

序号	姓名	职务	参加测评代表人数	有效票数	总体评价等级	测评要素平均分数					
						总体评价	德	能	勤	绩	廉
1											

(续表)

序号	姓名	职务	参加测评代表人数	有效票数	总体评价等级	测评要素平均分数					
						总体评价	德	能	勤	绩	廉
2											
3											
4											
5											
……											

说明:"总体评价"平均分对应等级:90~100分"优秀",80~89分"称职",70~79分"基本称职",70分以下"不称职"。

民主评议专门委员会主任:
工会(盖章)

三、临时会议

在实际工作中,遇有重大事项,经企业行政、工会或三分之一以上职工代表提议,可以召开职工代表大会的临时会议,临时会议规则与正式会议相同。

何时召开职工代表大会,包括召开正式的代表大会和召开临时会议等问题,《企业民主管理规定》并没有做出直接明确的规定,根据《中华全国总工会办公厅关于规范召开企业职工代表大会的意见》的规定:"职代会闭会期间遇有重大问题,可由企业行政、工会或三分之一以上的职工代表联名,提议召开职代会,并按照规范程序进行"。1986年的《全民所有制工业企业职工代表大会条例》第十八条也曾明确规定:"遇有重大事项,经厂长、企业工会或三分之一以上职工代表的提议,可召开临时会议",这都明确地规定了如何提议召开职工代表大会临时会议,即企业行政、工会都可以提出召开职工代表大会临时会议的建议,相对的一方如果没有特别合理的理由就应当同意和配合,具体时间和议题还需要双方协商;三分之一以上的职工代表联名提议召开职工代表大会临时会议的则必须召开,这是职工代表的权利,上述规定具有重要参考价值。

职代会临时会议议程包括:

1. 开会;

2. 做代表到会或缺席的说明；

3. 做召开本次职代会理由的说明；

4. 宣布并提请代表审议中心议题；

5. 对审议事项进行表决；

6. 宣读大会决议。

第三节 职工代表大会会后工作落实

一、传达落实会议精神

1. 职工代表向选区职工传达职代会会议内容和决定事项，报告本人履职情况。

贯彻落实职代会会议精神，要求广大职工代表要积极发挥作用。职工代表是广大职工与企业的联络员，是传达贯彻会议精神的宣传员，不仅肩负着代表职工群众行使民主管理权利的责任和任务，同时更肩负着向广大职工宣传会议精神的责任和任务。因此，要求各位职工代表必须正确理解企业在发展中所面临的形势和任务，增强责任感，要发挥好联络员、宣传员、示范员的作用，做刻苦学习、钻研业务的模范；做诚实守信、爱岗敬业的模范；做凝聚职工、维护稳定的模范。以自己的实际行动影响带动身边的职工，为完成全年各项任务做出应有的贡献。

2. 工会组织职代会专门小组制订工作计划，落实职代会交办的任务。

3. 公示企业重要规章制度和经当地劳动保障部门审核登记的集体合同。

4. 工会填写《职代会情况报告表》，于职代会闭会一周内报告上级工会备案。

二、组织职工代表活动

1. 单位行政会同工会共同组织职工代表检查职代会决议、提案和集体合同履行、处理、落实情况，及时将意见反馈责任部门，并督促整改。检查巡视活动每年至少进行一次。

2. 巡视企业安全生产情况。

3. 组织职工代表学习法律法规和管理制度，提高参与管理能力。

4. 组织职工代表参加创建和谐企业评估改进行动。

第二章 职工代表大会工作

三、处理临时重要事项

1. 职代会闭会期间，遇到涉及职工利益密切相关的重大问题，工会应当提议临时召开职代会；三分之一以上职工代表联名要求的，可以临时召开职代会。临时召开职代会应当按照程序进行，行使职代会职权。

2. 职代会闭会期间，属于民主管理日常工作问题可以召开工会委员会议或工会委员会扩大会议，也可以由工会委员会召集职工代表团（组）长、专门小组负责人联席会议研究决定，并向职工公示该决定；属于只是需要职工代表评议、评估、测评和听取意见的事项，可以以各代表团（组）为单位分别进行，工会及时汇总结果，并向职工公示。

【会后工作落实相关范例 & 模板】

【范例 & 模板 2-46】

××公司第××届职工代表大会会议情况报告表

填 报 人＿＿＿＿＿＿＿＿

填报日期＿＿＿＿＿＿＿＿

单 位（盖章）		企业性质		工会主席		职工总数	
本次职代会届次	届次	应到职工代表　　名，实到职工代表　　名，占　％					
		征集提案　　　件，同意立案　　　件					
参与重大决策	审议建议（文件）						
	审查同意或否决（文件）						
	审议决定（文件）						
民主评议干部数		名（其中，厂级　　名，中层　　名）				评议形式	
集体合同签订情况	已签： 未签：	工资协议签订情况	已签： 未签：	业务招待费报告情况		报告 未报告	

备注：此表一式两份，一份存档，一份在会后 7 天内报上级工会，直属单位报市总工会民管部。

新时代企业民主管理实务操作指南

【范例 & 模板 2-47】

××公司第××届职工代表大会质量评估表

填表日期： 年 月 日

代表所在单位全称		代表身份类别		职务	
职代会质量评估内容		职工代表对职代会质量评估意见			
		满 意	基本满意		不 满 意
对职代会议程安排					
对会前预审知情情况					
对会议报告质量情况					
对民主程序情况					
对会议表决形式看法					
对会议民主气氛情况					
对会议民主作风情况					
对会务工作质量看法					

评估说明：

1. 会前预审知情情况主要指正式会议前通过厂务公开或按规定将会议主要议案是否提前一至二周发给全体职工代表。

2. 会议报告质量含各类报告。其中对企业生产经营、企业改革兼并、出售、拍卖等重要决策，是否符合法律、法规和规定。

3. 会议民主程序是否按职代会工作规范的要求进行。

4. 会议表决形式是否对企业重大决策实行投票表决，是否充分表达了职工代表的意愿。

5. 会议民主作风是指企业重大方案是否根据职工代表的正确意见和建议进行及时修改完善。职代会决议决定是否建立在2/3以上职工代表同意的基础上。

6. 会务工作质量是指从筹备、召开到结束工作中各环节的衔接，处理是否认真、细致、妥善达到预期目的。

第二章 职工代表大会工作

【范例 & 模板 2-48】

××公司第××届职工代表大会代表巡视检查意见表

日期	年 月 日	巡检项目	
检查内容	根据　　届　　次职代会决议（决定）检查以下工作：		
主要问题			
整改意见	巡视检查组组长签名： 　　　　　年　　月　　日		
企业行政领导意见	责成　　部（科、股）按职代会巡视检查组的意见限于　　年　　月　　日以前整改。并接受复查。 签名： 　　　　　年　　月　　日		
复查结果	经　年　月　日对　　　　　　　问题的复查，问题得到（解决、基本解决、没有解决）。 巡视检查组组长签名： 　　　　　年　　月　　日		

第四节　职工代表大会常见案情分析

一、职代会运作程序规范性要求

案情1：该高校教代会做法是否妥当？

河北省某高等院校教职工代表大会代表共100人，其中，70名学校领导和处长、副处长，30名一线教师代表。召开教职工代表大会时，有60名代表参加会议，校方宣读了该学校《教职工绩效工资实施方案（审议稿）》之后，即让参会代表举手表决通过该实施方案。试分析该学校教职工代表大会的做法。

分析：首先，从职工代表的构成看。根据《河北省企业职工代表大会条例》规定，单位中层以上领导人员不得超过职工代表总数的50%，对该高校而言，就是不能超过50人。因此，职工代表的结构不符合规定。其次，从参会人数看。根据《河北省企业职工代表大会条例》规定，职工代表大会每次会议应有2/3以上代表参加会议方为有效，对该高校而言，至少应有67名代表参加会议才能召开会议，该高校此次会议未达到法定人数，不符合法律规定。再次，从会议程序看。根据《河北省企业职工代表大会条例》规定，单位工会组织应在召开职工代表大会7日前向职工代表公布会议议题，该高校在召开会议时才宣读《教职工绩效工资实施方案（审议稿）》，不符合法律规定。最后，从表决方式看。根据《河北省企业职工代表大会条例》规定，企事业单位审议通过重大事项应采用无记名投票表决方式，《教职工绩效工资实施方案（审议稿）》是涉及职工切身利益的重大事项，不可举手表决。

二、各企业内部职代会细则规范性要求

案情2：该企业内部职代会细则是否合规？

河北某企业《职工代表大会实施细则》已经该企业职工代表大会审议通过，该《职工代表大会实施细则》规定："因企业职工代表大会要听取和审议企业行政的工作报告，所以企业总经理是职工代表大会的当然代表。"试分析该企业《职工代表大会实施细则》及其上述规定。

分析：首先分析该企业《职工代表大会实施细则》的有关规定。职工代

表大会是企业的一项民主管理制度，根据《河北省企业职工代表大会条例》规定，职工代表必须经职工民主选举产生，任何人不能当然成为职工代表大会的代表，因此，该企业《职工代表大会实施细则》的规定与法律要求不符合，企业总经理不能成为职工代表大会的当然代表，应编入某一选区，参加选举。其次分析该企业《职工代表大会实施细则》。《河北省企业职工代表大会条例》规定，职工代表大会决定的事项违反法律、法规的无效。从以上分析可以看出，该企业《职工代表大会实施细则》内容违反了《河北省企业职工代表大会条例》，是无效的，应通过法定程序及时进行修改。

三、企业职代会决议与上级政府决定的关系

案情3：该企业职工代表大会的决定是否能阻止市政府的决定？

某市甲、乙两县各有一国有企业A、B，市政府决定将A、B两企业合并成另一个国有企业C，但A企业召开职工代表大会，形成一致意见，决定不与B企业合并。试分析A企业职工代表大会决议与市政府决定的关系。

分析：首先，分析市政府的决定。我们知道，国有企业的权属归全民所有，由政府代为履行出资职能。A、B两企业均是县属国有企业，市政府是其上级政府机关，有权决定将A、B两企业进行合并。其次，分析A企业职工代表大会的效力。大家知道，职工代表大会是企业内部的一项管理制度，根据"内不束外"的原则，其决定不能对外产生效力。但是，需要说明的是，根据《中华人民共和国企业国有资产法》规定，国家出资企业的合并、分立、改制、解散、申请破产等重大事项，应当听取企业工会的意见，并通过职工代表大会或者其他形式听取职工的意见和建议。所以，虽然市政府有权决定将A、B两企业合并，但是需要通过职工代表大会听取职工的意见和建议。另据国家六部门《企业民主管理规定》，国有企业合并实施方案中涉及职工裁减、分流和安置的方案需经职工代表大会审议通过。因此，A企业职工代表大会的决定不能阻止市政府的决定。

四、职工代表资格认定要求

案情4：该企业总经理和工会主席做法是否妥当？

2014年，某企业职工代表李某在职工代表任期未满时，达到退休年龄，企业工会主席不让他继续担任职工代表，参加职工代表大会的活动。某名牌高校博士研究生王某，于2012年与该企业签订了八年劳动合同，业务精湛、

品行良好、表现出色,企业总经理按照优中选优的原则,指定王某为企业职工代表。但企业工会主席认为,王某不是工会会员,不同意王某担任职工代表。试分析该企业总经理和工会主席的做法。

分析:首先,分析企业总经理的做法。根据国家六部门《企业民主管理规定》,"职工代表必须由职工民主选举产生",不可指定,因此,企业总经理的做法显然是不合适的。其次,分析工会主席的做法。根据《企业民主管理规定》规定:"依法与企业建立劳动关系的职工均可当选职工代表。"也就是说,与企业没有劳动关系的人员不能担任该企业职工代表。退休人员已与用人单位终止劳动关系,退出劳动领域,不能再作为原企业的职工代表,参加职工代表大会行使表决权。《企业民主管理规定》也明确指出,"依法终止或者解除劳动关系的职工代表,其代表资格自行终止。"在这一点,企业工会主席的做法是正确的。同时,根据上述规定,依法与企业建立劳动关系的职工,均有选举和被选举为职工代表大会代表的权利,是不是工会会员不是职工代表的必要条件。在这一点上,企业工会主席的做法是没有法律依据的。

五、职代会重要事项表决要求

案情5:该企业总项表决职代会事项是否妥当?

某企业为提高工作效率,在召开职工代表大会时公布了会议议题和议案,提请职工代表一并审议通过三项涉及职工切身利益的重大事项。

分析:首先分析职工代表大会议题的公布程序。根据国家六部门《企业民主管理规定》,企业工会组织应当在职工代表大会召开7日前向职工代表公开会议的议题。召开职代会时才公布会议的议题和方案,不符合法律规定,不利于职工代表充分听取和吸收职工的意见和建议,全面准确地表达意见。其次看表决方式。根据国家六部门《企业民主管理规定》,职代会"对重要事项的表决,应当采用无记名投票的方式分项表决。"当职工代表大会需要对多个事项进行表决时,对不同事项,职工代表的意见并不一定是一致的,表决结果可能也不一样,如果采取一并表决的方式,职工代表无法准确表达意见和决定。因此,职工代表大会对重要事项表决,应一事一议,分项表决。

六、职工代表资格是否包含退休人员要求

案情6：该企业选举退休人员为职工代表做法是否妥当？

某国有企业停产多年，在企业改制召开职代会时，因涉及拖欠企业停产至改制这一期间120名已办理退休人员的工资和其他费用，企业以上述120人为选举单位，选举产生若干代表，参加职工代表大会并行使表决权。试分析企业的做法。

分析：《企业民主管理规定》强调："依法与企业建立劳动关系的职工均可当选职工代表。"也就是说，当选职工代表的前提是有劳动关系，而退休人员已与用人单位终止了劳动关系，所以，从退休人员中选举产生代表，参加职工代表大会并行使表决权的做法是不合适的。涉及已退休人员的相关事项，可从相关退休人员中推选特邀代表列席会议，反映该群体的意见，也可以单独召集退休人员进行研究处理。

七、职代会制度与其他民主管理制度关系

案情7：该企业不建立职代会制度是否妥当？

某企业建立了劳资对话会、总经理意见箱、厂务公开等多项民主管理制度，因此，该企业总经理认为，这些制度已能充分保障职工的民主权利，没有必要再建立职工代表大会制度。试分析该企业总经理的观点。

分析：从党的政治要求来看，要健全以职工代表大会为基本形式的企事业单位民主管理制度，保障职工参与管理和监督的民主权利。根据国家六部门《企业民主管理规定》，职工代表大会是企业民主管理的基本形式。职工代表大会制度具有法定的权威性、广泛的适用性、普遍的代表性和充分的公开性，特别是采取票决制的少数服从多数的民主原则，都是其他企业民主管理形式所不具备的，具有不可替代性。因此，企事业单位不可因建立了其他形式的民主管理制度，而不建立职工代表大会这一基本民主管理制度，所有的企业都应当建立职工代表大会制度。

八、职代会制度与厂务公开制度关系

案情8：该企业不建立厂务公开制度是否妥当？

有人认为职工代表大会有知情权、建议权、共决权、选举权等多项权能，已经能够有效地使广大职工进行民主决策、民主管理、民主监督，没有必要

再实行厂务公开制度,并且,实现厂务公开不利于保护企业的商业秘密和与知识产权相关的保密事项。试分析该观点。

分析:第一,从实行厂务公开的法定性看。厂务公开是一项重要的民主管理制度。第二,从厂务公开制度的特性看。厂务公开具有内容上的宽泛性、时间上的灵活性、形式上的多样性、时效上的及时性等特点,是职工代表大会制度的补充和完善,富有独特的民主制度价值,具有不可替代性,企事业单位实行厂务公开很有必要。第三,从实行厂务公开的原则看。实行厂务公开,要按照实事求是、注重实效、及时准确和有利于改革发展稳定、保护商业秘密的原则进行。商业秘密和与知识产权相关的保密事项,不属于厂务公开的范畴。

九、职代会会议支出渠道

案情9:该企业将职代会会议费用走工会经费支出是否妥当?

案情:某企业《职工代表大会实施细则》规定,职工代表大会每年召开一次。该企业生产经营正常。年终时,总经理根据工会经费的节余情况,决定当年不再召开职工代表大会。试分析该企业总经理的做法。

分析:这个案例中包含了三层意思。第一,职工代表大会经费列支渠道。职工代表大会是企业的一项管理制度,工会组织是其工作机构,负责日常工作。因此,企业职工代表大会工作费用由企业管理费用列支,不是从工会经费列支,不应以工会经费的节余情况决定是否召开职工代表大会。第二,职工代表大会制度是企业的一项经常性管理制度。根据国家六部门《企业民主管理规定》,职工代表大会每年至少召开一次。因此,在企业生产经营正常时,应当坚持每年召开职工代表大会。第三,职工代表大会的公定力问题。职工代表大会是企业民主管理的权力机构,其依法决定的事项对企业以及企业全体职工具有约束力,企业以及企业全体职工应当严格执行,非经职工代表大会同意不得变更。该企业《职工代表大会实施细则》是经职工代表大会审议通过的事项,对企业及全体职工具有约束力,企业总经理应当严格执行"职工代表大会每年召开一次"的规定。

十、职代会效力要求

案情10:该企业工资集体协议草案是否可以形成决议?

案情:某企业职工代表大会有60名代表,召开会议时有46名代表参加

第二章　职工代表大会工作

会议，在审议通过职工工资集体协议草案时，有 25 名代表投了赞成票。试分析该次职工代表大会的效力。

分析：第一，根据国家六部门《企业民主管理规定》，召开职工代表大会必须有 2/3 以上职工代表参与，该企业有 60 名代表，46 名代表出席会议已超过 2/3，符合召开会议的条件。第二，根据国家六部门《企业民主管理规定》，职工代表大会进行选举和审议通过重大事项，须经全体职工代表过半数通过，而不是经参会代表的过半数通过。该次职工代表大会应有 30 名以上代表同意方为有效，因此该企业职工工资集体协议草案尚未审议通过。对此，可简单记忆为，凡开会必全体代表 2/3 参加，凡表决必全体代表过半数同意。

十一、公司依据未经民主程序的规章制度辞退员工的风险

案情 11：该企业是否可以依据未经民主程序的规章制度辞退员工？

【案情概要】

孙某于 2008 年 5 月起入职某饮料公司担任业务代表。饮料公司称，2012 年 8 月至 9 月，公司开展促销活动，规定经销商购买 100 箱饮料搭赠 4 箱。但孙某未经公司批准，擅自变更促销活动为买 100 箱搭赠 5 箱，同时伪造客户签字虚报费用，严重违反《员工手册》《营销部奖惩管理办法》。公司故于 2013 年 7 月将孙某辞退。孙某认为饮料公司违法将其辞退，提起劳动争议仲裁。仲裁委经审理认为，饮料公司上述规章制度制定时未经民主程序，不能据此与孙某解除劳动合同，裁定饮料公司支付孙某违法解除劳动合同赔偿金 10 万元。饮料公司不服，提起诉讼。

饮料公司当庭称，他们的规章制度是经过民主程序制定的，属于公司经营权的范围，并称将提交证据予以证明。孙某同意仲裁结果，坚持说没有见过公司的上述规章制度。他还否认擅自变更公司的促销政策。他说，买 100 箱搭赠 4 箱是基本的营销政策，公司还规定买 300 箱再多赠 2 箱，买 500 箱再多赠 4 箱，买 1000 箱再多赠 10 箱。孙某称，最后算下来，相当于就是买 100 箱搭赠 5 箱。对于被指伪造客户签字虚报费用，孙某称部分单据是他代签的，但他已经把公司给的奖励给了客户，他没有据为己有。

【争议焦点】

公司能否依据未经过法定程序制定的规章制度辞退员工？

【法律分析】

对于规章制度的效力问题，相关的法律以及司法解释均做出了明确的规

定。《劳动合同法》第四条规定:"用人单位在制定、修改或者决定有关劳动报酬、工作时间、休息休假、劳动安全卫生、保险福利、职工培训、劳动纪律以及劳动定额管理等直接涉及劳动者切身利益的规章制度或者重大事项时,应当经职工代表大会或者全体职工讨论,提出方案和意见,与工会或者职工代表平等协商确定。"《最高人民法院关于审理劳动争议案件适用法律若干司法解释》第十九条规定:"用人单位根据《劳动法》第四条之规定,通过民主程序制定的规章制度,不违反国家法律、行政法规及政策规定,并已向劳动者公示的,可以作为人民法院审理劳动争议案件的依据。"

规章制度的制定与实施是用人单位自主权的体现,贯穿于企业的整个用工过程中,是用人单位行使管理权的重要依据。劳动者严重违反用人单位的规章制度的,用人单位可以解除劳动合同,但若是没有规章制度,用人单位的管理将会陷入困境。在2008年之后出台或者修改的所有规章制度都应当按照职工代表大会或者全体职工讨论——提出方案和意见——与工会或者职工代表平等协商确定——公示告知的流程制定,很多用人单位没有通过民主程序制定规章制度,或者通过民主程序不符合法定要求,或者没有证据证明曾经通过了民主程序制定规章制度,这都会导致在发生劳动争议时用人单位处于不利的地位。因此,在履行民主程序时,用人单位一定要留存制定规章制度时经过民主程序(如召开职工代表大会或者职工大会等)和公示告知员工的证据。

十二、公司依据民主程序的规章制度效力

案情12:该企业是否可以依据经过民主程序的规章制度辞退员工?

【基本案情】

安某是某中外合资酒店动力部配电房的电工,与该酒店签订了为期20年的劳动合同。工作不久后,酒店下发了经酒店职工代表大会通过并与工会协商后确定的规章制度——《员工手册》,其中规定:"职工有下列情况之一的,属于严重违反公司规章制度的行为,公司可解除劳动合同:(1)无故旷工连续5天,一年内累计旷工超过10天的……"几个月前,安某因在外为一个建筑公司干私活,曾连续旷工过1周,但公司未予追究。最近,又有一个建筑公司找到安某,想临时雇用他到外地一个工地做几天电器安装工作。安某心想,这又是一次捞取外财的机会,自己不能放过。于是,在他和建筑公司老板谈好条件后,便一口答应下来。不过,安某没有想到,这一次"走穴"干私活的代价居然是丢了自己的本职工作。事情的经过如下:由于安某本人承

揽了建筑公司的私活后，就在建筑工地一连干了 7 天，也没跟酒店请假。酒店对安某的无故缺勤给予旷工处理。安某干完私活回酒店上班时，以为自己就旷工一事做个检讨也就过去了。他态度诚恳地写了一份很长的书面检查。但没想到，1 个星期后，酒店召开了全体职工大会，会上宣布了解除安某劳动合同的决定。安某不服，认为酒店仅依据内部的规章制度就做出解除劳动合同的处罚决定，是违法的。

【法律分析】

酒店的做法是正确的，安某作为酒店的员工，就应当遵守酒店的内部规章制度和各项纪律，但他明知故犯，严重违反了酒店的规章制度——《员工手册》，酒店依据内部规章制度对其进行处罚是有理有据的。《劳动合同法》第三十九条规定，劳动者严重违反用人单位的规章制度的，用人单位可以解除劳动合同。案例中的公司依法定程序的规章制度——《员工手册》中，明确禁止员工旷工，并规定，员工无故旷工连续 5 天，一年内累计旷工超过 10 天的，属于严重违反公司规章制度的行为，公司可以解除其劳动合同。安某为了干私活，连续旷工 6 天，属于严重违反公司规章制度的行为，按照上述《劳动合同法》第三十九条中的规定，公司有权解除其劳动合同。因此，酒店的决定是正确的。

第五节　职工代表大会常见问题及答疑

Q1. 职工代表大会的性质是什么？

职工代表大会是企业实行民主管理的基本形式，是职工行使民主管理权力的机构。

Q2. 职工代表的资格和条件有哪些？

与企业签订劳动合同建立劳动关系以及与企业存在事实劳动关系的职工，有选举和被选举为职工代表大会代表的权利。依法终止或者解除劳动关系的职工代表，其代表资格自行终止。

职工代表大会的代表由工人、技术人员、管理人员、企业领导人员和其他方面的职工组成。其中，企业中层以上管理人员和领导人员一般不得超过职工代表总人数的百分之二十。有女职工和劳务派遣职工的企业，职工代表中应当有适当比例的女职工和劳务派遣职工代表。

Q3. 职工代表如何选举产生？

职工代表应当以班组、工段、车间、科室等为基本选举单位由职工直接选举产生。规模较大、管理层次较多的企业的职工代表，可以由下一级职工代表大会代表选举产生。

Q4. 职工代表的权利和义务是什么？

职工代表的权利：选举权、被选举权和表决权；参加职工代表大会及其工作机构组织的民主管理活动；对企业领导人员进行评议和质询；在职工代表大会闭会期间对企业执行职工代表大会决议情况进行监督、检查。

职工代表的义务：遵守法律法规、企业规章制度，提高自身素质，积极参与企业民主管理；依法履行职工代表职责，听取职工对企业生产经营管理等方面的意见和建议，以及涉及职工切身利益问题的意见和要求，并客观真实地向企业反映；参加企业职工代表大会组织的各项活动，执行职工代表大会通过的决议，完成职工代表大会交办的工作；向选举单位的职工报告参加职工代表大会活动和履行职责情况，接受职工的评议和监督；保守企业的商业秘密和与知识产权相关的保密事项。

Q5. 职工代表的任期和缺额增补有何规定？

职工代表实行常任制，职工代表大会换届（一般 3～5 年）改选时，可连选连任。职工代表在任期内调离本企业或退休时，代表资格自行终止，缺额由原单位按规定补选，补选条件和程序与选举职工代表的条件和程序相同。

Q6. 选举职工代表的比例如何确定？

企业召开职工代表大会的，职工代表人数按照不少于全体职工人数的百分之五确定，最少不少于三十人。职工代表人数超过一百人的，超出的代表人数可以由企业与工会协商确定。

Q7. 职工代表大会的会议制度有哪些？

职工代表大会至少每年召开一次；每次会议必须有三分之二以上的职工代表出席；职工代表大会选举和做出决议，必须经全体职工代表过半数通过。

Q8. 如何开好职工代表大会的预备会？

为了开好预备会议，应将企业改制方案和其他议案事先发给职工代表，以便职工代表有充分的时间征求所在选区职工群众的意见，为开好职工代表大会奠定基础。

第二章　职工代表大会工作

Q9. 职工代表大会主席团如何组成？其职责是什么？

职工代表大会可以设主席团主持会议。主席团成员由企业工会与职工代表大会各团（组）协商提出候选人名单，经职工代表大会预备会议表决通过。其中，工人、技术人员、管理人员不少于百分之五十。主席团只承担会议期间的组织领导工作，不实行常任制。

职工代表大会主席团的主要职责是负责职工代表大会会议期间的组织领导工作。它不能代行职工代表大会的职权。主席团讨论决定问题，要坚持民主集中制原则，实行集体领导。具体职责有：（1）主持开好大会；（2）草拟大会决议；（3）听取和综合代表团（组）对各项议案的审议意见建议，并对议案进行修改；（4）主持大会的表决和选举工作；（5）处理大会的其他重要问题。

Q10. 遇有重大事项，如何召开临时职工代表大会？

遇有重大事项，经行政、企业工会或三分之一以上职工代表的提议，可召开临时会议。

Q11. 职工代表大会形成的决议如何修改？

职工代表大会在其职权范围内依法审议通过的决议和事项具有约束力，非经职工代表大会同意不得变更或撤销。

企业应当提请职工代表大会审议、通过、决定的事项，未按照法定程序审议、通过或者决定的无效。

Q12. 如何搞好提案的征集与处理？

职工代表大会提案是提请职工代表大会讨论、决定、处理的方案和建议。提案由提案人和附议人共同提出，经职工代表大会提案审查委员会审查立案后成为职工代表大会提案。征集处理工作由企业工会和提案工作委员会共同承担。

Q13. 专门工作小组的作用和职责是什么？

企业可根据行使职工代表大会职权的需要设立若干专门工作小组，开展日常民主管理和民主监督活动。其主要工作是：审议提交职工代表大会的有关议案；在职工代表大会闭会期间，根据职工代表大会的授权，审定属本专门小组分工范围内需要临时决定的问题，并向职工代表大会报告予以确认；检查、督促有关部门贯彻执行职工代表大会决议和职工提案的处理；办理职工代表大会交办的其他事项。

专门小组进行活动需要占用生产或者工作时间,有权按照正常出勤享受应得的待遇,但需经厂长(经理)同意。各专门小组的人选,一般在职工代表中提名;也可以聘请非职工代表,但必须经职工代表大会通过。

各专门小组对职工代表大会负责。

Q14. 职工代表团(组)长和专门工作小组负责人联席会议的职权是什么?

职工代表团(组)长和专门工作小组负责人联席会议负责协商处理职工代表大会闭会期间需要临时解决的重要问题,并将处理情况向下一次职工代表大会报告予以确认。重要问题主要有两个方面的内容:一是职工代表大会职权范围内的重要问题;二是职工代表大会日常工作中的重要问题。

属于企业改革、改制等重大决策问题必须提交职工代表大会审议,不得以联席会议代行职工代表大会职权。

Q15. 什么样的单位实行职工代表大会制?什么样的单位实行职工大会制?

一个单位是建立职工代表大会制,还是建立职工大会制,主要应根据企业职工人数的多少和其他实际情况来决定。职工大会和职工代表大会的性质和职权相同,工作机构是基层工会委员会,并由基层工会委员会主持日常工作。职工大会与职工代表大会所不同的是不选代表,由企业全体职工直接行使《企业民主管理规定》规定的职权。

Q16. 作为民主管理的职工大会与平时召开的职工大会有什么区别?

作为民主管理的职工大会,与平时召开的职工大会是有区别的。前者是国家法定的民主管理制度,后者是进行宣传教育或布置任务的一般性会议;前者必须按照规定定期召开,后者则不一定定期召开;前者一般由工会主持召开,后者一般由党政领导人主持召开;前者具有法定的职权,后者则没有职权。总之,作为民主管理的职工大会与平时召开的职工大会,其性质、内容都是有明显区别的。

Q17. 职工代表大会在行使民主管理权力时应注意划清什么界限?

职工代表大会在行使民主管理权力时,应注意划清以下四个界限。

(1)行使对企业重大决策的审议建议权,但不代替厂长(经理)的决策权。

(2)行使对企业重要规章制度的审议通过权,但不干扰厂长(经理)按照规章制度实施对职工的奖惩权。

(3)行使对有关职工切身利益的审议决定权,但不包办代替行政日常事务工作。

（4）行使对干部的评议、监督、推荐和选举权，但不干扰厂长（经理）对干部的任免权。

这样，才能使职代会和行政在行使职权时互相补充，形成合力，发挥总体功能。

Q18. 职工代表大会怎样体现和贯彻民主集中制的组织原则？

需要做好以下几个方面的工作。

（1）必须坚持民主选举职工代表。

（2）每个职工代表在职工代表大会上都有充分发表自己意见的权利，任何人不得加以限制。

（3）职工代表之间和大会主席团成员之间要平等相待。凡是被职工群众选举为职工代表和被选入职工代表大会主席团的人员，不论他来自什么岗位，担任什么职务，都是以职工代表的身份参加会议，都是平等的成员，都有同等的权利和义务。

（4）职工代表大会的决议一经通过以后，如果还有个别人持不同意见，可以保留，但在行动上必须遵循"个人服从组织，少数服从多数"的原则，认真遵守和执行大会决议。

Q19. 职工代表大会应建立哪些工作制度？

建立职工代表大会工作制度，总的来说是为了实现企业民主管理过程规范化，以提高职工代表大会的工作效能。其主要内容包括：会议制度化、程序民主化、活动经常化、组织网络化。职工代表大会工作制度一般有以下几项。

（1）职工代表大会会议制度。

（2）专门小组（专门委员会）工作制度。

（3）民主评议和民主选举干部制度。

（4）职工代表团（组）长和专门小组（专门委员会）负责人联席会议制度。

（5）职工代表学习培训制度。

（6）车间、班组民主管理制度。

Q20. 职工代表大会进行选举和通过决议应采用什么方式？

职工代表大会选举和表决相关事项，必须按照少数服从多数的原则，经全体职工代表过半数通过。对重要事项的表决，应当采用无记名投票的方式分项表决。

Q21. 怎样开展检查与监督提案落实的活动？

检查督促提案的落实，是职工代表大会活动的一项内容，也是企业行政领导的责任。在职工代表大会会议期间和闭会后，职工代表大会和企业行政领导都要对提案的落实情况进行检查和督促。检查和督促的方式，要建立必要的制度定期进行，也可以不定期地抽查。职工代表大会和行政领导可以分别进行检查督促，也可以合并一起进行检查督促。提案落实的检查一般应在企业工会指导下由专门工作委员会（专门小组）负责。

检查督促的目的是使提案更好地落实，推动企业各项工作发展。因此，检查活动不要搞"突然袭击"，一般可以事先发出通知，使管理部门汇报情况有所准备。但是，管理部门必须如实汇报情况。对在落实提案过程中有实际困难的单位或部门，职工代表大会、工会或行政领导应予以帮助和支持。

Q22. 企业工会与职代会是什么关系？

职工代表大会制度是企业民主管理的基本形式，企业工会是职工代表大会的工作机构，负责职工代表大会的日常工作。

Q23. 企业改制与职代会的关系如何？

国有企业的企业改制方案必须提交职工代表大会正式审议通过，职工代表大会未通过的方案不能实施。企业改制后，是公有产权控股参股和职工持股为主的企业仍应坚持职工代表大会制度。改为其他产权组织形式的企业也提倡实行职工代表大会制度，以通过职工代表大会协调企业的劳动关系，达到劳资双方和谐合作，共谋企业发展的目的。

Q24. 职工代表大会制度与集体合同制度是什么关系？

集体合同是根据《劳动法》第三十三条的规定，由工会代表职工与用人单位之间就劳动报酬、工作时间、休息休假、劳动安全卫生、保险福利等事项，在协商一致基础上签订的书面协议，是保障职工合法权益的一项劳动法律制度。职工代表大会是职工参加企业管理，行使民主管理权力的机构，是保障职工民主权利的一项重要制度。两者都是协调劳动关系，维护职工合法权益的有效机制，两者有密切联系，但又不能相互取代。职代会是签订集体合同的法定程序，集体合同的内容大多是职代会职权的内容，因此在实际工作中，要把两个制度很好地结合起来，在落实职代会职权时，要同集体合同的内容相衔接，职代会审议通过和决定的涉及职工切身利益的内容应通过平等协商成为集体合同的条款内容。

Q25. "新三会"与"老三会"是什么关系?

目前,股份制企业中有"新三会",即股东会、董事会、监事会,也有"老三会",即党委会、工会、职代会。"新三会"和"老三会"应是一种什么关系呢?"新三会"从发展生产力的角度而言,属于市场机制的范畴,是企业产权所有者实行民主管理,分权而治,权责明确,各司其职,各负其责,互相联系,互相制衡,相辅相成的内部治理结构。"老三会"从生产关系的角度而言,属民主政治的范畴,党委会在企业对党和国家的路线、方针、政策和法律的落实中起保证监督作用;职代会是企业劳动者行使民主管理权力的机构;工会是职工利益的代表者和维护者。一个企业要健康发展,要在贯彻落实党和国家的路线、方针、政策和法律的基础上,既要有投资者、经营者的积极性,还要有劳动者的积极性,三者齐心协力,共同促进企业发展。应该指出,企业协调健康发展是投资者、经营者、劳动者的共同利益追求,因此,在股份制企业中,"新三会"和"老三会"之间有密切联系,应同时并存,不能混同或取代,应各自依法履行职能,并发挥各自的积极作用。

Q26. 职代会与工代会是否可以合在一起开?

依据《工会会员代表大会条例》要求,会员代表大会与职工代表大会应分别召开,不得互相代替。如在同一时间段召开的,应分别设置会标、分别设定会议议程、分别行使职权、分别做出决议、分别建立档案。

Q27. 职代会与工代会如果在同一时间段召开应该注意什么问题?

(1) 按会议性质分别用工代会和职代会的会标。

(2) "两会结合"召开时,会员代表和职工代表任期一般一致。

(3) "两会结合"时,会议应分阶段进行,工会代表大会在通过工会工作报告、民主选举新的工会委员会时,非会员代表的职工代表只能作为列席代表,没有表决权、选举权和被选举权。

(4) "两会结合"的"两会",因各自的具体职责范围不同,所以应分别做决议。

Q28. 什么是集团型职代会?

集团型职代会是指以投资管理为主要特征、下属单位以独立法人公司为主体,实行战略控制的公司按照一定比例选举产生职工代表,召开集团企业职工代表大会,实行企业民主管理。

Q29. 哪些集团公司需要建立职代会？

在本市的集团公司中，只要对所属基层单位有下列管理职能的，都应当建立职代会制度：（1）对所属企业重大决策、经营管理方面拥有决定权和重要影响力的；（2）对所属企业在人力资源、劳动规章制度、薪酬福利制度等方面拥有决策和管理权的；（3）对所属企业在干部人事制度等方面拥有决策和管理权的。

Q30. 推进集团型职代会制度需要把握哪些工作原则？

坚持党的领导。加强集团型职代会制度，核心在于坚持党的领导。各集团公司党委要充分发挥党组织在推进集团公司和所属基层单位职代会制度建设中的政治核心作用，统筹协调、指导推进工作中各类重大问题的解决，切实加强目标责任制考核，督促各级党政领导班子和工会组织自觉把职代会制度建设列入考核重点，确保职代会制度规范有效运行。

坚持依法推进。凡对所属基层单位在重大决策、经营管理、干部任免、薪酬福利、人力资源等方面拥有管控权的集团公司都应当建立集团型职代会，保证职工行使民主管理权利。不能以集团公司本部职代会替代集团型职代会。集团公司成立时，应依法同步进行职代会筹备工作，并于集团公司正式运营一年内召开职代会、完成建制工作。

坚持注重实效。建立健全职工代表大会会议制度、提案制度、选举表决制度，以及职工代表巡视、检查、质询、业务培训和权益保障等工作制度，切实落实集团型职代会的各项职权。严格依法支持和保障职工代表行使权力，保障职代会对提案办理情况、审议通过的重大事项落实情况、集体合同和专项集体合同履行情况、企业关停并转迁及股权结构变化情况、社会保险费交缴以及其他劳动法律法规的贯彻执行情况等事项开展监督检查。

Q31. 集团公司职代会和集团本部职代会有什么区别？

集团公司职代会和集团本部职代会是完全不同的参与主体和运作主体。首先，集团公司职代会是在整个集团系统内选举产生代表，集团本部职代会则是在集团本部范围内选举产生代表；其次，集团公司职代会的运作主体是集团工会，而集团本部职代会的运作主体是本部工会；最后，集团公司职代会审议和决定涉及整个集团公司企业管理、劳动关系等重大问题，以及职工切身利益重要事项等内容，而集团本部职代会审议和审议通过的仅限于集团本部和本部职工的相关事宜，职代会的职权内容也有很大区别。

第二章　职工代表大会工作

Q32. 分公司需要建立职代会制度吗？

需要。一是法律法规有明确规定。《企业民主管理规定》明确要实行多级民主管理，建立分公司（厂）、分院（校）职代会制度。职工通过职代会享有民主权利不应由于企事业单位的规模大小和管理体制不同而受到限制。二是由于企业管理体制机制的变化。目前很多不具有独立法人资格的分公司在经营管理、劳动用工和薪酬福利分配等方面都具有相应的自主权，且职工人数居多。这些单位都应当实行民主管理，建立健全职代会制度，保障职工行使与所在单位管理权限相对应的民主管理权利。因此，分公司同样应当按照法律法规要求，健全完善并有效运作职代会。

Q33. 集团公司职代会是否可以取代所属基层单位职代会？

不能。首先，按照法律法规的规定，具有独立法人资格的集团公司及其子公司都应当建立职代会制度。分公司虽然不具有独立法人资格，但同样拥有经营管理、劳动用工和薪酬分配等自主权，也应当实行民主管理，建立健全职代会制度。其次，集团公司作为母公司对所属企业进行管理，同样需要通过职代会来规范、管控所属基层企业职工民主参与、劳动关系协调、劳资矛盾调处和解决职工"三最"利益问题等行为，而所属基层单位职代会更应在集团公司职代会总体原则、规定基础上细化本单位职代会相关事宜。因此，集团公司职代会不但不可取代所属基层单位职代会，而应进一步理顺上下级职代会关系，更好地发挥多级职代会制度的作用。

Q34. 集团型职代会有哪些职权？

（1）审议集团公司经营方针、中长期发展规划、年度计划、财务预决算、年度经营管理情况以及生产经营方面的重大改革措施、重要决策的报告；

（2）集团公司劳动关系总体状况，集团公司与工会就涉及集团系统劳动关系重大调整、安全生产和职工工资福利制度等事项协商情况的报告；

（3）审议集团型职代会联席会议协商处理事项及职代会工作机构开展工作情况的报告；

（4）审议通过集团型职代会制度实施办法和厂务公开民主管理制度；

（5）审议通过集团公司拟定的适用于集团系统的职工薪酬福利制度、社会保险费和住房公积金缴纳制度、劳动用工管理制度、职工教育培训制度、奖励制度，以及企业年金、补充公积金、职工股权激励等原则方案；

（6）审议通过集团公司拟定的适用于集团系统的集体合同指导意见，基层单位改革改制中职工整体劳动关系变更、安置分流、经济补偿等指导意见；

（7）审查监督集团公司及所属基层单位建立和健全完善职代会和厂务公开民主管理等制度情况，集团型职代会决议贯彻执行情况；

（8）审查监督集团公司所属基层单位集体合同和专项集体合同的履行情况、贯彻落实集团公司集体合同指导意见情况、执行劳动安全卫生标准、社会保险费缴纳等情况；

（9）审查监督集团型职代会提案落实情况，职工董事、职工监事履职情况；

（10）审查监督集团公司年度业务招待费使用情况、职工教育培训经费提取使用情况；

（11）选举集团型职代会民主管理专门小组（委员会）成员、集团公司董事会和监事会中的职工代表；

（12）民主评议集团公司领导班子、由组织配置的集团公司党委、行政领导班子成员、集团公司董事会和监事会中的职工代表；

（13）法规规定或者集团公司党委、行政与工会协商确定的其他职权。

Q35. 集团型职代会的届期和会议召开有哪些规定？

集团型职代会每届任期3～5年，每年应当至少召开一次会议，到会职工代表超过代表总数的三分之二方可召开，职工代表讨论应纳入职代会正式议程。会议一般应集中召开，临时会议因时间紧、集中召开有困难，可以通过视频、网络会议，或各职工代表团组审议表决、职工代表书面表决等方式进行，但应严格遵守职代会会议相关规定，做好代表资格确认、文字记录和材料备案等工作。遇有需要及时处理的重要事项，可以召开职工代表团组长联席会议协商处理，处理结果向下一次职代会报告确认。

Q36. 集团公司及所属基层企业的职代会职权有何区别？

集团公司由于处在决策监督层面，对所属基层单位的经营目标、发展规划、劳动关系重大问题、薪酬福利、企业文化等进行制度顶层设计，并指导推动和管控所属基层单位有效执行。因此，集团公司职代会就应与集团公司的管理权限相一致。总体来讲，集团公司职代会的职权更应侧重于围绕决策发展等方面带有全局性、根本性、指导性的重大问题，以及涉及职工切身利益事项中带有普遍性、倾向性的重大问题。具体来讲，集团公司职代会的审议建议权应侧重整个集团公司的经营发展规划、劳动关系总体状况等方面的知情审议；审议通过权则应侧重在涉及整个集团公司职工薪酬福利、劳动用工管理、劳动关系建立和变更补偿等原则方案的通过实施。而基层单位职代会则是在集团公司职代会原则要求、总体方案的基础上，根据本单位的实际情况予以细化，这样才能使集团公司的管控有序，执行到位，民主管理上下间的制度体系才能得到真正体现。

集团公司及所属基层企业应根据各自性质、经营管理特点建立多层级的职代会制度，相应确立不同层级职代会的职权，一级解决一级的问题。即集团公司应建立集团型职代会制度，具有独立法人资格的公司应建立公司型职代会制度，不具有法人资格的业务单位（分公司、部门、工厂、办事处、事业部、项目部等）可根据实际建立业务单位型职代会制度。

Q37. 集团型职代会形成的决议对所属基层单位有无约束力？

集团型职代会形成的决议对所属基层单位具有指导、规范和制约作用，下级职代会形成的决议不能与上级职代会精神相冲突。集团型职代会通过的职工薪酬福利、社会保险、住房公积金等决议对所有基层单位具有约束力，基层职代会同类事项的有关决定不得低于相关标准。经集团公司职代会审议通过有关协调劳动关系制度的要求和相关事项后，基层单位应当着重做好下列几项工作。

（1）对照集团公司有关协调劳动关系制度的要求和职代会的决议，全面审查本单位相关制度和规定的情况，如发现与集团公司职代会决定存在差异的，应按集团公司的要求和法律法规政策文件规定予以调整。

（2）按照集团公司集体合同和工资专项集体合同等对职工工资增幅或调整的原则和考核目标完成情况，确定本单位职工工资增幅或调整的具体比例开展集体协商，并将形成的集体合同草案或工资专项集体合同草案提交本单位职代会审议通过后实施。

（3）按照集团公司有关职工薪酬福利制度、劳动用工管理制度、职工教育培训制度以及企业年金、补充公积金、职工股权激励等原则方案，对照本单位相关工作的实施情况开展自查，结合本单位实际，针对存在的问题或集团公司的要求提出修改的意向，并经单位行政与工会协商，达成一致意见，形成方案草案后提交本单位职代会审议通过后实施。

（4）涉及本单位改革改制中职工整体劳动关系变更、安置分流、经济补偿等事项，应当按照国家法律法规、政策文件和集团公司的要求，在前期听取职工和各有关方面意见的基础上，行政与工会进行集体协商，形成方案草案，提交本单位职代会审议，并通过无记名表决方式通过后实施。

Q38. 上级职代会与下级职代会的关系？

上级职代会对下级职代会按照"下管一级"的原则履行指导、监督职能。下级职代会的工作方案及会议材料应报上级职代会工作机构审核，下级职代会决议应向上级职代会工作机构报告，上级职代会工作机构应派员列席下级职代会。

Q39. 集团型职代会代表的确定应掌握哪些工作原则？

集团公司不同于基层企业，确定集团公司职代会代表的人数，应把握好下列几项原则。

一是协商原则。集团公司职代会代表人数应当在调研和听取各方意见的基础上，按照相关规定，由集团公司行政与工会协商，最终确定本集团职代会代表的总人数。集团公司职工代表应具备较强的参政议政能力，一般应在集团本级或基层单位职代会职工代表中经民主选举产生。职工代表的具体结构、比例和产生办法，由集团公司行政与工会协商确定，并提交职代会审议通过。

二是广泛原则。一线职工代表比例不得低于代表总数的50%，集团公司中层以上管理人员和各级分（子）公司的领导班子成员应当作为管理人员，其比例不得超过代表总数的40%。由于集团公司的特性，使得集团公司的职工人员复杂，群体较多。集团公司职代会代表就应适应集团公司的这种特性，从制度层面考虑不同群体的职工，尤其是最基层的一线职工，都应当有代表参加到集团公司职代会中来，农民工、劳务派遣工较多的集团公司，职工代表中应当有适当比例的农民工、劳务派遣工代表。同时，适当考虑外派职工和重组、兼并的跨地区企业的职工。

三是层级原则。集团公司由于管理层级较多，其职代会的代表中应当要有来自不同层面的代表，切忌造成大部分代表都集中在集团公司本部和二级子公司。因此，各单位在确定代表人数的同时，还应考虑分公司和三、四层级的基层单位，确保集团公司每一层面和每一群体都有代表参加职代会。

Q40. 集团型职代会代表怎样产生？

由于集团公司与基层企业不同，集团公司职代会代表产生程序比基层企业职代会的相对要复杂，需要周密设计。

（1）制定选举办法。集团公司应结合实际情况制定本集团职代会职工代表选举办法，其内容主要包括职工代表的总人数、比例结构，各基层单位职工代表的名额分配表、各基层单位选举职工代表的具体程序规定等。该办法

第二章 职工代表大会工作

经集团公司党政工协商确定后,应下发到下属各单位、各选区。

(2) 合理划分选区。一般以集团公司所属子公司、分公司、直管单位和集团本部为选区。对于特别小的单位,可考虑合并进行。

(3) 基层单位工会提出本单位参加集团公司职代会的代表候选人,提交党政工审核确定后,由基层单位职代会民主选举产生。

(4) 按民主程序选举职工代表。各基层单位或选区选举时应有本选区三分之二以上职工或职工代表参加;候选人须获得选区全体职工或职工代表半数以上赞成票方可当选。各级工会应做好各选区选举记录、选票归档等工作以备查阅。

(5) 及时公布选举结果。各选区应将选举结果当场公布。

(6) 集团公司职代会代表资格审查委员会对各选区上报的职工代表进行资格审查,并在集团公司职代会预备会议上做代表资格审查报告予以确认。

Q41. 筹备建立集团公司职代会需要重点着手哪些工作?

(1) 成立筹建工作领导小组。领导小组正副组长一般应由党委、行政和工会主要领导担任,其工作职责是全面研究审核本届职代会的组织制度、职权内容、代表构成、职代会议事规则和制度运行等重要事项。

(2) 成立筹建工作小组。根据工作需要,领导小组可下设若干工作小组,如代表资格审查组、组织秘书组、宣传会务组等,负责职代会的具体事务工作。

(3) 组织选举和培训职工代表,划分职工代表团组。

(4) 制定本届职代会实施办法,明确各职能部门的职责分工。

(5) 确定本届职代会的各项工作制度。

(6) 协商确定成立若干职代会民管专门小组(委员会),拟定由职代会选举产生的民管专门小组(委员会)成员名单。

(7) 通过集体协商,制定新一轮集体合同草案或其他需提交职代会审议通过的方案草案。

(8) 协商确定职代会议题、大会议程,提交职代会预备会议通过。

(9) 起草大会各项文件。

(10) 确定职代会主席团人员名单,提交职代会预备会议通过。

(11) 起草筹备工作报告、代表资格审查报告,提交职代会预备会议通过。

(12) 其他相关工作。

Q42. 集团公司工会作为集团公司职代会的工作机构有哪些职责?

集团公司工会在职代会筹备和召开期间,履行下列职责:

(1) 组织开展职工代表的选举、撤换、培训等工作;

(2) 做好职代会文件的准备工作;

(3) 提出职代会主席团成员、专门小组(委员会)成员候选人建议名单,董事会、监事会中的职工代表候选人建议名单;

(4) 代表职工与集团公司行政开展集体协商,形成集体合同草案、专项集体合同草案和起草说明、集体协商情况的报告等;

(5) 组织职工代表团(组)在会前和会中对提交职代会审议和审议表决的事项进行讨论,汇总整理意见,并与集团公司行政协商修改;

(6) 负责职代会其他筹备和组织工作。

集团公司工会应在党委的领导下,会同党委宣传部门和党办、行政办,宣传和传达好职代会的决议和精神,通过集团公司网站和内刊等公布大会决议和精神。同时,集团公司工会在职代会闭会期间,还应当履行下列职责:

(1) 动员职工执行职代会决议,督促决议的落实和提案的办理;

(2) 建立与职工代表的联系制度,受理职工代表的申诉和提案,维护职工代表的合法权益;

(3) 组织职工代表、民主管理专门小组(委员会)开展提案、巡视检查、质量评估等日常民主管理活动;

(4) 完成职代会交办的其他工作;

(5) 汇总整理职代会的相关资料,形成大会文书档案,做好归档工作。

集团公司工会还应当注重结合集团公司自身特点,通过推进建立职代会提案、巡视检查、质量评估、职工代表管理和日常民主管理等工作制度,形成集团上下干群相互沟通、各基层单位互为学习借鉴、各层面职工广泛参与的民主管理工作格局。

第三章
厂务公开民主管理工作

第三章　厂务公开民主管理工作

厂务公开是企事业单位民主管理的重要形式，从规范化流程来看分为四个阶段，即：成立厂务公开民主管理领导小组，确立厂务公开内容，选择厂务公开形式，建立厂务公开监督评价和考核完善机制（如图4所示）。本章将重点对厂务公开规范化流程化进行阐述，并对常见问题进行分析。

成立领导小组

由党政工负责人组成：党组织加强领导，行政负责实施，工会、纪检负责监督，职工建言献策评价

同时成立监督小组：由工会、纪检部门组成

同时成立工作小组：由企业各有关职能部门组成

↓

公开内容

一、法定内容（所有企业应公开）

（一）经营管理的基本情况；

（二）本单位规章制度；

（三）集体合同、劳动合同的签订、续订、变更和履行情况；

（四）奖励处罚职工、单方解除劳动合同的情况以及裁员的方案和结果，评选劳动模范和优秀职工的条件、名额和结果；

（五）社会保险以及企业年金的缴费情况；

（六）劳动安全卫生保护措施、职工培训计划、劳动争议及处理结果情况；

（七）涉及职工合法权益的其他事项。

国有、集体及其控股企业，还应当公开下列事项：

（一）企业发展规划，年度生产经营计划及完成情况，投资和生产经营管理等重大决策方案；

（二）企业合并、分立、改制、破产等实施方案和职工安置方案；

（三）企业大额资金使用、大额资产处置情况，工程建设项目的招投标，大宗物资采购供应情况；

（四）评议中高级管理人员及聘任重要岗位人员情况；

（五）中高级管理人员廉洁自律情况；

（六）依照国家有关规定应当公开的其他事项。

二、企业经营管理和干部队伍建设中的重点、热点、难点问题

三、职工要求公开的事项（包括职工"点题"公开事项，对职工意见、建议整改情况，对监督评价意见的整改情况）

```
┌─────────────────────────────────────────────────────────┐
│                      公开形式                            │
│ 一、通过职代会公开。职代会相关情况通过内部网络、报刊、    │
│ 橱窗、板报、意见箱、厂情发布会、职工座谈会、对话会公开。 │
│ 二、通过厂务公开栏公开、微信、微博等其他形式。           │
│                      公开要求                            │
│ 视内容按年、季、月、旬、周定期或即时公开;涉及职工切身    │
│ 利益的事项事前、事中、事后全程公开                       │
└─────────────────────────────────────────────────────────┘
                            ↓
┌─────────────────────────────────────────────────────────┐
│                      监督评价                            │
│ 由监督小组组织职工代表检查、视察;行政向职代会报告厂务    │
│ 公开制度执行情况;随时听取和反馈职工意见、建议,督促企业  │
│ 整改,实施二次公开;进行职工满意度测评                    │
│                      考核完善                            │
│ 由领导小组进行责任制考核,实施工作奖励和责任追究;修订、  │
│ 完善厂务公开制度                                         │
└─────────────────────────────────────────────────────────┘
```

图4　厂务公开规范化流程图

名词解释

厂务公开就是把企业重大决策、生产经营管理的重要问题、涉及职工切身利益的问题以及与企业领导班子建设和党风廉政建设密切相关的问题,根据有关法规和制度,通过职代会、职工代表团/组长联席会议、厂务公开栏、厂情发布会、党政工联席会、企业内部媒体等多种形式和载体,向企业职工公开,使职工及时了解厂情,更好地参与企业决策、管理和监督。其实质就是企业决策公开、管理公开。

第一节　成立厂务公开民主管理领导小组

一、完善组织领导机构

各单位应成立主要负责人任组长的工作领导小组,配齐配强专门工作机构,根据人员调整情况及时进行补充,保证有人办事。

二、强化职责，落实责任

要进一步强化工作职责，明确责任，加强协调和配合，在工作中形成强大的领导合力。要结合工作内容和业务范围，把厂务公开民主管理工作纳入各单位年度工作规划之中，与中心工作一起部署安排，一起检查指导，一起考核奖惩。

（1）厂务公开领导小组

企业建立由党委主要负责人任组长，行政主要负责人及工会主席任副组长，纪检、监察、组织、工会、企管等有关管理部门负责人为成员的厂务公开领导小组，负责厂务公开的组织领导工作。

（1）负责厂务公开实施意见、工作计划和方案的制定；

（2）负责审定重大公开事项，指导协调有关部门研究解决实施中的问题，以及指导此项工作的监督、检查和考核工作；

（3）负责进一步健全工作机制，推行厂务公开的科学化、规范化，完善岗位责任制度、工作考核制度和责任追究制度，确保组织健全，人员落实，目标明确，措施到位，效果明显。

（2）厂务公开监督检查小组

在党组织的领导下，成立由纪委书记任组长，纪检、监察、工会和职工代表为成员的厂务公开监督检查小组，依据政策、规定和厂务公开的相关制度要求，负责对厂务公开情况进行监督检查。

（1）负责监督检查企业厂务公开的内容是否真实全面，公开是否及时，程序是否符合规定、职工反映的意见是否得到落实；

（2）负责制定厂务公开工作监督检查考核办法，定期组织职工对厂务公开工作情况进行监督评议；

（3）负责在厂务公开领导小组的指导下，每年度对企业厂务公开工作进行检查考核，并坚持向同级、上级厂务公开领导小组提交监督检查情况的报告和向职工代表大会报告制度。

【厂务公开民主管理领导小组范例 & 模板】

【范例 & 模板 3-1】

关于成立厂务公开工作领导小组的通知

各部门：

　　为了进一步加强对公司厂务公开的领导，扎实有效地做好厂务公开工作，经研究决定，成立厂务公开工作领导小组。

　　一、领导小组成员

　　组　　长：＿＿＿＿＿＿＿（党委书记或总经理）

　　副组长：＿＿＿＿＿＿＿（工会主席、副总经理）

　　成　　员：＿＿＿＿＿＿、＿＿＿＿＿＿、＿＿＿＿＿＿、＿＿＿＿＿＿、＿＿＿＿＿＿（企业相关部门负责人）

　　二、领导小组主要职责

　　1. 负责厂务公开的领导、策划、协调、沟通工作，组织全厂各级领导和单位按照本程序对厂务公开进行落实。

　　2. 督促和检查厂务公开工作的执行和落实。

　　3. 负责对公开方案、公开形式等有关厂务公开重大事项的审定。

　　4. 负责对厂务公开工作考核评比等重要事宜的审定。

　　5. 按照分工负责制对分管系统厂务公开的实施、推进负有领导责任。

　　6. 向职工解释解答涉及厂务公开范围和内容的职工切身利益问题。

　　三、厂务公开领导小组办公室

　　厂务公开工作领导小组下设办公室，办公室设在＿＿＿＿＿＿＿，负责日常工作。

　　主　　任：＿＿＿＿＿＿＿（工会主席）

　　成　　员：＿＿＿＿＿＿、＿＿＿＿＿＿、＿＿＿＿＿＿、＿＿＿＿＿＿、＿＿＿＿＿＿（工会小组组长）

　　主要职责：接受公司厂务公开工作领导小组的统一指挥，做好日常工作；收集、整理职工对厂务公开的意见和建议，并督促有关部门落实；做好厂务公开的台账、档案归档工作；完成厂务公开工作领导小组交办的其他工作。

（单位）

年　月　日

第三章 厂务公开民主管理工作

【范例 & 模板 3-2】

厂务公开民主管理组织机构图

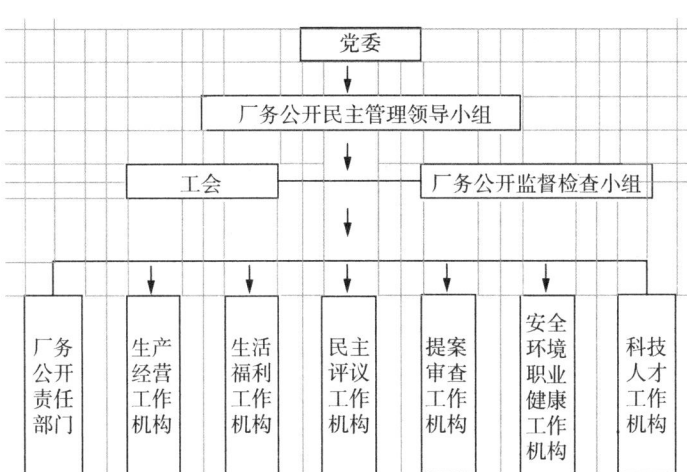

【范例 & 模板 3-3】

厂务公开工作领导小组各方主体责任

1. 企业行政是实行厂务公开的主体。负责按照规范运作的要求根据生产、经营、管理涉及的领域和厂务公开规定的形式、内容、程序和方法，制定厂务公开工作实施细则，并认真抓好落实，对厂务公开内容的准确性和真实性负总责，随时接受职工群众的监督。企业领导班子其他成员、中层管理人员根据工作分工，对职责范围内的厂务公开工作负直接责任。

2. 纪检、监察是厂务公开监督检查小组日常办事机构，负责保证厂务公开监督渠道的畅通，通过意见簿、监督电话、座谈会等形式，广泛征求职工群众意见，促进厂务公开工作质量的不断提高；负责组织厂务公开监督检查小组对厂务公开内容是否真实、程序是否合法、公开是否及时进行审核和监督检查，发现问题及时纠正；负责加强对推行厂务公开工作的监督检查，对违反厂务公开工作有关规定应追究责任的，按照有关规定，会同有关部门实施责任追究，对在厂务公开工作中暴露出来的违纪违法问题严肃查处。

3. 党委组织部门是负责党建工作的专门机构，负责将厂务公开实施情况作为考核各级领导班子和领导干部的重要依据，并与奖惩、任免、评优选先挂钩；负责把厂务公开作为领导班子民主生活会、领导人员述职和年度总结的重要内容，定期向上级主管部门报告；负责结合职代会评议领导班子（干部)制度，加强对企业领导班子和领导人员的考核，把评议结果作为奖惩的重要依据。

4. 工会是厂务公开领导小组的日常工作机构，负责按照党组织的要求，围绕企业生产经营管理活动，动员、组织职工积极参与民主管理，认真落实职工代表大会制度，依照法律规定认真筹备和组织召开职工代表大会，维护职工合法权益，充分发挥职代会基本载体功能和主渠道作用，协助党政不断规范厂务公开的内容、形式和程序，建立有效的工作机制，不断充实和丰富职代会的内容，提高职代会的质量和实效，规范职代会的工作程序，认真落实好职代会的各项职权，加强职工代表的培训，提高他们参与民主决策、民主管理、民主监督的意识和能力。

【范例 & 模板 3-4】

×××工程公司厂务公开民主管理实施细则

1 总则

为贯彻落实××公司厂务公开民主管理标准体系文件要求，规范×××××工程公司厂务公开民主管理工作（以下简称"厂务公开"），健全和落实"党委是第一责任人，行政是第一执行人，纪委是第一监督人，工会是第一协调人，员工是第一评价人"的厂务公开工作制度，构建和谐劳动关系，促进企业健康发展，结合公司实际，制定本实施细则。

2 适用范围

本办法适用于×××工程公司各单位。

3 相关文件

3.1 《中共中央办公厅、国务院办公厅关于在国有企业、集体企业及其控股企业深入实行厂务公开制度的通知》

3.2 《×××××省厂务公开民主管理条例》

3.3 《××公司厂务公开民主管理标准体系文件（指导文本）》

3.4 《×××公司厂务公开民主管理工作管理办法》

4 定义

本细则中所称厂务公开民主管理，是指本单位依照有关法律、法规，向本单位职工公开企业的重大决策事项、生产经营管理的重要事项、涉及职工切身利益事项、与单位领导班子建设和党风廉政建设密切相关事项等，接受职工监督的民主管理制度。

第三章 厂务公开民主管理工作

5 组织机构与管理职责

5.1 厂务公开领导小组（以下简称"领导小组"）

5.1.1 机构

组长：由党委书记担任。

常务副组长：由行政一把手担任。

副组长：由纪委书记、工会主席担任。

成员：由行政副职、工会、人力资源部、办公室、政治工作部、财务部、监察审计部、安全监察部、生产技术部、计划经营部、工程管理部、市场开拓部、信息部、企业管理部、机具物资中心主要负责人担任。

5.1.2 职责

5.1.2.1 负责本企业厂务公开工作的领导、协调、沟通、推进和落实。

5.1.2.2 负责对厂务公开的形式、内容等重大事项的审定。

5.1.2.3 负责监督、指导厂务公开办公室开展工作。

5.1.3 领导小组成员职责

5.1.3.1 组长是厂务公开民主管理的"第一责任人"，领导督促按照贯标认证体系文本规定开展实施厂务公开民主管理工作。

5.1.3.2 常务副组长是厂务公开民主管理的"第一执行人"，按照本体系文件要求实施厂务公开民主管理，确保公开的常态性、真实性、全面性、实效性。

5.1.3.3 副组长（纪委书记）是厂务公开民主管理的"第一监督人"，负责厂务公开民主管理工作的监督把关。

5.1.3.4 副组长（工会主席）是厂务公开民主管理的"第一协调人"，负责推动厂务公开民主管理制度建设，实施、协调厂务公开民主管理日常工作。

5.1.3.5 其他成员负责组织实施厂务公开日常工作。

5.2 厂务公开民主管理办公室

5.2.1 厂务公开民主管理办公室受领导小组领导，日常工作挂靠工会。

5.2.2 机构

主　任：工会主席

副主任：工会副主席

成　员：工会、监察审计部、人力资源部、企业管理部、安全监察部、工程管理部、市场开拓部、信息部、财务部、计划经营部、办公室、政治工作部、生产技术部、机具物资中心的专责担任。

5.2.3 职责

5.2.3.1 监督检查本单位的各项行政制度、规章中是否已按中央"两办通知"等有关规定要求,在相关的环节中规定了厂务公开的内容形式。

5.2.3.2 发现本单位存在未按中央"两办通知"等有关规定要求在行政制度规章中确定公开内容形式的情况,整理形成议案(要求增加厂务公开内容形式),提交职代会审议通过,报行政部门修订调整制度规章,并负责敦促行政落实(要求在制度规章中增加厂务公开内容形式)。

5.2.3.3 确定具体的厂务公开内容、形式并组织实施。

5.2.3.4 负责落实厂务公开日常信息公开工作。

6 责任单位、公开内容、公开形式

6.1 责任单位及公开内容

6.1.1 办公室

6.1.1.1 负责年度生产经营发展目标及完成情况的公开。

6.1.1.2 负责企业领导人员职务消费[公务用车、通信、业务招待、差旅、国(境)外考察、培训等]情况的公开。

6.1.2 人力资源部

6.1.2.1 负责职工裁员、分流、安置方案的公开。

6.1.2.2 负责劳动法律法规的执行情况的公开。

6.1.2.3 负责劳动合同签订和履行情况的公开。

6.1.2.4 负责职工提薪晋级、工资奖金分配、奖罚与福利情况的公开。

6.1.2.5 负责职工养老、医疗、工伤、失业、生育等社会保障基金缴纳情况的公开。

6.1.2.6 负责职工招聘情况的公开。

6.1.2.7 负责职工专业技术职称评聘的公开。

6.1.2.8 负责职工培训计划、经费使用等情况的公开。

6.1.2.9 负责民主评议公司领导人员情况的标准、程序的公开。

6.1.2.10 负责中层领导人员、重要岗位人员的选聘任用情况的公开。

6.1.3 财务部

6.1.3.1 负责财务预决算情况的公开。

6.1.3.2 负责企业贷款、担保、大额资金使用情况的公开。

第三章　厂务公开民主管理工作

6.1.4　企业管理部

6.1.4.1　负责公司发展规划的公开。

6.1.4.2　负责企业改革、改制方案，兼并、破产方案的公开。

6.1.4.3　负责重要制度规章制定情况的公开。

6.1.5　计划经营部

6.1.5.1　负责投资和生产经营重大决策方案的公开。

6.1.5.2　负责年度生产经营发展目标及完成情况的公开。

6.1.5.3　负责工程建设项目招标情况的公开。

6.1.6　市场开拓部

6.1.6.1　负责工程建设项目投标情况的公开。

6.1.7　生产技术部

6.1.7.1　负责重大技术改造方案的公开。

6.1.8　安全监察部

6.1.8.1　负责安全生产和劳动保护措施落实情况的公开。

6.1.9　监察审计部

6.1.9.1　负责企业领导人员廉洁自律规定执行情况的公开。

6.1.9.2　负责民主评议公司领导人员的标准、程序的公开。

6.1.10　政治工作部

6.1.10.1　负责企业领导人员民主生活会情况的公开。

6.1.11　工会

6.1.11.1　负责集体合同签订、履行情况的公开。

6.1.11.2　负责职代会会议情况、提案处理情况的公开。

6.1.11.3　负责计划生育情况的公开。

6.1.11.4　负责评选先进的条件、步骤、数量和结果的公开。

6.1.12　机具物资中心

6.1.12.1　负责大宗物资采购供应情况的公开。

6.1.12.2　负责承包租赁合同执行情况的公开。

6.1.13　服务中心

6.1.13.1　负责承包租赁合同执行情况的公开。

6.1.14　信息部

6.1.14.1　负责公司厂务公开栏目的开发、运行维护及操作技能培训等。

6.1.15　各单位

6.1.15.1 负责传达学习、贯彻落实厂务公开的有关文件和规定。

6.1.15.2 负责本单位活动的组织、协调、管理工作的公开。

6.1.15.3 负责本单位绩效考核工作的公开。

6.2 公开形式

6.2.1 职代会。职代会是厂务公开的主要载体，凡企业重大决策、党风廉政建设、职工切身利益等重大事项，在职代会上公开。

6.2.2 职代会联席会议。职代会闭会期间，凡属职代会职权范围内亟须解决的重大问题，在职代会联席会议上公开，经协商通过后执行，并向下次职代会报告。

6.2.3 党政联席会议。对涉及企业秘密有关的重大问题及根据需要不宜全部公开等重大决策事项，在党政联席会议上公开。

6.2.4 安全生产分析会、经济活动分析会。凡企业生产安全、经营情况，包括生产任务、经济指标完成情况及安全生产情况，可召开专题分析会公开。

6.2.5 其他厂务公开形式。对职工应该了解和掌握的企业重大问题和政策性、临时性、突发性问题，以及定期公开需要职工了解的其他日常情况，分别以办公自动化系统、厂务公开栏目、内部刊物等形式公开。

6.3 管理要求

6.3.1 各单位按责任分工要求，认真落实厂务公开工作，具体要求详见《××公司厂务公开民主管理工作责任分解表》。

7 附则

本管理办法由×××××工程公司工会负责解释。

第二节 确立厂务公开内容

一、企业应当向职工公开事项

1. 经营管理的基本情况；
2. 招用职工及签订劳动合同的情况；
3. 集体合同文本和劳动规章制度的内容；
4. 奖励处罚职工、单方解除劳动合同的情况以及裁员的方案和结果，评选劳动模范和优秀职工的条件、名额和结果；

5. 劳动安全卫生标准、安全事故发生情况及处理结果；
6. 社会保险以及企业年金的缴费情况；
7. 职工教育经费提取、使用和职工培训计划及执行的情况；
8. 劳动争议及处理结果情况；
9. 法律法规规定的其他事项。

二、国有企业、集体企业及其控股企业还应当公开事项

1. 投资和生产经营管理重大决策方案等重大事项，企业中长期发展规划；
2. 年度生产经营目标及完成情况，企业担保，大额资金使用、大额资产处置情况，工程建设项目的招投标，大宗物资采购供应，产品销售和盈亏情况，承包租赁合同履行情况，内部经济责任制落实情况，重要规章制度制定等重大事项；
3. 职工提薪晋级、工资奖金收入分配情况，专业技术职称的评聘情况；
4. 中层领导人员、重要岗位人员的选聘和任用情况，企业领导人员薪酬、职务消费和兼职情况，以及出国出境费用支出等廉洁自律规定执行情况，职工代表大会民主评议企业领导人员的结果；
5. 依照国家有关规定应当公开的其他事项。

【典型经验】××厂扎实做好基层班站厂务公开工作

××厂坚持把"三务"公开工作作为促进民主监督的有效载体、落实日常监督的有力抓手，通过做好基层班站厂务公开工作，推动"三务"公开工作在基层落实落地，有效地提高了企业管理水平及员工群众的幸福指数。

2020年年初，××厂成立党务公开、厂务公开、业务公开"三务"公开领导小组，并由人力资源部（组织、劳资）、党群工作部（工会、团委）、纪检监察审计部分工负责，制定下发《临盘采油厂"三务"公开实施细则》，选拔确定了基层班站"三务"公开负责人及监督员，把厂务公开工作纳入基层党建考核，与其他工作同部署、同检查、同兑现。

厂工会主动帮助班站做好厂务公开工作，抓好细节，规范运行。为确保厂务公开规范有效，临盘采油厂在《"三务"公开实施细则》中明确了谁主管谁负责并公开时间、节点、内容、程序、负责人等，统一标准，明确时间节点，规范公开程序和内容，让班站知道什么时候该公开什么内容、怎么公开、注意什么，使班站公开工作有抓手、有依据、可操作。

员工群众关心的切身利益问题是基层班站厂务公开工作的重点。班站工会小组做到应公开尽公示，并做好相关政策解读工作。同时，基层班站充分运用厂务公开的方式抓好员工教育，做好员工的思想政治工作，扩大厂务公开的影响，把公开栏做成光荣榜、激励榜、幸福榜。

××厂通过多种形式开展公开工作，使班站员工都能及时了解企业"三务"内容。一是网站上开辟"三务公开"专栏，员工可随时随地观看和查询公开内容。二是利用公开栏、单位网页、微信群等阵地公开等方式，实现全覆盖。三是设立"读报角"，配备电子屏、沙发等，把中国石化持续创效行动、油田和采油厂职代会材料、管理区生产目标任务、绩效考核、员工革新成果、幸福心得等放进"读报角"，受到员工欢迎。

【典型经验】××集团将厂务公开列入重点工作

××集团将厂务公开列入重点工作，研究制定"三分三统"工作举措，着力破解"时限、内容、执行"三大难点，实现了厂务公开常态化、全覆盖，保障了职工群众参与企业民主管理和民主监督的合法权益。（一）公开内容分层，统一一张权力清单。一是集团层面分为三类：职工普遍关心的热点问题、企业生产经营的重点问题、企业改革发展的难点问题。主要围绕"三重一大"、职工利益和党建工作统一制定权力运行清单。二是分（子）公司分为两类：集团层面需要职工了解掌握的热点信息，本单位生产经营和职工奖惩、出勤加班等常态信息。三是营业厅所和场站分为两类：集团层面需要职工了解掌握的热点信息，班组任务完成、制度执行、班组长竞聘、奖金分配、安全管理、职工奖惩、评先树优情况。（二）公开程序分级，统一一套管理流程。一是规范集团层面信息审批程序：确定公开内容—提交领导审议—操作实施—信息反馈—留存资料。二是下放分（子）公司信息公开审批程序：集团统一要求的公开事项按要求操作实施；本单位公开事项按照确定公开内容—提交分管副职（或主要负责人）审批—操作实施—信息反馈—留存资料的程序执行。（三）公开形式分类，统一一条宣传渠道。一是因地制宜选择公开方式。在部门单位内部统一制作厂务公开栏，在营业收费网点悬挂电视机，满足不同受众需求，增强公开的针对性。二是建立厂务公开工作群。定期学习交流厂务公开工作情况，精抓细管、纵深宣传，增强公开的时效性。三是召开现场会、推进会、专题会的方式，树典型、同交流、共进步，增强公开的主动性，确保阳光电力向纵深推进，取得明显成效。

第三节 选择厂务公开形式

一、向职工（代表）大会报告

职工（代表）大会是企业职工民主管理的基本形式，有广泛的代表性，有较高的权威性，能更好地体现厂务公开的本质特征。要按照《企业民主管理规定》要求，认真落实法律赋予职工（代表）大会的职权，凡是涉及职工（代表）大会职权范围内的企业重大问题决策、职工切身利益问题、民主评议领导干部、业务招待费使用情况等，都应在职工（代表）大会上报告，并经职工（代表）大会审议或审查决定。在此基础上，根据实际情况，逐步扩大向职工（代表）大会公开报告的范围。

二、设置定点公开栏

厂务公开的日常形式是厂务公开栏。其特点是，直接面向广大职工群众，及时、直观，方便职工随时了解相关情况。当前企业生产经营状况、领导干部和重要岗位人员任前公示、职工收入分配办法和结果等可以采取这种形式。这种形式的缺点是单向性，必须通过意见箱、监督电话等及时了解职工的反应。

三、定期召开党政工联席会议或职工代表大会联席会议

在联席会议上，厂长（经理）通报在职工代表大会闭会期间涉及日常经营性决策问题，征询意见，如遇重大问题则必须临时召集职工代表大会。

四、选择新闻媒体形式

新闻媒体形式主要包括企业的广播、电视、厂报、墙报、企业内部信息网络等。经职工代表大会审议通过的，或经过其他形式公开以后需要在更大范围宣传的厂务公开事项，都可以通过媒体形式进一步公开。

【注意事项】厂务公开的形式要根据厂务公开的内容、要求和办法确定的形式选择，不能随便想怎么公开就怎么公开。选择应遵循以下几点：法律法规和制度有具体规定的，要按规定办，包括工会法、劳动法、公司法、职工

代表大会条例和政府颁发的各项专项法规,"两办通知",以及本单位的厂务公开实施细则(办法)等;能够按市场经济办法解决的问题,尽量按市场经济的办法解决,如物资采购供应招投标、管理人员的招聘等;其他厂务公开的内容,包括职工临时提出需要公开的事项,由厂务公开领导小组研究决定采取适当形式加以公开。

【厂务公开形式操作范例 & 模板】

【范例 & 模板 3-5】

方案、办法、规章制度等项目公开操作程序

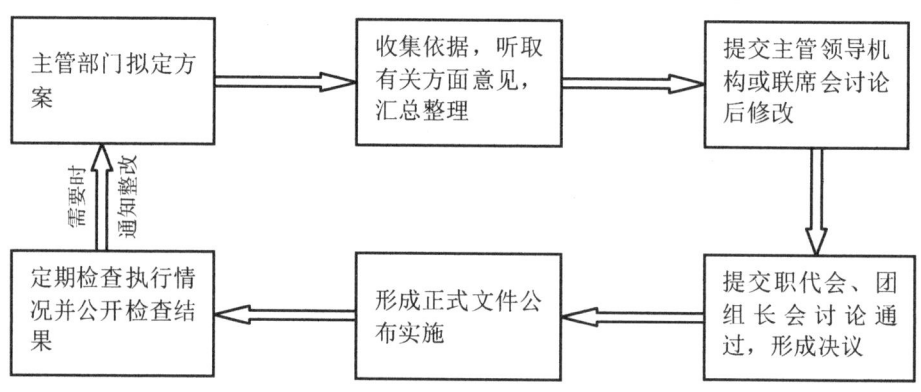

【范例 & 模板 3-6】

向职代会报告的事项公开操作程序

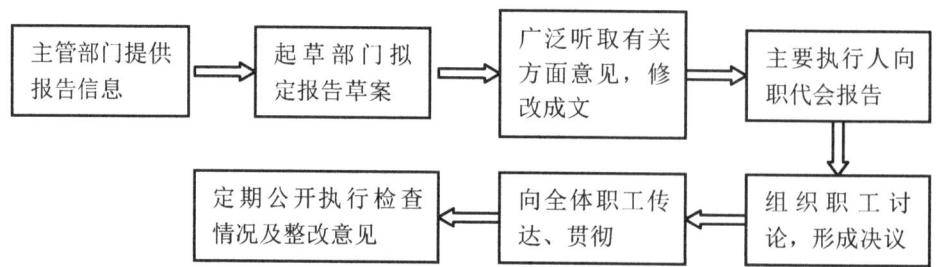

第三章 厂务公开民主管理工作

【范例 & 模板 3-7】

领导干部履职、廉政和评干公开操作程序

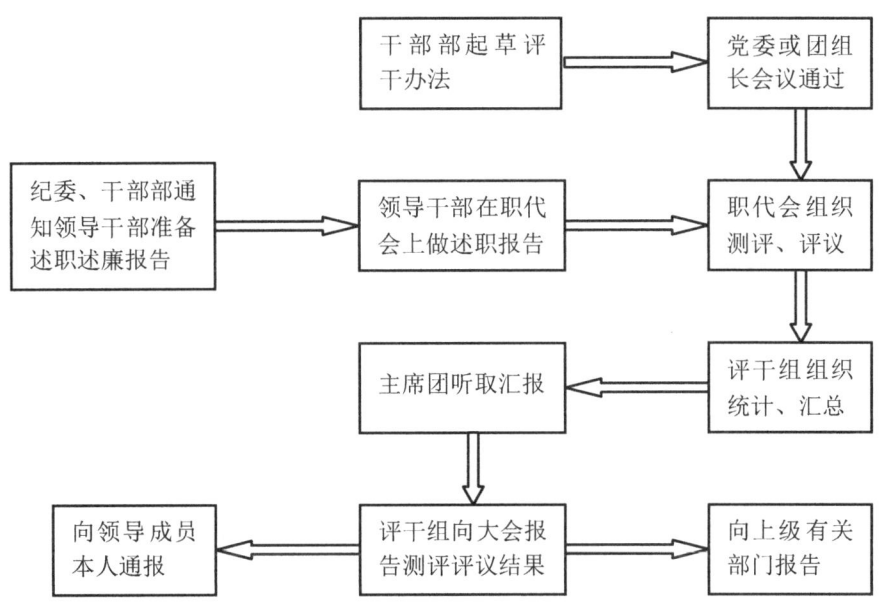

【范例 & 模板 3-8】

大宗物资（10万元以上）的采购公开操作程序

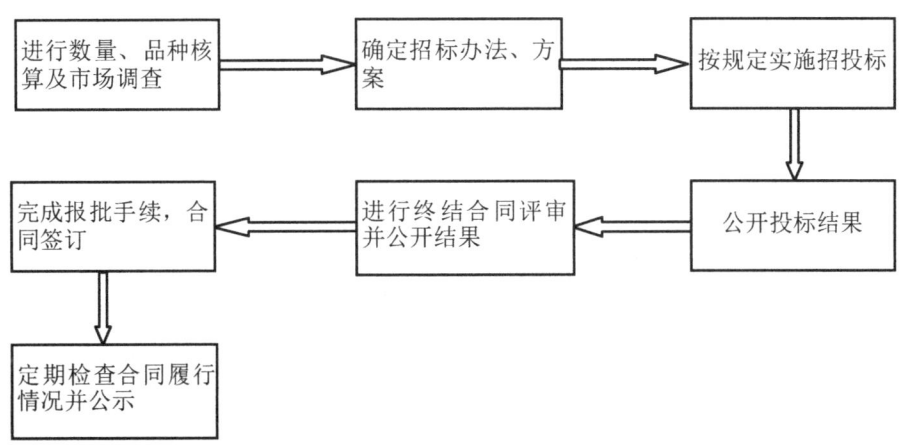

【范例 & 模板 3-9】

大型机械购置公开操作程序

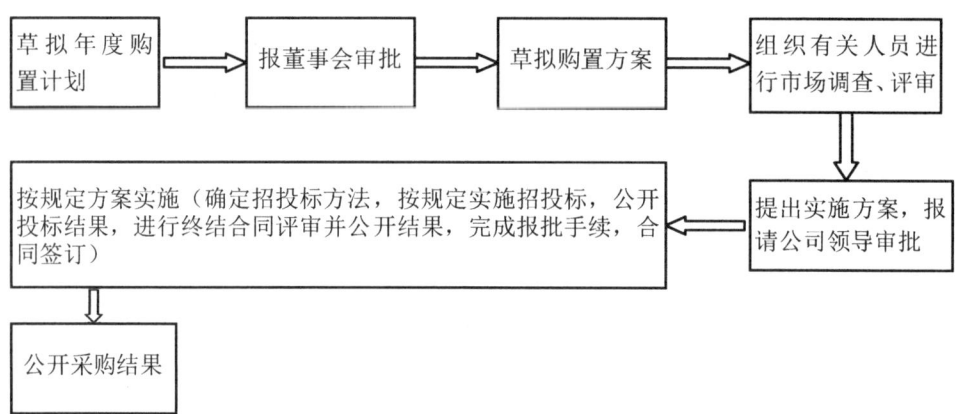

【范例 & 模板 3-10】

职称评定公开操作程序

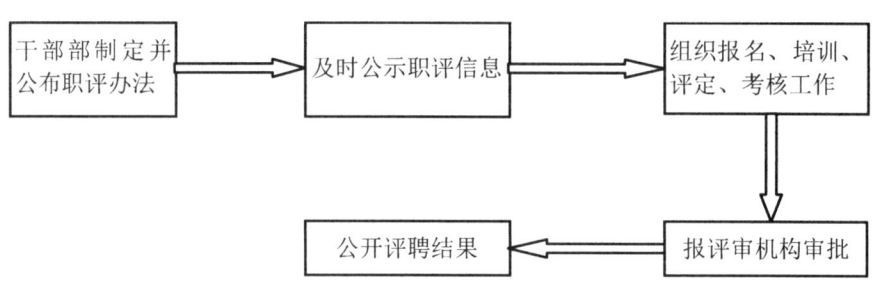

【范例 & 模板 3-11】

干部选拔晋升公开操作程序

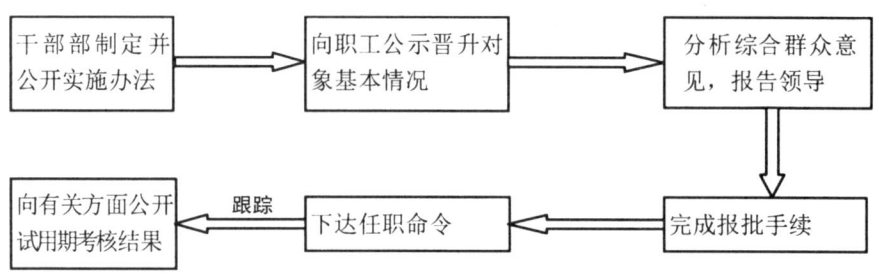

第三章 厂务公开民主管理工作

【典型经验】

××公司创新厂务公开载体

近年来,公司不断探索灵活合理、全方位、有利于职工接受的公开形式,充分利用计算机信息网络等技术,以及召开座谈会、设置意见箱、公布邮箱、电话、开展问卷调查、知识竞赛等多种形式,引进新理念、注重全过程,增强了厂务公开的生命力。

丰富载体形式"亮"。2009年,公司根据企业实际需要独立开发了MIS办公平台,随着MIS系统的逐步开发和完善,我们把计算机网络作为厂务公开的一个重要载体,充分利用网络这一信息化手段,及时公开各项事务,这种形式活泼、信息真实、时效性强的公开形式赢得了广大职工的支持和赞誉。

规范流程过程"亮"。公司在MIS系统中专门设计了网上招标平台,全面推行物资网上招标采购。网上流程化管理使得物资招标工作更加透明,使招标、评标过程更科学、更规范,增强了竞争的公平性和合理性,消除了职工疑虑。

创新科技平台"亮"。针对施工企业流动性强的工作性质,公司和移动公司协议搭建了大雁移动信息平台,将需要公开的厂务公开制度、厂务公开内容以及相关会议精神及时通过移动信息平台发送短信到相关领导及职工,保证了公开信息的及时性。2009年,公司特别针对省外、国外项目部开通了网络视频会议,通过召开网络会议的形式及时传达公司相关政策和精神,灵活的厂务公开载体保证了公开的及时性、透明度和广泛性。

【典型经验】

××公司建立"五会""五公开"和"二网"的厂务公开制度

厂务公开的内容涉及企业经营管理、改革发展、职工切身利益以及公司内部党风廉政建设等重大问题。针对公司实际情况,全面深入推进厂务公开,建立了"五会"(党政工联席会、董事局办公会、经理办公会、职代会、股东大会);"五公开"(招投标公开、数据系统公开、招聘干部公开、物资采购公开、经营决策公开);"二网"(内部网络和电子商务网络)。通过定期和非定期厂务公开分析会议和建立固定的厂务公开栏、墙报、黑板报、厂报等为公开宣传阵地,对厂务公开全方位公示宣传;利用公司建起的内部信息网络电子商务中心,将及时收集、整理的厂务公开数据信息和职工群众意见和建议输入内部电脑网络,职工在公司内部联网的任一电脑上,只要轻轻点击鼠标,人们所关心的各种厂务公开资料和数据就会快速地显现出来。让大家知厂情、参厂政、献计献策。在整个厂务公开运行过程中,监督小组随时收集、整理网上职工意见和建议,搞好组织协调汇报,落实整改措施和责任,实时定期对厂务公开情况进行评议,将情况分别向工会领导和行政领导汇报,对反映的问题凡是能办到的尽快落实解决,一时难以解决或条件不成熟的也向职工做出合理的解释。公司工会主席亲自带领监督小组对全公司员工工龄、军龄、劳保、保险等切身利益进行定期全面复查、汇总、公布、公示，光工龄、军龄就公开了三次，有效地维护了广大职工的合法权益，职工都说："工会是我们的贴心人，实行厂务公开，不搞暗箱操作，我们心里明亮了，踏实多了。"获得职工的普遍好评和支持，杜绝了扯皮推诿现象，有力地促进了厂务公开顺利开展。

第四节 建立厂务公开监督评价和考核完善机制

一、建立程序考核体系，强化监督与考评

根据厂务公开相关法规及员工需求，拟定适用本单位厂务公开事项及实施内容的相关细则，明确公开事项的流程、方式、内容、责任部门（人）及考核措施。落实分级公开、强化过程控制，定期开展厂务公开专项督查，督查的结果纳入党建质量督查评比、支会业务竞赛、年度双先评比考核范畴，奖优罚劣。

二、制订评价考核体系，实施满意度测评

（1）定期召开员工恳谈会

针对员工的敏感问题和趋向问题，召开有职工代表及有诉求意愿的员工参加的恳谈会，利用综合意见箱、各种会议等形式广泛听取、收集职工对公开事项的意见和建议。

（2）开展满意度测评

从公开内容是否真实、全面，公开是否及时，程序是否符合规定，职工反映的意见是否得到落实等方面入手，把公开过程、质量、效果的要求具体化，接受职工群众的民主评议，增强员工全方位、多层次参与公开的力度。

【典型经验】

××公司加强厂务公开监督检查

××公司在厂务公开监督检查中坚持三项制度。一是坚持报告制度。将厂务公开开展情况在职代会上做专题汇报，接受职工代表的审议。二是坚持一票否决制度。对不按规定进行厂务公开或公开内容不全不到位的部门、单位和班组，年底评选先进集体、申报达标班组时实行一票否决，使厂务公开与职工利益及工作业绩挂钩。三是坚持考核整改制度。根据厂务公开"计划、实施、检查、

第三章　厂务公开民主管理工作

改进"循环模式,把厂务公开工作与年终责任制考核相结合,确保厂务公开职责到位、公开内容到位、公开程序到位、内部监督到位。

【典型经验】

××公司监督公开

监督公开,引入"群务管理督察"。群务管理督察组××公司是代表员工利益的一个特殊群体,通过对涉及企业关键业务,敏感事件、民生事务等实施群务督察,促使相关职能部门规范、高效地开展具体业务工作。首先,××公司采取行政牵头,在企业范围内采取自愿报名和组织点将的形式,选拔了48名有能力、热心群众事务,并且具有代表性的员工成立群务管理督察组,代表全体员工参与企业管理和决策。其次,××公司每年对群务管理督察工作进行立项,2013年公司确立了"走基层、转作风、强服务"工作计划及实效督察;生产作业现场安全行为监督和"三票三制"现场执行情况督察;员工福利费使用情况监督;建立员工健康电子档案等十个项目的监督。

【厂务公开监督评价和考核完善机制范例 & 模板】

【范例 & 模板 3-12】

厂务公开工作流程图

责任部门按有关规定提出公开内容 → 领导小组审批并确定公开形式和范围 → 厂务公开办公室确定公开形式 → 厂务公开监督小组审查公开内容、程序 → 厂务公开办公室收集职工反馈信息制定整改意见

↓

厂务公开办公室将公开资料存档 ← 厂务公开领导小组向职代会报告厂务公开情况 ← 厂务公开领导小组对存在问题的责任人进行追究 ← 厂务公开监督小组对整改结果检查并反馈给本人 ← 责任部门领导批准后的整改意见整改

【范例 & 模板 3-13】

厂务公开公示登记表

公开内容			
公开形式		公开时间	
提出单位		责任人	
领导小组意见	\ 签字： 年 月 日		
监督小组意见	\ 签字： 年 月 日		
职工反馈意见	\ 经办人签字： 年 月 日		
整改情况	\ 经办人签字： 年 月 日		
备注			

【范例 & 模板 3-14】

厂务公开测评、考评汇总表

		满意	基本满意	不满意	职工反映的主要问题
职工测评情况表	1				
	2				
	3				
	4				
	5				
	6				
	7				
综合考评结果					
	合　格		不合格		

（注：1."职工测评情况汇总"的 10 项内容为职工满意度测评表的 10 项公开内容；2. 此表由检查组填写）

考评组成员签名：

组长：　　　　　　　　　　　　　　副组长：

成员：

【范例 & 模板 3-15】

厂务公开工作职工满意度测评表

	公开内容	满意	基本满意	不满意
对厂务公开力度、效果是否满意	1. 企业发展目标及经营状况公开			
	2. 企业改组、改制、承包、租赁、破产及减员增效等重大决策公开			
	3. 民主评议结果公开			
	4. 职工工资、奖金发放情况公开			
	5. 企业业务招待费提取、使用情况公开			
	6. 领导干部廉洁自律有关情况公开			
	7. 大宗原、辅材料采购情况公开			
	8. 社会保险金缴纳情况公开			
	9. 对公开栏质量的评价			
	10. 对职代会质量的评价			
您还希望公开哪些内容				
您对改进厂务公开有何要求				
您对本单位厂务公开总的评价		满意	基本满意	不满意

【范例 & 模板 3-16】

厂务公开民主管理职工满意度调查表

为进一步推动公司厂务公开民主管理建设，深入了解厂务公开民主管理的工作现状和职工需求，查找不足，促进提升，决定开展"厂务公开聚人心 民主管理促和谐"线上问卷调查活动。请您在百忙之中根据本单位实际情况，客观公正地完成本次问卷调查表，谢谢您的合作！

1. 您所在基层工会

请选择

第三章 厂务公开民主管理工作

2. 您是否为基层班组职工？

是

否

3. 您所在班组名称

4. 您是否为××公司职工？

是

否

5. 您所在××所名称

>>公司一级厂务公开

6. 您对公司厂务公开工作内容是否知情？

知情

基本知情

不知情

7. 您对公司执行厂务公开工作是否满意？

满意

基本满意

不满意

>>单位（部门）二级厂务公开

8. 您所在单位（部门）厂务公开的内容是否真实、准确？

完全真实准确

极个别不真实准确

大部分真实准确

不太真实准确

完全不真实准确

9. 您所在单位（部门）厂务公开内容是否及时？

非常及时

比较及时

一般

不太及时

不及时

10. 您认为本单位（部门）对厂务公开工作的重视程度？

非常重视（内容丰富、形式多样、职工认知度满意度很高）

比较重视（内容较多、形式多样、职工认知度满意度较高）

一般情况（选择性公开、形式单一、职工认知度满意度一般）

不重视（很少公开、被动应付、职工认知度满意度较差）

11. 您所在单位（部门）厂务公开形式有哪些？

职代会

工作会议

专业网站

公示栏

短信、微信、微博等手机平台

其他（请在横线上填写）

12. 职代会是厂务公开民主管理的基本形式，您所在单位职工大会（职代会）是否坚持每年召开？

是

否

13. 您所在单位（部门）职代会是否坚持每年开展民主评议领导干部工作？

是

否

14. 您所在单位（部门）职工代表选举产生符合民主程序吗？

符合

基本符合

不符合，直接指定

15. 您对本单位（部门）非职代会形式的厂务公开工作情况的客观评估是？

满意

基本满意

不满意

16. 十分感谢您的认真参与！欢迎您反映厂务公开工作存在的其他问题或提出深化厂务公开工作的意见建议。

>>班组班务公开

17. 您所在班组班务公开的内容是否真实、准确？

完全真实准确

第三章　厂务公开民主管理工作

极个别不真实准确

大部分真实准确

不太真实准确

完全不真实准确

18. 您所在班组班务公开内容是否及时？

非常及时

比较及时

一般

不太及时

不及时

19. 您所在班组班务公开的内容有哪些？

班组奖惩办法及绩效考核

班组相关费用（如加班费、夜班费等）上报公示

考勤、休假、出勤率情况

评优评先推荐情况

工作分工情况

班组自主管理办法的制定、公布、实施

班组工作计划和总结

合理化建议和意见

选举工会小组长及职工（会员）代表推荐情况

班组对标指标数据及排名

廉洁承诺书

备品备件管理

>>××所所务公开

20. 您所在××所的内容是否真实、准确？

完全真实准确

极个别不真实准确

大部分真实准确

不太真实准确

完全不真实准确

21. 您所在××所内容是否及时？

非常及时

比较及时

一般

不太及时

不及时

22. 您所在××所的内容有哪些？

电费回收情况

线损管理情况

××所同业对标指标完成情况

考勤管理情况

绩效考核情况

安全生产工作计划与总结情况

员工岗位变动、培训情况

劳保（办公）用品发放情况

民主生活情况（所长书记述职述廉、信访公开情况等）

公车使用情况

食堂费用开支情况

员工家庭用电交费情况

【范例 & 模板 3-17】

厂务公开考核评分表

	序号	考核内容	总分	考核得分	备注
组织领导（25分）	1	党政领导重视厂务公开工作，定期研究部署有关工作，会议记录齐全得5分，厂务公开工作向三级单位（工程项目）延伸有文件、有资料得5分。	10		
	2	建立厂务公开领导小组，按局厂务公开细则规定配备领导小组成员并下设办公室得4分，结合本单位实际制定厂务公开实施细则得4分。	8		
	3	设立厂务公开监督小组得4分，监督小组能够依据有关规定发挥作用，有检查、有记录得3分。	7		

第三章　厂务公开民主管理工作

（续表）

	序号	考核内容	总分	考核得分	备注
公开形式（20分）	1	职代会作为厂务公开的重要形式，积极推行和强化职代会职权三项制度得5分。	5		
	2	有固定的厂务公开栏，定期公开有关事项，有相关记录得5分。	5		
	3	有党政联席会、厂情发布会、单位内部信息交流、报纸、墙报等厂务公开辅助形式并有相关记录得5分。	5		
	4	有厂务公开意见箱、举报电话得3分，对职工反映的问题能及时处理并有相关记录得2分。	5		
公开内容（20分）	1	根据××局厂务公开四个方面的内容确定本单位厂务公开内容得4分，结合本单位实际有重点地公开职工关心的热点、难点问题得4分。	8		
	2	公开内容真实、全面得2分，公开内容及时、时效得2分，公开内容规范、合理得2分。	6		
	3	三级单位根据实际制定厂务公开内容得3分，能够及时、全面、真实地进行厂务公开得3分。	6		
公开程序（10分）	1	责任单位对公开的内容事先报厂务公开领导小组审核同意，确定公开的形式和范围得5分。	5		
	2	责任单位对所要公开内容公开前到厂务公开办公室进行登记备案，并有责任单位负责人签字得3分。	3		
	3	厂务公开办公室对本单位所公开的内容登记详细，公开内容更换及时得2分。	2		
档案管理（15分）	1	有专人负责厂务公开档案的管理得5分。	5		
	2	厂务公开档案资料齐全得4分，档案分类明确，目录齐全得4分，厂务公开会议记录完备得2分。	10		

(续表)

	序号	考核内容	总分	考核得分	备注
公开效果 （10分）	1	通过厂务公开调动了广大职工的生产、工作积极性，企业管理得到加强，经济效益得到提高得5分。	5		
	2	职工民主测评满意度达80%以上得5分。	5		
总　分			100		

【范例 & 模板 3-18】

厂务公开民主管理工作整改通知书
第　　　号

_____：

　　经查，发现你单位有下列不符合《中国××局厂务公开民主管理质量体系手册》及有关规定的项目，须立即采取纠正与改进措施，并将整改情况报告于15天内报局厂务公开民主管理办公室。

局厂务公开民主管理办公室
年　　月　　日

附：不合格项目目录（略）

【范例 & 模板 3-19】

厂务公开民主管理不合格整改报告

报告单位：　　　　　　　　　　　　　　　　　　　　　编号：

整改方案	
	整改单位领导小组组长：　　　　年　月　日

第三章 厂务公开民主管理工作

(续表)

整改实施情况	实施整改部门第一执行人：　　　年　　月　　日
监督评审意见	局厂务公开民主管理办公室负责人：　　　年　　月　　日

注：一式两份，上报局厂务公开民主管理办公室1份，留存1份。

【范例 & 模板 3-20】

厂务公开民主管理工作责任追究建议书

_____：

　　局厂务公开民主管理办公室于　　　年　　月　　日在对你单位厂务公开民主管理工作进行检查时，发现你们在_____项目中，未按《厂务公开民主管理质量体系手册》执行，即于_____月_____日下发了整改通知书，经查，你们未按通知要求认真整改。经领导小组研究决定，对_____提出警告，对主要负责人_____给予_____处理。责令你们立即采取整改措施，于10日内将整改结果报局厂务公开民主管理办公室。

局厂务公开民主管理领导小组
年　　月　　日

第五节　厂务公开常见问题及答疑

Q1. 厂务公开与职代会什么关系？

（1）厂务公开借助职代会的基本规则，使公开有序，而少随意性。（2）建了职代会制度的不等于厂务公开。因为厂务公开是有规定内容和要求的。（3）职代会与厂务公开既是相对一致的工作，又不完全是一回事。说一致，是因为职代会与厂务公开都是以职工民主参与企事业事务为目的，都有知情权。说不全是一回事，是因为职代会参与企事业事务的管理是有权限层次的。厂务公开追求的是扩大事务的知情、了解、公开度，扩大公开面，职代会则要以权限行使权力，不仅是知情，还要有表决权、否决权等。以厂务公开实现基层民主建设的广度，以职代会职权的落实体现基层民主的深度。

Q2. 厂务公开是否对企业领导层的不放心？

实行厂务公开，完善了企业民主监督机制。以往有的企业虽然吸收了职工代表参加董事会、监事会，但由于一些重大事项的处理情况透明度不高，职工代表知情权被剥夺，使监督权流于形式，产生了许多国企领导层腐败和决策失误的严重问题。推行厂务公开制度，将领导干部廉政情况向群众公开，接受职工代表评议，让群众真正有了知情权、参与权、表决权和监督权，及时发现和纠正一些违法乱纪的问题，结果企业领导的形象好了、威信高了，职工群众对企业领导就更信任。

Q3. 职工的素质尚未得到提高，厂务公开的推行是否太急了？

有的老总认为，如今工人只是为钱而出卖劳动力，不下岗就知足了，多给钱就会有积极性，认为职工素质尚未提高，"全心全意依靠工人阶级"只是一种口号，推行厂务公开制度太急了。事实上，企业民主建设与国家民主政治建设一样，要经历一个渐渐发展的过程。经过二十多年的改革实践，使我们懂得：现代企业的职工爱岗敬业，与企业共命运，是企业的主人翁。欧美等发达国家的企业，普遍推行的是民主决策和民主管理，尊重个性的"人本管理"和"人性化"管理。如德国企业中有85%以上的职工参与企业民主管理，50%以上的美国上市公司广泛授予职工股票期权（以股东身份参与管理），重视市场价值分享，所有权分享，管理权分享等。因此，通过实行厂务

第三章 厂务公开民主管理工作

公开来加强企业民主管理,不仅是各国有企业的老话题,也是现代企业管理文明的新课题。

Q4. 搞厂务公开会出现企业领导班子权威受损,会造成企业管理失控吗?

有的同志担心,搞厂务公开,难免会出现七嘴八舌,无人负责,混乱失控的局面,企业领导权威会受损失。但这种担心是多余的,实践证明,职工群众的觉悟是应该予以充分信任的。只要企业管理有序,组织得力,领导班子思想统一,实行厂务公开不仅不会出乱子,反而会出现新的局面。凡是推行民主管理深入的企业,职工的心愿、意见与企业领导得到经常的沟通、交流,更有利于决策的科学性和切合实际性,更具有可操作性。即使一时解决不了的问题,群众也会思考。大多数群众是通情达理的,只要充分尊重职工,企业的各项改革措施就会比较顺利。

Q5. 厂务公开的内容是否太多太宽了?

有的同志认为,法律法规规定的公开内容太多,放得太宽了。认为搞公开,也应限于工资奖金、劳保福利等职工感兴趣的与切身利益相关的问题内,而企业发展大计群众既不懂也管不了。这种看法有一定的普遍性。然而,从实践和试点企业的经验证明,群众并不是不懂和管不了,而关键在于职工的素质和经营者的素质,在于职工群众的知情权、发言权。不仅工资奖金、劳保福利等涉及职工切身利益的厂务要公开,企业发展和重大经营决策等涉及企业长远利益的厂务也应公开,让群众广泛讨论,集思广益,各项改革中的难题就容易得到解决。

Q6. 厂务公开是干扰企业的经营自主权吗?

有的同志认为,既然国家给了企业经营自主权,中央又为什么下文件来规定企业该如何行使经营权。有的同志甚至认为国家对厂务公开的要求是对企业新的"行政干预"。这种认识是错误的。例如,《中共中央办公厅、国务院办公厅关于在国有企业、集体企业及其控股企业深入实行厂务公开制度的通知》指出:"企业重大决策必须实行厂务公开,听取群众意见并提交职代会审议;未经职代会审议的不应实施;涉及职工切身利益的重大事项更应向职工公开,职代会按照法律法规规定具有决定权和否决权,既未公开又未经职代会通过的有关决定视为无效。"这些规定与企业法的规定一脉相承,其宗旨只是依法改善、改变那些不规范的企业内部决策机制,把过去由少数领导拍板决定重大决策,改为群众参与、职代会投票表决的民主决策,并非改由上级决策,更没有收回企业的经营自主权。

Q7. 厂务公开是让工会唱"独角戏"吗?

各市厂务公开工作的领导小组是由市委副书记担任组长,市纪委、市委组织部、宣传部、市国资委党委、市总工会等相关部门共同组成领导小组,工会是具体的工作机构,所以这项工作并非仅是"工会工作"。"党委统一领导,行政主体到位,工会主动配合,纪委监督检查,职工积极参与"是厂务公开过程中不能或缺、无孰重孰轻的几大环节。即企业党政工、纪委等部门要形成合力。厂务公开工作不是企业某个部门的事情,而是党政、纪委、工会等部门通力合作,齐抓共管,才能实现的事。"千万不要形成厂务公开只有工会在'积极运作'的状况"。

Q8. 非公企业也要进行厂务公开吗?

全国各地普遍加大了对非公有制企业实行厂务公开和民主管理的指导力度。北京、天津、河北等很多省、自治区、直辖市已出台的关于加强职工民主管理方面的指导意见中,都对非公企业厂务公开的内容、公开的形式、职代会的权力等做了具体规定,从而使在非公企业中实行厂务公开和民主管理有了法规或政策依据。2012年中央纪委、中央组织部、国务院国资委、监察部、中华全国总工会、全国工商联等全国厂务公开协调小组成员单位联合下发《企业民主管理规定》,这是26年来,我国首次以六部门共同颁布规章的形式全面规范以职工代表大会为基本形式的企业民主管理制度,并且打破了企业所有制界限,明确非公有制企业也应实行厂务公开民主管理。

Q9. 厂务公开的目的是什么?

推行厂务公开的目的是:贯彻落实党的全心全意依靠工人阶级的方针,保障职工当家做主的权利,调动包括经营管理者在内的全体职工的积极性和创造性,推动企业的改革、发展和稳定。

Q10. 厂务公开的基本原则及其内容是什么?

实行厂务公开必须坚持三条基本原则。(1)坚持依法办事的原则。实行厂务公开,应当遵守和维护国家的法律法规。除了法律法规的保密事项和企业的商业秘密、技术秘密、组织秘密以外,其他事项原则上都应按照规定的民主程序和公开形式,适时地向职工群众公开。既要保护作为全体人民代表的国家资产所有者的权益,又要支持企业经营管理者依法行使经营管理的权利,还要依法维护职工参与民主管理、民主监督的权利。(2)坚持实事求是的原则。实行厂务公开,一定要从企业实际出发,紧紧围绕热点、难点问题,

第三章 厂务公开民主管理工作

逐步推开。做到真实、公开、及时、全面。并根据实际运行情况，及时调整和充实公开的内容和形式。（3）坚持注重实效的原则。要通过实行厂务公开，完善企业民主管理制度和监督制约机制，加强企业领导班子建设，依靠广大职工群众办好企业，提高企业经营管理水平，促进企业经济效益的增加。切忌形式主义。

Q11. 职代会闭幕期间或未建立职代会的企业，可以采取哪些公开形式？

职代会闭幕期间或未建立职代会的企业，要结合实际，因事制宜，可以采取职工代表团（组）长联席会、职工大会、工会会员（代表）大会、职工股东大会、民主议事会、民管会、厂情通报会、党（政）工作会、厂务公开栏、电脑上网以及广播、电视刊物等各种形式进行公开。

Q12. 厂务公开的程序有哪些？

厂务公开应遵循以下7项程序。

（1）由主管领导会同职能部门根据公开的内容和企业实际，提出公开的具体方案。

（2）负责厂务公开的有关组织对公开的方案进行审查，公开的具体内容、时限、范围和形式。由有关领导和责任部门组织实施。

（3）通过职代会或其他形式进行公开。

（4）负责厂务公开的有关组织采取多种形式，广泛听取职工的意见和建议。

（5）有关领导和责任部门认真采取职工的合理化意见和建议，提出整改意见，落实整改措施。

（6）负责厂务公开的有关组织将整改情况及时向职工群众反馈。

（7）纪委等有关组织对全过程进行监督检查。

第四章
职工董事、职工监事工作

第四章 职工董事、职工监事工作

第一节 职工董事、职工监事的选举

职工董事、职工监事依照法律规定，通过民主选举产生，代表职工行使参与企业决策权利，发挥监督作用。有利于保障职工参与民主决策、民主管理、民主监督权利，充分调动和发挥职工积极性、创造性，促进企业持续发展。

职工董事、职工监事选举工作，主要包括工会提名职工董事、职工监事候选人，报企业党委审核确定，职工（代表）大会选举职工董事、职工监事，选举产生报上级工会、有关部门和机构备案等环节。

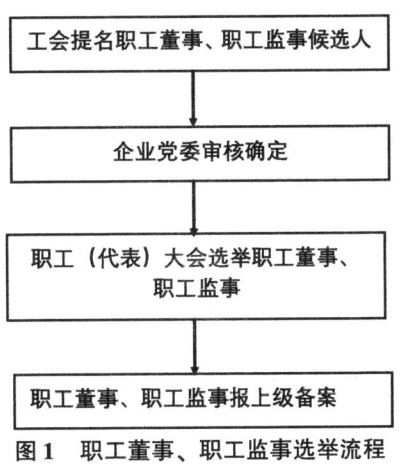

图1 职工董事、职工监事选举流程

一、工会提名职工董事、职工监事候选人

（一）职工董事、职工监事候选人条件

1. 与公司存在劳动关系。
2. 能够代表和反映职工合理诉求，维护职工和公司合法权益，为职工群众信赖和拥护。
3. 熟悉公司经营管理或具有相关的工作经验，熟知劳动法律法规，有较强的协调沟通能力。
4. 遵纪守法，品行端正，秉公办事，廉洁自律。
5. 符合法律法规和公司章程规定的其他条件。

【注意事项】遵循职工董事、职工监事任职回避原则，坚持公司高级管理人员和监事不得兼任职工董事，公司高级管理人员和董事不得兼任职工监事。公司高管的近亲属，不宜担（兼）任职工董事、职工监事。

(二) 职工董事、职工监事的人数和具体比例

1. 国有及国有控股公司，其董事会成员中应当有公司职工代表。
2. 国有及国有控股公司以外的其他公司董事会成员中配备适当比例的职工董事，董事会成员中至少有一名职工董事。
3. 所有公司监事会中职工监事的比例不低于三分之一。

【注意事项】职工持股会选派到董事会、监事会的董事、监事，一般不占职工董事、职工监事的名额。

(三) 职工董事、职工监事候选人提出

1. 可以由公司工会根据自荐、推荐情况，在充分听取职工意见的基础上提名。
2. 可以由三分之一以上的职工代表或者十分之一以上的职工联名推举。
3. 可以由职代会联席会议提名。

【注意事项】公司工会主席、副主席一般应作为职工董事、职工监事候选人人选。

【职工董事、职工监事选举办法（草案）范例 & 模板】

【范例 & 模板 4-1】

××公司职工董事、职工监事选举办法（草案）

职工董事、职工监事选举办法（草案）应提交职代会讨论通过后方能生效，一般应包括以下几部分。

××公司职工董事、职工监事选举办法（草案）

根据《中华人民共和国公司法》《中华全国总工会关于进一步推行职工董事、职工监事制度的意见》规定，结合公司实际，制定本选举办法。

一、职工董事、职工监事人选的条件和人数

1. 职工董事、职工监事人选的基本条件是：本公司职工；遵纪守法，办事公道，能够代表和反映职工的意见和要求，为职工群众信赖和拥护；熟悉企业经营管理或具有相关的工作经验，有一定的参与经营决策和协调沟通的能力。

2. 董事会中，设职工董事1名；监事会中，设职工监事1名。

二、职工董事、职工监事的选举要求

第四章　职工董事、职工监事工作

1. ×××公司职工董事、职工监事由会员代表大会选举产生。

2. 本次大会应选举职工董事1名，职工监事1名，进行等额选举。×××同志为职工董事候选人，×××同志为职工监事候选人。

3. 本次选举采用无记名投票的方式进行，参加选举的人员必须超过应到会人员的三分之二，方可进行选举；候选人得票数超过应到会人员半数以上，始得当选；收回的选票等于或少于发出的选票，选举有效，收回的选票多于发出的选票，选举无效，应重新选举。每张选票所选的人数，等于或少于应选人数的为有效票，多于应选人数的为废票。

4. 本次选举为人工计票。代表大会选举设监票人1名、唱票人1名、计票人1名，负责选举的监督和选票统计工作。监票人、唱票人、计票人经代表大会通过方为有效。

5. 会场设1个投票箱，不设流动票箱。投票时，监票人首先投票，随后其他投票人按座位依次投票，不能委托投票。

6. 投票结束后，当场打开票箱，进行验票，并由监票人将实际投票张数报告选举会议主持人，由会议主持人宣布选举是否有效。

7. 确定选举有效后，由计票人进行统计。计票完毕，监票人向大会主持人报告选票结果，由大会主持人宣布选举结果。

三、本办法经职工代表大会审议通过后生效

××××××工会委员会

202×年×月×日

二、企业党委审核确定职工董事、职工监事候选人名单

（一）工会提名职工董事、职工监事候选人名单后应报同级党组织审批，企业内部未成立党组织的，应报上级党政审核确定。

（二）职工董事、职工监事候选人名单审核确定后，工会应做好职代会召开前的选举准备工作，包括做好会议通知、会场安排、选票印制、投票箱制作等。

【职工董事、职工监事选票范例＆模板】

【范例＆模板4-2】

×××××公司职工董事、职工监事直选票

一、选举职工董事（候选人1名，应选1名）

符号	
候选人姓名	×××

二、选举职工监事（候选人2名，应选2名）

符号		
候选人姓名	×××	××

填票说明：

1. 本次选举应选出职工董事1名、职工监事2名，每项职务所选人数等于或少于应选人数的有效，多于应选人数的无效；

2. 对选票上的候选人，赞成的，在其姓名上面的空格里画个"○"；不赞成或弃权的不画任何符号。

三、职工（代表）大会选举职工董事、职工监事

（一）召开至少有三分之二职工（代表）参加的职工（代表）大会，介绍职工董事和职工监事候选人的简历，由本公司职工（代表）大会以无记名投票方式，获得应当参加会议人员的过半数同意选举产生。

（二）或通过召开职工（代表）大会联席会选举职工董事、职工监事，并提请下一次职工（代表）大会确认。

【选举职工董事、职工监事环节相关范例 & 模板】

【范例 & 模板 4-3】

_____公司职工（代表）大会选举职工董事、职工监事决议

_____公司于_____年_____月_____日召开公司职工（或职工代表）大会，会议通过如下决议：

选举_____为公司职工董事，选举_____为公司职工监事；免去_____职工董事职务，免去_____职工监事职务。

职工（或职工代表）签名或（工会盖章）

_____年_____月_____日

第四章 职工董事、职工监事工作

【范例 & 模板 4-4】

××公司职工董事、职工监事选举结果的报告

我公司工会于××××年×月××日召开职工代表会议,采用无记名投票的方式选举产生了职工董事1名、职工监事2名。

会议共有××名职工代表参加,名单如下:

×××、×××、×××、×××、×××、×××、×××、×××、

×××、×××、×××、×××、×××、××、×××……

经无记名投票,×××得××票,当选为职工董事;××、×××各得××票,当选为职工监事。

×××××××××公司工会委员会
20××年×月××日

四、职工董事、职工监事报上级备案

(一)选举结果报上级工会和有关机构(如当地国资委)备案,并与其他董事、监事一同履行有关手续,同时通报公司各决策、管理和监督部门。

(二)上级批复无异议后,应及时向职工或社会发布选举结果公告。

【上报职工董事、职工监事环节相关范例 & 模板】

【范例 & 模板 4-5】

关于同意××公司职工董事、职工监事人选的批复

××公司:

你司《关于××公司职工董事、职工监事选聘的请示》收悉。经研究,同意你司职工(代表)大会选举结果,×××兼任××公司职工董事,×××、××、××兼任××公司职工监事。

请按有关规定办理。

××市人民政府国有资产监督管理委员会
20××年××月××日

【范例 & 模板 4-6】

××公司关于职工董事、职工监事选举结果的公告

本公司及董事会全体成员保证信息披露内容真实、准确和完整,没有虚

假记载、误导性陈述或者重大遗漏。

20××年××月××日，××公司（以下简称"公司"）第××届××次职工代表大会上，×××女士（先生）当选为公司第××届董事会职工董事；××女士、××先生当选为公司第××届监事会职工监事。按照公司《章程》规定，上述职工董事、职工监事将与公司20××年度股东大会选举产生的董事会成员和监事会成员一起组成公司第××届董事会和第××届监事会，任期三年。以上人员简历附后。

特此公告。

××公司董事会
20××年××月××日

当选职工董事、职工监事简历

×××，女，生于××××年，硕士研究生，高级政工师。曾任公司××科科长，党委办副主任、主任，纪委副书记，监事会主席。现任公司董事、党委副书记、纪委书记、工会主席。×××女士持有公司股份××万股，不存在不得提名为董事的情形，未受过中国证监会及其他有关部门的处罚和证券交易所处分，不存在因涉嫌犯罪被司法机关立案侦查或涉嫌违法违规被中国证监会立案稽查的情形，与持有公司5%以上股份的股东、实际控制人、公司其他董事、监事和高级管理人员不存在关联关系，不是失信被执行人，符合有关法律、行政法规、部门规章、规范性文件、《股票上市规则》及交易所其他相关规定等要求的任职资格。

×××，女，生于××××年，大学学历，高级政工师。曾任公司××科科长，××处处长，人力资源部副部长、部长。现任公司监事、工会副主席、工会办公室主任。×××女士持有公司股份××万股，不存在不得提名为监事的情形，未受过中国证监会及其他有关部门的处罚和证券交易所处分，不存在因涉嫌犯罪被司法机关立案侦查或涉嫌违法违规被中国证监会立案稽查的情形，与持有公司5%以上股份的股东、实际控制人、公司其他董事、监事和高级管理人员不存在关联关系，不是失信被执行人，符合有关法律、行政法规、部门规章、规范性文件、《股票上市规则》及交易所其他相关规定等要求的任职资格。

×××，男，生于××××年，研究生学历，经济师。曾任公司××部品牌企划经理、××公司办公室副主任、进出口公司经理、销售公司总经理助理。现任××公司副总经理。×××先生未持有公司股份，不存在不得提名为监事的情形，未受过中国证监会及其他有关部门的处罚和证券交易所处分，不存在因涉嫌犯罪被司法机关立案侦查或涉嫌违法违规被中国证监会立案稽查的情形，与持有公司5%以上股份的股东、实际控制人、公司其他董事、监事和高级管理人员不存在关联关系，不是失信被执行人，符合有关法律、行政法规、部门规章、规范性文件、《股票上市规则》及交易所其他相关规定等要求的任职资格。

第二节　职工董事、职工监事的工作制度

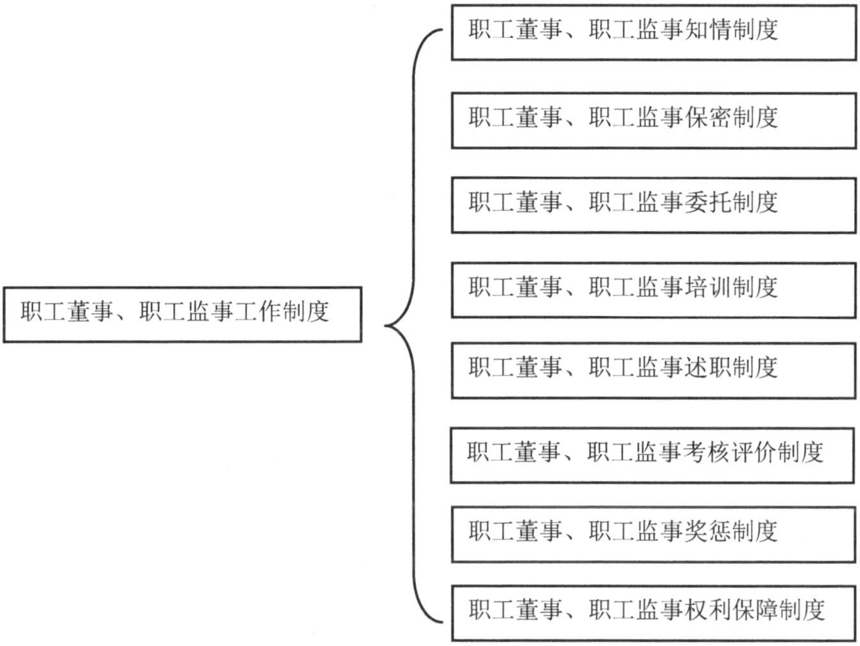

职工董事、职工监事工作制度
- 职工董事、职工监事知情制度
- 职工董事、职工监事保密制度
- 职工董事、职工监事委托制度
- 职工董事、职工监事培训制度
- 职工董事、职工监事述职制度
- 职工董事、职工监事考核评价制度
- 职工董事、职工监事奖惩制度
- 职工董事、职工监事权利保障制度

图5　职工董事、职工监事工作制度

一、职工董事、职工监事知情制度

职工董事、职工监事可以定期调阅公司有关的经营、财务报表；列席与其职责相关的公司行政办公会议和有关生产经营工作的重要会议。公司要为职工董事、职工监事履行职责提供必要条件，公司工会要主动为职工董事、职工监事开展工作提供服务。

二、职工董事、职工监事保密制度

职工董事、职工监事在向职工（代表）大会报告工作和接受职工（代表）质询时，要按照信息有序披露原则，遵守公司保密规定，保守董事会、监事会会议涉及的公司商业秘密，同时不得向本公司以外的人员泄露。

三、职工董事、职工监事委托制度

职工董事、职工监事因故不能出席董事会、监事会会议时，可以书面委托公司其他职工董事、职工监事或公司董事、监事代为出席，并在委托书中明确授权范围。

四、职工董事、职工监事培训制度

职工董事、职工监事要自觉加强有关专业知识的学习，公司要创造机会，安排职工董事、职工监事在职培训。

采取培训班、座谈会、观摩会、辅导讲课、经验交流等各种不同方式，提高职工董事、职工监事的工作能力，保证他们作用的发挥。培训内容建议围绕提升职工董事、职工监事履职能力相关性进行设计，如《职工董事、职工监事履职能力》《公司治理与国企改革》《现代企业制度下职工民主管理的实现途径》等课程。

五、职工董事、职工监事述职制度

职工董事、职工监事应向职工（代表）大会报告其履行职责的情况，每年至少一次，报告内容或提纲应提前告知职工（代表）。

六、职工董事、职工监事考核评价制度

职工董事、职工监事应当在认真述职的基础上，接受职工（代表）的监督和评议。

七、职工董事、职工监事奖惩制度

公司职工（代表）大会要对职工董事、职工监事进行考核，实施必要的奖惩。对履行职责好的职工董事、职工监事，应当给予表扬奖励；对不称职或者有渎职行为的职工董事、职工监事，应当进行撤换或罢免。

八、职工董事、职工监事权利保障制度

职工董事、职工监事依照《公司法》和公司章程行使职权,任何人不得压制、阻挠或打击报复。职工董事、职工监事在任职期间,其劳动合同期限自动延长至任期届满,除因劳动保障法律、法规规定的情形或劳动合同约定外,公司不得与其解除劳动合同或做出不利于其履行职责的岗位变动。职工董事、职工监事履行职务时的出差、办公等有关待遇参照公司董事、监事执行。

【职工董事、职工监事工作制度相关范例 & 模板】

【范例 & 模板 4-7】

××公司职工董事授权委托书

委托人：_____
职务：_____
身份证号码：_____
受委托人：_____
职务：_____
身份证号码：_____

委托人_____是_____公司的职工董事,现委托人特别授权_____作为委托人的代理人,出席_____公司就该公司对外融资、担保事宜的董事会会议,并就上述事宜进行表决。委托人对代理人_____在上述对外融资、担保董事会决议上的签字、表决均认可,并愿承担由此产生的一切法律后果。委托人对代理人_____的授权期间_____年_____月_____日至_____年_____月_____日。

特此授权

委托人签字：
日期：

代理人签字：
日期：

【范例 & 模板 4-8】

××公司职工董事履职情况报告

各位代表：

现将本届董事会职工董事的履职情况报告如下：

20××年×月×日，×届×次职代会选举产生了××公司第一届董事会职工董事。三年来，职工董事按照《公司法》《企业国有资产法》《董事会试点企业职工董事管理办法（试行）》以及《××公司章程》的有关规定，不断增强自身的责任感和使命感，严格把握好职工董事的职责定位，正确处理好资产利益、出资人利益与职工合法利益之间的关系，充分利用好职代会这一工作平台，依法准确履行职工董事的职责，在董事会中积极发挥作用，真正做到了有位有为和有为有位。

一、参与董事会决策，代表职工行使权利。三年时间中，职工董事共参加董事会×次，审议董事会议案×个，做出董事会决议×个，内容包括财务预算、贷款担保、融资、人员聘任、对外投资、机构设置、制度建设、中长期激励机制、下属企业改制、上市子公司发行债券、增持上市子公司股份以及社会责任等事关企业发展的重大事项。

二、汇集职工集体智慧，促董事会科学决策。职工董事善于利用职代会平台，通过民主管理和民主监督程序，多方面、多渠道、广泛性地征求职工对企业发展的心声、意愿和点子，形成参加董事会的具有建设性的意见和建议，将职工队伍的集体智慧有机地融入董事会的决策中，帮助董事会减轻了决策过程中的风险和失误方面的压力，有效地推进了董事会决策的科学化和民主化。

三、说话建言，维护职工合法权益。通过加强学习和研究劳动保障方面的法律法规，不断提高自身维权工作的水平，增强了在董事会决策中为职工权益说话建言的权威和分量。在董事会研究和讨论涉及职工切身利益的问题和事项时，都是旗帜鲜明地站在职工的角度，要求董事会充分考虑职工的诉求，从源头维护职工的合法权益。不仅拉近了董事会与职工之间的距离，让董事会及时和准确地了解到职工所想和群众所盼，同时将董事会对职工群众的关爱，通过职代会和各级工会组织传达到基层，在维护职工队伍团结稳定、促进企业和谐发展中发挥出不可替代的重要作用。

在下一步工作中，职工董事还要进一步解放思想、转变观念，大胆探索、积极创新，在实践中不断总结经验，着力提高反映职工意见的水平，努力增强参与董事会科学决策的能力，为推动××建立起符合中国特色的现代企业制度,进一步完善公司治理结构,实现××公司又好又快发展,发挥更大的作用,做出更大的贡献。

以上报告,请各位代表审议!

【范例 & 模板 4-9】

<h3 style="text-align:center">××公司职工监事履职情况报告</h3>

各位代表:

根据《××集团职工董事、职工监事工作制度》的规定,我作为集团公司职工监事向四届二次职代会报告工作,请予审议。

一、20××年履职情况

20××年,我严格按照《公司法》和《公司章程》的有关规定,依法行权,勤勉履职,较好地完成了各项工作和应尽的责任、义务,在维护股东、公司利益和职工合法权益等方面做出了自己的努力。现将20××年的主要工作报告如下。

(一) 参加会议情况

我参加了集团公司第一届监事会第七次会议,列席了集团公司20××年度股东会会议、第一届董事会第十二次会议、第一届董事会第十三次会议,实现了过程的参与和监督。

(二) 审查提案等情况

20××年,对报请集团公司董事会审议的《关于××的提案》《关于××的提案》《关于××的提案》等共计65个重要提案进行了审查;对报请集团公司股东会审议的《关于××的提案》《关于××的提案》《关于××的提案》等共计17个重要提案进行了审查;对集团公司向省国资委报送的《关于××的请示》《关于××的请示》《关于××的请示》等共计59个经济行为请示进行了审查;参与了××省国资委监事会对集团公司的实地调研工作。

(三) 加强了对子公司投融资、资源整合等重大事项的过程监督

20××年,参与了对子公司××等重大事项的审核,站在防控风险的角度提出了有针对性的意见和建议;参与了对集团公司××相关资料的审核,站在维护集团公司利益的角度提出了有针对性的意见和建议;参与了对子公司上报的"三会"有关议案的审核,站在维护各方股东利益的角度提出了有针对性的意见和建议。

(四) 立足本职,认真开展审计监督工作

20××年,我围绕集团公司"十×五"规划目标和当年中心工作,结合自己担任集团公司审计部部长的工作职责,认真开展审计监督工作。

新时代企业民主管理实务操作指南

全年共组织开展审计项目××项，分别为：经济责任审计××项、工程审计××项、决算审计×项、审计调查×项、财务预算审计×项、财务收支审计×项、专项审计×项。通过审计查处纠正违纪违规金额×亿元，促进提高经济效益×亿元，提出并被采纳合理化建议×条。工程项目全年审计金额×亿元，为企业节约建设资金×万元。财务审计全年查处隐瞒收入、利润×亿元。为落实审计查处问题的整改工作，对三家单位主要负责人进行了约谈，对责任单位下达审计整改通知书×份，下达审计决定×份。针对审计中发现的某单位严重违纪违规事项移送纪检部门进行了立案查处。

各位代表，20××年，是集团公司"××"规划开局之年，也是转型跨越发展的重要一年。一年来，公司能够严格按照《公司法》《公司章程》以及国家有关法律、法规的要求依法运作、规范经营；公司决策程序合法、有效，董事会运作规范、决策合理，认真地执行了股东会的各项决议，忠实地履行了诚信义务。目前，公司取得了良好的经营业绩，整体竞争能力和抗风险能力得到了进一步的增强。

二、20××年工作打算

1. 加强学习，进一步提高思想政治素质和业务专业能力，做一名高素质的职工代表，为履行职责提供理论政策等方面的保障。

2. 关注职工合理诉求，维护职工合法权益，在推动企业发展成果普惠职工方面发挥作用。

3. 强化审计监督工作，提高审计监督效能，在推进企业实现战略目标、有效执行内部控制制度、切实防范经营风险等方面做出努力。

4. 拓展监督工作的广度和深度，增强监督工作的有效性和权威性，通过列席和参加公司有关会议，提前介入有关决策事项，加强对公司"三重一大"事项的监督，确保公司在这些方面不出问题。

各位代表，20××年，集团公司改革发展将再谱新篇章，再添新辉煌，作为一名职工监事，我将时刻牢记肩负职责，在监督决策过程、督促工作落实等方面谋求工作突破，在维护股东、公司利益和职工合法权益方面奋力而为，在推动集团公司转型跨越发展方面做出新贡献。

【范例 & 模板 4-10】

公司职工董事、职工监事考核评价办法

总则

为进一步完善公司法人治理结构，保障和落实职工民主管理、民主决策、

第四章 职工董事、职工监事工作

民主监督权利，建立健全与现代企业制度相适应的职工董事、职工监事激励约束机制，不断提高职工董事、职工监事评价工作的科学化、制度化和规范化水平，根据《中华人民共和国公司法》《企业工会工作条例》《国有独资公司董事会试点企业职工董事管理办法》（国资发群工〔2006〕21号）、《关于建立和完善中央企业职工代表大会制度的指导意见》（国资党委群工〔2007〕120号）、《董事会试点中央企业职工董事履行职责管理办法》（国资发群工〔2009〕53号）等法律法规和规章制度，制定本办法。

本办法所称职工董事、职工监事，是指由公司职工通过职工代表大会或职工大会选举产生，作为职工代表出任的公司董事、监事。

本办法适用于由股份公司履行出资人职责的全资和控股子公司。

评价职工董事、职工监事坚持下列原则：

以职责为基础，全面评价原则。

依法维护国家、出资人、企业和职工群众利益原则。

科学规范、客观公正原则。

职代会民主评价与其他方多维度评价相结合原则。

评价与激励约束相结合原则。

考核评价的组织、内容和程序

公司职工代表大会民主评议领导人员委员会是职工董事、职工监事考核评价工作的领导机构，在其指导下成立由董事会办公室（监事会办公室）、干部处、纪委、工会等有关部门组成的职工董事、职工监事考核评价组，负责职工董事、职工监事考核评价工作。考核评价组下设办公室，办公室设在公司工会，负责考核评价的日常工作。

评价职工董事、职工监事坚持年度评价与任期评价相结合，以年度考核评价为基础，任期考核评价为重点。已进行过领导人员年度或任期评价的职工董事、职工监事，评价可从简或参照领导人员评价结果。

评价职工董事、职工监事的重点是德、能、勤、绩、廉，主要包括职业操守、履职能力、勤勉程度、工作实绩、廉洁从业等内容。

职工董事、职工监事年度评价采取职工代表大会民主评议和民主测评的方式进行，一般经过下列程序：

公司职代会召开前，职工董事、职工监事对年度工作进行总结，形成年度述职报告，报送公司考核评价组办公室。

职代会召开期间，职工董事、职工监事向职代会进行述职，全体职工代表对职工董事、职工监事进行民主评议，并进行民主测评。民主测评由职工代表现场填写《职工董事、职工监事职代会民主测评表》后，进行大会集中投票，实到会职工代表须超过应到会代表的三分之二方可进行。

民主测评等级分为"优秀""称职""基本称职""不称职"四个档次。考核评价组根据《职工董事、职工监事职代会民主测评表》进行得票率统计，其中，"优秀"率≥70%，且"优秀"+"称职"得票率≥85%，为优秀；70%≤"优秀"+"称职"得票率<85%，为称职；"不称职"得票率>33%，为不称职；其余为基本称职。

职工董事、职工监事考核评价组根据职代会民主评议和民主测评情况，形成职工董事、职工监事年度评价初步意见，报公司领导审定后形成正式评价意见，评价意见报送同级董事会、监事会和干部人事部门，同时报送上级职代会日常管理机构。

职工董事、职工监事年度评价意见由考核评价组办公室向职工董事、职工监事进行反馈。

职工董事、职工监事任期评价与公司其他董事、监事的任期评价一并进行，一般采取多维度评价、个别谈话、查阅资料等方式进行。多维度评价分为职工代表大会评价，董事会成员、党委班子成员、经理层成员、监事会成员、董事会秘书评价与公司相关部门评价三个部分，任期评价一般经过下列程序：

任期届满前，职工董事、职工监事对任期工作进行总结，形成任期述职报告，由考核评价组办公室统一报送公司职工董事、职工监事考核评价组。

公司职工董事、职工监事考核评价组组织董事会办公室（监事会办公室）、干部处、纪委、工会等相关部门，对职工董事、职工监事任期工作进行全面考核。

召开内部测评会议。召开由董事会成员、党委班子成员、经理层成员、监事会成员、董事会秘书、公司相关部门参加的会议，与会人员根据《职工董事评价要点》《职工监事评价要点》，填写《职工董事评价意见表》《职工监事评价意见表》。对职工董事、职工监事进行评价。

任期内职代会评价结果的产生方式。考核评价组汇总职工董事、职工监事任期内职代会的年度民主评价和民主测评结果，其算术平均值即为职代会对职工董事、职工监事的任期评价结果的重要依据。

个别谈话。职工董事、职工监事考核评价组分别与董事会成员、党委班

第四章　职工董事、职工监事工作

子成员、经理层成员、监事会成员、董事会秘书和部分职工代表进行个别谈话，深入了解有关情况。

查阅有关资料。考核评价组根据需要，可查阅董事会、监事会会议资料，进一步了解职工董事、职工监事履职情况。

形成任期评价意见。考核评价组根据考核情况，结合任期内各年度考核评价意见，按照多维度评价主体的权重，综合形成职工董事、职工监事任期评价意见。多维度评价主体的权重为：职工代表大会评价占50%，董事会成员、党委班子成员、经理层成员、监事会成员、董事会秘书评价占30%，公司相关部门评价占20%。

职工董事、职工监事任期评价意见经公司审定后，由考核评价组向职工董事、职工监事反馈。

考核评价的结果和运用

职工董事、职工监事评价结果分为优秀、称职、基本称职、不称职四个等次，对年度评价结果为优秀的职工董事、职工监事，给予奖励；对年度评价结果为称职的职工董事、职工监事，给予肯定和鼓励；对年度评价结果为基本称职的职工董事、职工监事，提出整改意见，限期整改；对年度或任期评价结果为不称职，或者连续两个年度结果为基本称职的，建议职代会、董事会、监事会通过相应程序予以罢免。

附则

第十一条　本办法由股份公司工会负责解释。

第十二条　本办法自发布之日起施行。

【范例 & 模板 4-11】

职工董事、职工监事职代会民主测评表

姓名	职务	优秀	称职	基本称职	不称职

说明：请根据职工董事、职工监事德、能、勤、绩、廉等方面，在相应栏画"√"。

【范例 & 模板 4-12】

职工董事评价要点

类别	评价内容	评价要点
德	职业操守	职业道德：诚实守信，维护出资人利益和安全、职工群众合法权益，没有违反忠实义务行为。 遵规守法：遵守国家法律法规、规章制度。
能	履职能力	战略决策能力：能够根据形势与市场的变化准确分析判断企业发展方向。 风险控制能力：能够根据决策事项及时提出控制风险的意见或建议。 识人用人能力：能够对董事会拟任免的经理层人员的能力水平做出判断。 开拓创新能力：能够围绕公司改革发展提出新思路、新方法。 协调沟通能力：能够就董事会决策事项、公司经营管理重大事项，特别是关系到职工切身利益的重大事项同其他董事或者经理层成员及时沟通、了解情况、表达主张，善于倾听并表达广大职工的意见和要求。 分析表达能力：能够充分收集、听取职工意见和建议，认真分析、科学研判，在董事会的决策中，主动、鲜明、正确反映职工诉求，维护职工合法权益。
勤	勤勉程度	努力程度：注重学习，关注同行业企业的改革与发展，尤其是有关职工工资、奖金、福利、劳动安全卫生、社会保险、变更劳动关系、裁员等涉及职工切身利益的问题，积极获取相关事项的最新信息，联系实际进行分析和调研，提出意见和建议；1年内就调研情况、职工相关利益诉求，有关公司经营管理的意见和建议等议题与企业党组织、公司经理层、工会等沟通次数不少于2次；出席董事会会议的次数不得少于董事会会议总数的3/4。 工作作风：注重深入基层调查研究，及时了解掌握职工群众的工作和生活状况，了解他们的思想动态和所需所盼，能够充分表达职工群众的意见和要求，敢于负责。
绩	工作实绩	决策效果：个人表决意见符合公司发展大局，符合广大职工的意愿和职代会决议，无重大决策失误。 任职贡献：为董事会决策提供有价值的意见和建议，为改善职工工作生活状况、维护职工合法权益做出积极贡献。
廉	廉洁从业	廉洁自律：自我要求严格，遵守廉洁自律有关规定。

第四章　职工董事、职工监事工作

【范例 & 模板 4-13】

职工监事评价意见表

公司名称：

评价人类别：董事会成员□　党委班子成员□　监事会成员□
经理层成员□　董事会秘书□　职工代表□　股份公司相关部门□

评价内容	职业操守		履职能力				勤勉程度		工作实绩		廉洁从业	综合评价结果
评价要点　　评价对象　评价等次	职业道德	遵规守法	分析判断能力	风险控制能力	开拓创新能力	协调沟通能力	努力程度	工作作风	决策效果	任职贡献	廉洁自律	评价等次
优												优秀
良												称职
一般												基本称职
差												不称职
优												优秀
良												称职
一般												基本称职
差												不称职

注：1. "公司名称"应填写公司的全称；

2. 选择"评价人类别"时，请评价人根据本人所任职务分别在对应的方框内画"√"；

3. 具体评价意见可在本"评价表"后另附纸说明。

新时代企业民主管理实务操作指南

【范例 & 模板 4-14】

公司职工董事、职工监事工作示意图

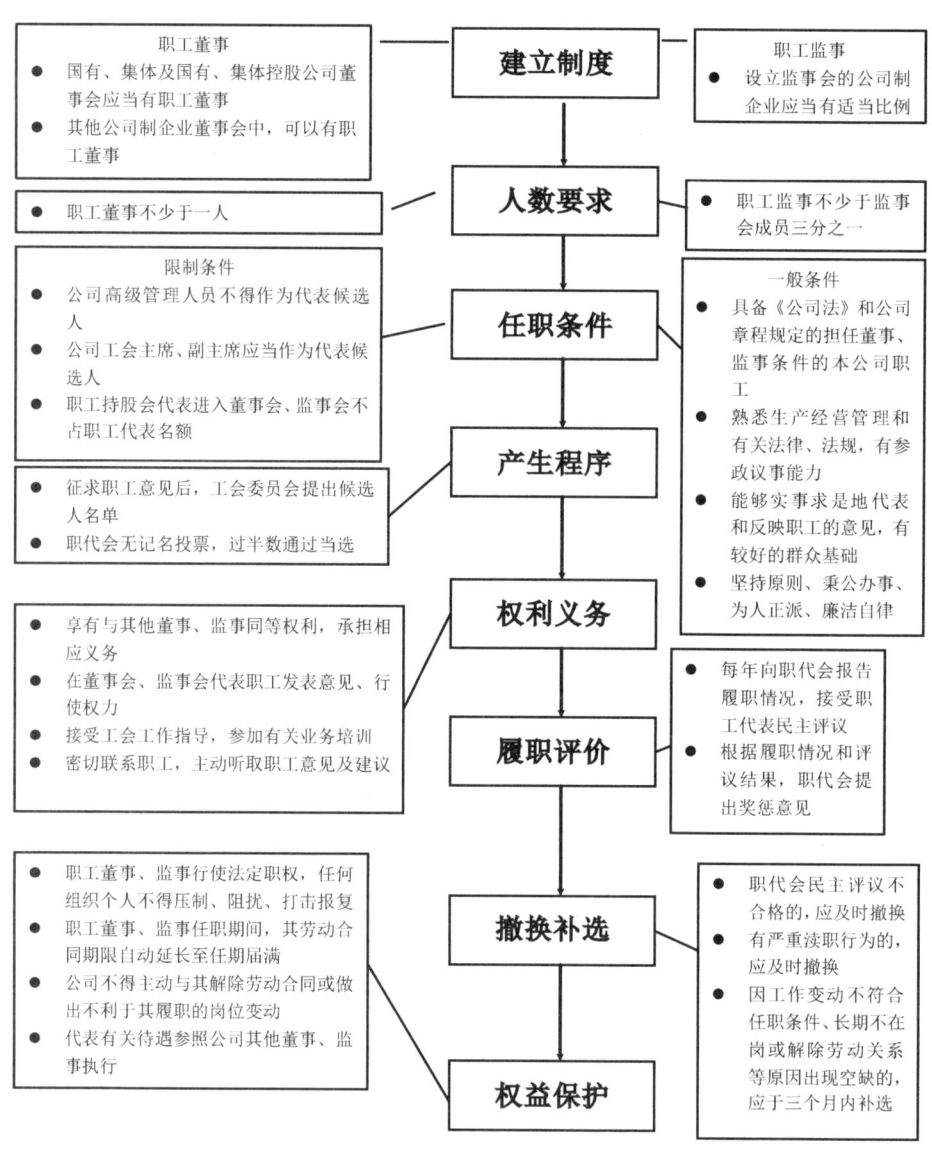

第三节　职工董事、职工监事常见问题及答疑

Q1. 职工董事是否有比例要求?

董事会中职工董事与监事会中职工监事的人数和比例应在公司章程中做出明确规定。职工董事的人数一般应占公司董事会成员总数的四分之一;董事会成员人数较少的,其职工董事至少1人。

来源:《中华全国总工会关于进一步推行职工董事、职工监事制度的意见》(2006年5月31日)。

Q2. 职工监事是否有比例要求?

根据《公司法》,监事会应当包括股东代表和适当比例的公司职工代表,其中职工代表的比例不得低于三分之一,具体比例由公司章程规定。

Q3. 职工董事、职工监事由谁选举产生?

董事会、监事会中的职工代表由公司职工通过职工代表大会、职工大会或者其他形式民主选举产生。

根据《公司法》第一百一十七条规定,监事会中的职工代表由公司职工通过职工代表大会、职工大会或者其他形式民主选举产生。不需要经历股东大会审议、聘任的程序。

Q4. 职工董事、职工监事必须是本公司职工吗?

根据《中华全国总工会关于加强公司制企业职工董事制度、职工监事制度建设的意见》,职工董事、职工监事候选人应符合以下基本条件:

与公司存在劳动关系;

职工董事、职工监事因辞职、患病、工作调动等离职的,或因劳动关系变更、终止、解除等不能履行职责时,经职代会通过终止其任职资格。

关于职工监事是否必须为本公司员工,可以参考以下判决案例。

最高院公报案例:【案号】(2015)宝民二(商)初字第1817号(2017)沪02民终891号

上海二中院认为,与公司签订劳动合同或者存在事实劳动关系是成为职工代表监事的必要条件,理由如下:第一、职工代表大会是协调劳动关系的重要制度,职工代表须与公司存在劳动关系。我国《公司法》未明确担任职

工代表的条件，宜通过相关行政规章的规定对职工代表进行解释。《企业民主管理规定》第二十三条规定，"与企业签订劳动合同建立劳动关系以及与企业存在事实劳动关系的职工，有选举和被选举为职工代表大会代表的权利。依法终止或者解除劳动关系的职工代表，其代表资格自行终止。"第二，职工代表监事应通过职工代表大会、职工大会等形式，从职工代表中民主选举产生。《公司法》第五十一条第二款规定了监事会应包括公司职工代表，说明职工代表资格是成为职工代表监事的资格。

Q5. 职工董事、职工监事候选人的条件要求？

与公司存在劳动关系；能够代表和反映职工合理诉求，维护职工和公司合法权益，为职工群众信赖和拥护；熟悉公司经营管理或具有相关的工作经验，熟知劳动法律法规，有较强的协调沟通能力；遵纪守法，品行端正，秉公办事，廉洁自律；符合法律法规和公司章程规定的其他条件。遵循职工董事、职工监事任职回避原则，坚持公司高级管理人员和监事不得兼任职工董事，公司高级管理人员和董事不得兼任职工监事。公司高管的近亲属，不宜担（兼）任职工董事、职工监事。

此外，根据《上市公司监事会工作指引》：建议公司财务、资产、投资管理部门的工作人员不兼任职工监事。

Q6. 谁有权利提名职工董事、职工监事？

根据《中华全国总工会关于加强公司制企业职工董事制度、职工监事制度建设的意见》，职工董事、职工监事的候选人，可以由公司工会根据自荐、推荐情况，在充分听取职工意见的基础上提名，也可以由三分之一以上的职工代表或者十分之一以上的职工联名推举，还可以由职代会联席会议提名。公司工会主席、副主席一般应作为职工董事、职工监事候选人人选。

Q7. 职工监事当选的比例要求？

根据《中华全国总工会关于加强公司制企业职工董事制度、职工监事制度建设的意见》，职工董事、职工监事应由公司职代会以无记名投票方式差额选举，并经职代会全体代表的过半数同意方可当选。尚未建立职代会的，应在企业党组织的领导和上级工会的指导下，先行建立职代会。

Q8. 职工董事、职工监事是否要备案？

职工董事、职工监事由职代会选举产生后，应进行任前公示，与其他董事、监事一样履行相关手续，并报上级工会和有关部门（机构）备案。公司

第四章 职工董事、职工监事工作

工会应做好向上级工会报备的相关工作。

Q9. 职工董事、职工监事的任期与其他董事、监事的任期是否相同?

相同,每届任期不超过三年,任期届满后可以连选连任。

Q10. 谁有权利罢免职工董事、职工监事?

罢免职工董事、职工监事,须由三分之一以上职工代表或者十分之一以上职工联名提出罢免议案,并经职代会讨论通过。职代会讨论罢免职工董事、职工监事有关事项时,职工董事、职工监事有权在会上提出申辩理由或书面申辩意见。罢免议案须采用无记名投票方式,经职代会全体代表的过半数同意方获通过。罢免案通过后,公司工会应当将罢免结果报上级工会和有关部门备案。

Q11. 什么情形下才能罢免职工董事、职工监事?

职工董事、职工监事有下列行为之一的,由公司职代会依法罢免:公司职代会对其述职进行无记名民主评议,结果为不称职的;不能如实反映公司职代会的决议、决定,在参与公司决策、履行监督职责时不代表职工利益行使权利,损害职工合法权益的;拒绝向公司职代会报告工作的;有其他不依法履行职工董事、职工监事职责行为的。

Q12. 职工董事、职工监事辞职后是否还要继续履行职责?

职工董事、职工监事出现空缺的,应当由公司工会尽快组织补选,补选程序与产生程序相同。在新补选职工董事、职工监事就任前,原职工董事、职工监事仍应当依照法律法规和公司章程的规定,履行其职责。

Q13. 职工董事、职工监事辞职能否立即生效?

职工董事、职工监事因辞职、患病、工作调动等离职的,或因劳动关系变更、终止、解除等不能履行职责时,经职代会通过终止其任职资格。

同时,应当注意:一是监事辞职使监事会成员低于法定人数;二是职工监事辞职使职工监事人数少于监事会成员的三分之一。根据规定,上市公司监事会成员的人数不得少于3人。如果是3人监事会,且其中1人为职工监事,职工监事辞职,均不能立即生效,在补选出新监事前,原监事仍需履行职责。

Q14. 职工监事能否担任监事会主席?

监事会设主席一人,可以设副主席。监事会主席和副主席由全体监事过半数选举产生。可知,监事会主席由全体监事过半数选举产生即可,对于是否是职工监事,没有要求。

第五章

民主管理实践典型案例

第五章 民主管理实践典型案例

第一节 职工代表大会实践典型案例

一、典型经验

【典型经验5-1】

职代会"云上线" 民主管理"不掉线"

××公司工会认真贯彻落实习近平新时代中国特色社会主义思想，坚持以职工为中心，落实"依靠"方针，广泛实施以职代会为基本形式的厂务公开民主管理，尤其是主动应对疫情带来的不利影响，创新形式、开辟载体、丰富手段，探索形成了线上民主管理的新模式，为促进企业高质量发展发挥了重要作用。

"云上"职代会搭建起企业职工"连心桥"

2020年年初，新冠肺炎疫情突如其来，××公司身处疫情风暴最中心，绝大部分职工处于居家隔离、各地分散的状况。面对疫情带来的不利影响，铁四院工会拓宽思路、创新形式、积极筹划。当时，××公司职代会在疫情前刚刚召开完毕，如何将职代会精神及时传达至基层，让民主管理工作不掉线；如何继续发挥职代会群策群力作用，在疫情期间能够逆势而上，布置并完成好年度生产经营各项工作，成为××公司工会的"心头事"。基于"人人都有手机，家家都有电脑"的实际，和企业自动信息化系统平台，××公司工会充分利用信息化手段，通过远程视频、企业"云"端、微信会议平台等，将分散在全国各地的职工代表聚集起来，实现了"云上"召开职代会。截至2020年3月27日，28个应召开职代会（职工大会）的单位，全部召开了会议，圆满完成了职代会各项议程。

"云上"职代会严格按照规定程序进行。各单位的每个报告人均通过视频向全体代表做报告，会议所有材料均传达到代表中。报告审议、分团讨论、投票表决、提案征集、民主测评等程序均在"云上"得以实现。特别是各单位的领导干部测评，事关企业生产经营和职工切身利益的重要事项，工会采用二维码或宏景云平台，实现了无记名线上投票表决，确保职工依法履行职权，保障了职工民主管理权利。

2020年疫情期间，××公司先后召开三次职代会联席会议，线上通过了全国劳动模范推荐人选、《铁四院新型冠状病毒感染肺炎疫情防控期间项目现场人员激励保障暂行办法》《××公司职工工服定制方案》等重大事项。各级职代会的及时召开不仅按规定履行了民主程序，更提高了工作效率，也将职代会开成了明任务、定方向、听真言、纳良策、聚力量的胜利大会。

"会议直播开、提案线上传、报告网上审、建议群内提、表决分组投"的新模式，实现了职代会"标准不降、程序不减、内容不少"。也使职代会更加"接地气"，打破了传统会议会场大小、职工代表人数等的限制，吸引了众多职工"云听会"，进一步实现了对职代会规范、高效、有序的"云监督"和"云管理"。

"云端"厂务公开铺就民主管理"齐心路"

××公司工会充分发挥互联网、大数据等新兴技术，找准互联网和公开工作的结合点，努力打造厂务公开工作在观念、流程、载体的更新再造，不断增强民主管理工作在网络空间的影响力。

××公司结合疫情实际，将防疫工作及生产任务同步部署，通过"云端"及时传达上级关于疫情防控工作要求，研究部署应对疫情措施，在特殊时期体现了企业的人文关怀。各单位坚持各类会议报告制度，通过稿件、微信等及时总结和反馈会议情况，广大职工在"云端"联系在一起，孤立的个体与国家、企业的发展联系在一起。为了不影响全国各地重点工程项目的推进，在省委、省政府的大力支持下，2020年3月30日（武汉4月8日解封）之前，××公司共组织30余批，1000多名职工奔赴全国各重点工程返岗工作，确保了国家重点项目建设按期推进，为实现"六保""六稳"做出积极贡献。

复工复产后，针对人员长驻现场，高度分散的现实，工会组织积极呼吁，主动争取，开辟了"职工服务"线上模块，将职工权益维护、厂务公开、绩效考核、教育培训等切身利益内容上网，建立起网络信息库和沟通平台，做到"维权到网、公开在网、考核于网、教育上网"。以手机短信、QQ群、微信群消息等形式，把重要事项及时告知驻外职工；将工作报告、领导讲话制成多媒体网上播放；利用局域网转播职代会，让职工代表和全体职工网上阅读文件，行使职权；建立职工建议库，运用大数据技术，掌握并回应职工关注的热点。

2020年，××公司利用网站、电子报刊、办公自动化系统发布公文、公告、公示1000多个，千里之外的现场职工点开电脑、拿出手机企业信息一应

第五章 民主管理实践典型案例

俱全。"互联网+公开"有效地解决了职工难以集中、时间难以统一、日程难以安排等短板,扩大了职工参与率,推动了民主管理工作再创新。

"线上"建言献策构筑共建共享"同心圆"

××公司工会积极动员职工代表在网上提交提案,通过"我为企业发展献一计""合理化建议和技术改进成果征集"等活动搭建平台,广纳群言、广集民智,引导职工为企业转型升级献计献策,提升企业民主管理质量。

为进一步密切联系职工,充分了解民意,××公司工会制定出台《关于进一步听取处理职工意见和群众诉求的暂行办法》。在所有二级单位室、所、队建立的民主管理委员会制度,依靠职工民主决策,民主监督,提升了职工的主人翁精神和责任意识,激发了职工参政议政积极性。2020年以来,仅集团公司层面累计征集职工提案意见218件,合理化建议97条,组织职工代表巡视2次,深入基层现场一线调研28次。各部门认真对待职工的提案、建议,积极抓好整改落实及答复反馈,评选表彰优秀提案26件,优秀合理化建议23条,优秀提案处理部门(单位)14个,所有整改答复情况及时向全体职工予以公布。很多职工提案和建议成为企业决策的重要依据,对加强产业布局、明确科研攻关方向、完善企业管理起到了积极作用。有1项职工技术创新成果荣获全国职工技术创新成果二等奖。在每年厂务公开民主管理工作检查中,职工的满意度持续保持在95%以上。

公开凝聚人心、民主促进发展。××公司将积极探索线上+线下的民主管理工作新模式。充分发挥民主管理在企业和谐发展中的积极作用,充分发挥职工的聪明才智,努力实现好、维护好、发展好职工的根本利益,团结和带领广大职工,为实现交通强国目标,全面打造"品质四院,百年强院、世界一流"做出贡献。

【典型经验5-2】

××集团职代会经验

一、××职代会历史沿革

××集团公司职工代表大会成立于2000年10月,并于2009年、2015年经历过两次换届和一次选举北控集团职工代表,迄今共计召开了27次集团公司全体职工代表大会。经过十八年的不懈努力,连续十三年荣获全国"安康杯"竞赛优胜企业称号,2005年荣获全国五一劳动奖状,2007年荣获全国模范职工之家荣誉称号,2011年荣获全国模范劳动关系和谐企业称号;2013年被评为全国厂务公开民主管理先进单位;2012年、2014年荣获北京市劳动争议预防调解先进单位，并于2014年被确定为第二批国有企业劳动争议预防调解示范单位；2015年荣获北京市构建和谐劳动关系先进单位；2017年获得全国厂务公开民主管理示范单位荣誉。这些成绩的取得，其关键因素和重要保证之一就是始终坚持"以人为本"原则，充分调动广大职工的积极性和创造性，保障职工民主权利，维护职工合法权益，构建和谐稳定的劳动关系。

二、××集团职代会组织机制建设

（一）集团公司构建了职工代表大会的三级民主管理的组织体系。第一，集团公司级职工代表大会；第二，集团公司直属分（子）公司级职工代表大会（目前有22个分子公司级职代会）；第三，分（子）公司所属厂（所）级职工代表大会。同时普遍建立了班组民主管理小组（目前有近800个班组民主管理小组）。

（二）集团公司构建了完善和落实职代会职权的五项民主管理工作机制。第一，厂务公开机制。集团公司自2002年建立厂务公开制度，党政工和纪委共建立健全了28项公开制度和机制。第二，职工董事、职工监事机制。在集团公司及所属6个子公司设立董事会或监事会。职工董事、职工监事参加所在董事会、监事会召开的各类重要会议，开展表决和审议工作。第三，职工代表团长联席会议机制。在职代会闭会期间集团公司每年召开多次代表团长联席会议，为职代会职权落实提供了保障。第四，职代会专门工作小组机制。集团建有民主管理工作小组、群众生产工作小组、职工生活福利小组、劳动法律监督检查小组和提案审查五个专门工作组，并保持经常性地工作。第五，集体平等协商机制。集团公司自2002年建立平等协商集体合同制度以来，已经签订了四轮集体合同。实施集体合同履行情况监督检查15次，召开集团公司平等协商正式会议15次。

三、××集团职代会制度建设

为落实企业民主管理制度，集团公司建立完善了一整套规章制度。

（一）以职代会组织工作体系建立的民主管理制度有：《××集团有限责任公司职工代表大会实施细则》《职工代表大会代表团长联席会议制度》《职工董事制度》《职工监事制度》《业务招待费使用情况向职工代表大会报告制度》《企业职工福利费使用情况向职工代表大会报告制度》《企业安全生产和劳动保护工作向职工代表大会报告制度》《集体合同履行情况向职工代表大会报告制度》《企业年金运行与管理情况向职工代表大会报告制度》《职工代表大会民主评议领导干部制度》《职工代表大会代表巡视制度》《职工代表大会

第五章 民主管理实践典型案例

代表提案制度》等。

（二）以厂务公开组织工作体系建立的民主管理制度有：《集团实行厂务公开加强民主管理工作实施细则》《集团厂务公开民主管理工作规定》《集团贯彻民主集中制的工作规则》《集团董事会议事规则》《集团经理办公会议事规则》《关于领导干部选拔任用和管理工作程序的规定》《关于中层领导干部任前公示制度的实施意见》《物资招标采购管理办法》《工程招标投标暂行办法》等。

（三）以平等协商组织工作体系建立的民主管理制度有：《建立平等协商和集体合同制度实施办法》《集体合同监督检查办法》。

四、××职代会实际操作

（一）职代会组织的建立。××集团职代会组织建立严格按照企业职工代表大会实施细则执行。第一，集团公司级职工代表按职工总数的2%产生。例如，××集团现有在册职工7800名，确定集团公司第三届职工代表大会代表为199名。第二，燃气集团职工代表构成中有工人、技术人员、管理人员、领导干部和其他方面代表。一线职工（包括二级单位中层领导、技术人员、一般管理人员）不少于50%，集团公司中层以上领导干部占职工代表总数的40%，青年职工、女职工代表占适当比例。第三，职工代表的产生。以集团公司所属二级行政单位划分选区，每一个行政单位为一个选区，共设22个选区。将集团公司所属外阜全资及控股公司中、有一定员工数量的单位纳入职工代表大会中，并适当分配职工代表名额，由各选区组织职工大会或职工代表大会采取无记名投票的方式选举产生。第四，职工代表团组划分以各选区独立成团和各选区组合成团形式成立代表团组，原则上保证各代表团组人数大致一致，每个代表团民主推选出代表团长、副团长各1人，团长原则上由分会主席担任。（例如本届职代会199名职工代表共组成8个代表团）。第五，职工代表大会专门工作小组的产生职代会专门工作小组担负着职代会闭会期间的专项工作。集团共设五个专门工作小组（民主管理工作小组、劳动法律监督检查小组、群众生产工作小组、职工生活福利小组、提案工作小组），成员以职工代表为主，根据工作需要聘请具有一定业务专长的非职工代表参加。经职工代表团长联席会表决通过，任期与代表相同，每个小组设组长、副组长各1人。

（二）职代会的组织与实施。各级工会作为各级职代会的办事机构，负责职代会的组织与实施。××集团各级职代会每年至少召开一次（基本同企业年度经济工作会同步召开），遇有重大事项，经集团公司董事会、集团工会或三分之一以上职工代表提议，征求党委的同意，可以临时召开集团职代会。但是主要议题要由党委把关，职代会在讨论企业重大事项、履行重要职权或遇到重大问题时，应及时向党委汇报，取得党委的支持和帮助。××集团坚持开展集团公司各级职工代表的培训，不断提高职工代表的参政议政能力。

（三）职代会的主要议程。××集团公司职工代表大会基本形成一定模式。即1.听取并审议集团公司上一年度经济工作完成情况和当年经济工作报告；2.集团公司上年度业务招待费使用情况报告；3.集团公司上年度职工福利费使用情况报告；4.集团公司上年度业务招待费使用情况审查报告；5.集团公司上年度安全生产和劳动保护工作情况报告；6.集团公司上年度企业年金运行、管理情况报告；7.集团公司上一届职代会提案征集落实情况报告；8.集团公司上年度集体合同履行情况报告；9.集团公司第三届第一次职工代表大会决议；10.报告上次职代会闭会期间代表团长联席会议所决定的问题及事项，提请大会确认；11.审议或审议通过涉及职工切身利益的改革实施方案，职工工资调整方案和重要规章制度的制定或修订。

五、××集团职代会经验效果

多年来，××集团以坚持和不断完善、创新职工代表大会工作，以集体合同与平等协商机制为载体，落实了职工民主决策、民主管理、民主监督的各项权利。

（一）坚定不移推行集体合同与平等协商制度。2018年在修订签订第五轮集体合同工作中，针对职工代表提出的40余条建议，协商双方代表进行多轮反复研讨、磋商，除个别建议外均在第五轮集体合同中予以完善。多年来，集团公司每年按时召开平等协商会议，共协商提高职工福利待遇等切身利益的议题20余项，充分维护了职工合法权益，职工对企业和工会的满意度始终保持在97%以上。所属单位均建立了平等协调集体合同制度。

（二）保障职工行使民主监督权利。坚持职代会"两上两下"和"大会表决"制度；坚持职代会"民主评议""民主选举"制度，每年组织各级职工代表对××集团机关部室、所属单位260名中层领导进行民主评议、测评。职工代表积极参政议政，充分发挥了民主参与、民主管理、民主监督的代表职责，广大职工的知情权、参与权、监督管理权得到充分保障。多年来北京××集体合同落实方面取得了重大效果，实现建制率、平等协商率、协商代表培训率、集体合同草案审议率、合同报送率、履行情况检查率、检查情况职代

第五章　民主管理实践典型案例

会报告率、合同期满续签率均为100%。

（三）根据行业特点，加强员工劳动安全保护，高标准配备劳动防护用品，逐年提高防暑降温、冬季御寒费用标准，按时发放露天高温作业人员高温补贴，为巡线、巡检员工配备电动自行车，最大限度降低员工的工作负荷，不断改善员工工作环境和条件。逐年提高体检费用标准，每年安排全体员工参加体检。

（四）积极开展送温暖工程，关怀特殊职工群体。在××集团党委的高度重视和支持下，企业建立帮困扶助保障机制。在法定社会保险基础上，为职工办理安康、人身意外、住院医疗和女职工特殊疾病等六项险种。建立了困难职工档案、阳光助学机制、困难职工情况报送机制、两节与日常帮扶慰问机制等制度。截至目前，共资助困难职工子女入学、援助重病职工、慰问困难和伤病职工累计上万人次，实现了"不让一名职工子女因家庭生活困难上不起学""不让一名职工因家庭经济困难看不起病"的企业承诺。

（五）强化集团公司两级劳动争议调解委员会职能，及时化解了矛盾；开通网上职工热线，确保职工合理诉求、建言献策无障碍通道。近几年未发生劳动争议案件。

（六）强化员工培训、培养和选拔机制，不断提高员工队伍素质。北京燃气以实现企业战略为目标、以人才战略为导向，切实加强人力资源开发与员工培训、培养工作，注重强化经营管理、技术人员、技能人才"三支队伍"建设。

一是加大员工培训投入，全方位提高员工队伍素质，每年按工资总额的2.5%全额提取教育经费，其中经费的60%用于一线职工的培训。

二是建立公开、平等、竞争、择优的人才选拔任用机制，所有中层管理人员任用、后备人才选拔、总部职能人员一律采取公开招聘、选拔方式，已建立涵盖各专业类别的集团公司后备人才库360余人。

三是积极承办组织北京市"职工技协杯"技能竞赛燃气管道调压工比赛，××集团参赛选手囊括比赛前十名；在中德"北京·南图林根"职工焊接对抗赛中，10名××集团参赛选手发挥出色、再获佳绩，分获两个比赛单项第一名，取得个人总成绩第一名和第三名好成绩，为技能人才成长搭建了平台。

【典型经验5-3】

××集团推进多层级职代会制度建设经验

××集团坚持把党的领导作为民主管理工作的根本保证，坚持把民主管理

新时代企业民主管理实务操作指南

作为落实全心全意依靠工人阶级方针、加强企业民主政治建设的重要内容，将民主管理工作贯穿于企业经营管理的全过程，融入党建工作、纪检监察工作等各领域，形成了"党委统一领导、党政共同负责、工会主动作为、有关部门齐抓共管、职工群众广泛参与"的领导体制和工作格局。把民主管理工作纳入党建工作总体部署，将"三重一大"决策机制修改完善工作开展情况，企业党组织设置及干部选拔任用工作流程执行情况，党务、厂务公开制度及执行情况等5方面、6部分内容纳入年度企业党建工作专项检查；工会组织是民主管理领导小组的工作机构，负责日常工作；纪检、工会有关人员和职工代表组成监督小组，负责监督检查工作内容是否落实，组织职工对民主管理工作开展情况进行评议和监督，确保民主管理工作的有序推进。

一、基层职代会建设情况

第一阶段　基层覆盖　以点带面　健全职代会

第一步　抓试点，以点带面，全面启动基层企业职代会建设。随着集团跨越式的快速发展，集团新建企业每年都在递增，企业呈现干部队伍、职工队伍年轻化趋势，对职代会在企业民主管理工作中发挥的作用认识不够，2011年，大部分企业民主管理职代会制度建设比较薄弱，针对此现象，集团工会从强化思想意识和职代会作用入手，以所属京西发电公司作为示范单位，召开了全系统职代会建设现场观摩会。观摩会期间，集团工会还特别请来了北京市工会干部学院的专家就如何开好职代会，为与会工会主席们进行了一次专题培训，提高了各企业对职代会召开意义的认识。

第二步　抓培训，规范程序，不断提升基层企业职代会质量。观摩会后，大部分企业开始着手启动职代会，但是多以工作会内容为主，会议议程增加了职代会的部分内容，没有真正发挥职代会的作用。为此，集团工会坚持每年在举办的工会干部培训班课程里，就如何开好职代会进行专题培训，每年的侧重点都有不同的针对性，并对工会干部们在筹备和召开职代会过程中遇到的问题进行答疑，更加清晰了职代会的作用和职工代表的权利义务。同时，集团工会制定了《××集团关于进一步加强和完善企业职工代表大会制度建设的指导意见》，为基层企业规范召开职代会提供指导。工会工作处下发了《关于规范召开职代会的通知》，建立了基层企业职代会召开上报制度，对基层各企业上报的职代会议程严格把关，保证了职代会在内容上和形式上的有效性。

第二阶段　夯实管理　强化议题　提升职代会

抓交流，互动推进，进一步夯实基层企业职代会制度建设。随着这几年

第五章 民主管理实践典型案例

职代会制度建设的逐步推进，各基层企业职代会工作得到了有效落实并逐步规范，各基层企业工会严格按照《指导意见》组织、筹备、召开会议，会议各项议程紧密结合企业实际。集团工会多次组织经验交流会，推选优秀单位介绍经验，达到互相交流、互相学习，借鉴好的做法，以更好地维护、落实职工权益。

第三阶段　制度落实　加强审核　规范职代会

一是认真审查职工代表资格，确保职工代表的人数、比例、资格符合法律规定，一线职工人数占职工代表比例的50%以上，具有代表性。同时，按照《指导意见》，各企业对主席团成员结构进行了规范，改变了过去主席团成员全部是领导班子成员的格局。

二是成立提案审查委员会，做好提案征集、审查、立案和监督落实工作。各企业高度重视提案征集工作，会前广泛征求职工意见和建议，对征集上来的提案进行审查、分类和落实，确保提案的合理性和代表性。

三是在规范职代会程序的同时，不断丰富和充实职代会确保职工民主权利的内涵，充分发挥职代会审议企业重大事项的法定权利。企业年度工作报告、财务预决算报告、工会工作报告、业务招待费和工会经费使用情况报告、提案落实情况、年度集体合同履行情况报告等；部分企业结合实际，将《公司薪酬方案》《温暖基金专项方案》等作为会议议程在大会上向职工做报告。

四是职工（代表）认真听取、审议各项报告，职工的知情权、参与权、表决权、评议权得到充分的落实。职代会上职工代表对企业经营工作报告、业务招待费使用情况、工会经费使用情况、提案落实情况和集体合同执行情况等进行讨论、审议和表决，职工参与企业民主管理的积极性、主动性和创造性得到了充分的调动。

二、集团型职代会建设情况

为全面贯彻党的十九大精神，深入贯彻习近平总书记系列重要讲话精神和治国理政新理念新思想新战略，将"全心全意依靠工人阶级，健全以职工代表大会为基本形式的企事业单位民主管理制度，保障职工参与管理和监督的民主权利"的要求落到实处，2017年12月，根据市总、市国资委《关于加强国有及国有控股公司集团型职工代表大会制度建设的意见》文件精神，经集团党委研究决定，××集团启动第一届一次职工代表大会筹备工作。

××集团职代会从开始筹备到正式召开共用两个月的时间。下面主要从会议筹备、文件起草、会议准备和大会召开四个部分做介绍：

从筹备阶段起，××集团工会在集团党委的领导下，按照"提高站位，坚持党的领导；精心组织，选好职工代表；加强宣传，提高参政议事能力；清权限，工作衔接顺畅；落实责任，确保大会召开"的整体工作原则全面启动集团型职代会各项筹备工作，将筹备阶段总结为以下10个环节。

1. 起草筹备工作方案，报集团党委审批

集团工会向集团党委提出召开一届一次职代会的建议，《××集团职工代表大会筹备工作方案》（草案）报集团党委常委会批准。

2. 成立筹备工作领导小组，组织实施具体工作

筹备工作领导小组成员设置：

组　　长：集团党委副书记、工会主席

副组长：集团工会副主席

成　　员：集团工会负责人

3. 细化筹备工作方案，商定代表产生办法和进度安排

筹备工作领导小组讨论研究并细化筹备工作方案。

（1）酝酿代表名额、构成比例、分配原则、产生办法和大会筹备时间安排。

代表名额：根据北京市总工会《关于加强国有及国有控股公司集团型职工代表大会制度建设的意见》运作原则，参考上海市总工会《集团公司多级职代会操作问答》中关于"集团公司职代会代表人数的确定应掌握哪些工作原则"的回答说明，结合集团实际，确定××集团职工代表名额总数为175名。

构成比例及分配原则：市总出台《意见》中明确"职工代表构成中应有工人、技术人员、管理人员、领导干部和其他方面代表。一线职工（包括二级单位中层领导、技术人员、一般管理人员）不少于50%，集团总部中层以上领导干部和二级企业党政领导班子成员不超过职工代表总数的40%，劳模、女职工、青年职工代表占适当比例"。按照比例原则，集团工会做好人员界定，并制定各企业职工代表的分配原则建议草案。

职工代表产生办法：集团工会根据市总《意见》和上海市总具体实施办法中的相关要求，提出"分别推选、差额酝酿、等额选举"原则的民主方式进行推选。企业中的各分工会、工会小组分别推荐企业中集团级职工代表建议人选，在本企业党委进行差额酝酿，将酝酿结果在企业职工代表大会上进行等额选举。集团工会制定《××集团第一届职代会职工代表选举办法（草案）》的统一模板，规范各企业职工代表的选举流程。

第五章 民主管理实践典型案例

(2) 起草《关于召开××集团第一届一次职代会的请示》。

4. 集团党委常委会审议通过集团职代会工作方案及代表资格审查有关事项

集团工会将《关于召开××集团第一届一次职代会的请示》上报集团党委常委审议通过，正式确定大会召开时间，筹备工作各节点进一步细化时间节点安排。同时，集团工会酝酿××集团第一届职代会代表资格审查委员会委员建议名单上报集团党委常委会审议通过，为下一阶段全系统职工代表选举工作提供保障。

5. 组建职代会各专项筹备小组，具体负责大会各项工作

根据大会筹备工作需要，成立大会筹备工作小组，设组织组、会务组、宣传组。由组织组负责大会文件起草、制度建设、整体流程安排；会务组负责大会会务工作，为会议顺利召开提供保障；宣传组制订大会宣传工作方案，从筹备期起进行全过程跟踪宣传，加深全系统对集团型职代会的认识，营造氛围。

6. 召开全系统工作部署会，广泛宣传，营造氛围

召开全系统集团职代会工作部署会，全面启动集团一届一次职代会工作部署。在部署会上，集团党委下发《关于召开××集团第一届一次职代会的通知》，提出"提高站位，坚持党的领导；精心组织，选好职工代表；加强宣传，提高参政议事能力；理清权限，工作衔接顺畅；落实责任，确保大会召开"的整体工作原则要求。集团工会下发《关于做好××集团第一届职代会代表选举工作的通知》，对各基层单位选举集团职工代表工作提出具体要求。至此，全系统职工代表选举工作正式开始。

7. 指导基层单位推荐选举集团职工代表

在此阶段，集团职代会筹备工作组组织指导各基层企业做好集团职工代表选举工作。

(1) 指导选举单位按代表分配名额、结构、条件酝酿推荐代表候选人；

(2) 选举单位向集团工会呈报代表候选人预备人选名单时，要呈报《代表候选人预备人选名册》和代表候选人预备人选酝酿情况的报告；

(3) 集团工会收到代表选举单位报送的代表候选人预备人选名单后，主要审查代表候选人预备人选的酝酿提名程序和方法、代表构成比例是否符合规定，对不符合规定程序和不符合条件的要提出调整意见；

(4) 将分配到基层单位参加选举的集团领导人员情况介绍，及时提供给选举单位,由选举单位职代会直接选举。

8. 汇总审核职工代表选举结果,上报党委审议并制册

选举单位按照规定的要求选举产生出席职代会的代表,及时向集团工会呈报选举结果。报告内容一般包括选举产生代表的会议形式、选举方式、代表名额、代表构成比例等,还应附代表名册、代表登记表等。

集团工会收到报告后,对选举单位的选举方式和代表资格进行审查。

(1) 审查代表是否符合代表条件,代表选举是否符合规定的程序;

(2) 审查完成后,做出批复;

(3) 代表资格审查小组起草代表资格审查报告。

代表资格通过审核后,由筹备组上报集团党委审议通过后制作代表名册和代表证。

9. 拟定职代会各专委会工作制度,酝酿建议人选名单

大会组织组根据集团型职代会工作职能安排,成立职代会各专门委员会,起草工作制度草案,并提出建议人选。根据××集团实际情况,提出代表资格审查工作委员会;提案审查委员会;职业安全与健康委员会;劳动争议调解委员会;民生建设与权益保障委员会5个专门工作委员会。

10. 研究确定集团职代会工作机构及议程

(1) 提出大会主席团和秘书长、副秘书长建议名单;

(2) 提出大会执行主席名单;

(3) 编制代表名册和大会手册;

(4) 划分代表团,提出代表分团名单。

确定向集团党委常委会汇报和审议的事项(筹备工作情况、职工代表选举及组团情况、提出大会主席团候选人建议名单、各专委会组成人员建议名单、大会日程安排等)提请集团党委审议通过,大会筹备阶段转入会务组织阶段。

在筹备阶段进行的同时,大会组织组开始研究起草集团型职代会的相关文件制度。制定了《××集团职工代表大会实施细则》和各专委会工作简则等重要制度,建立健全集团型职代会组织架构。此外,大会各项文字材料需各企业职工代表进行会前审议的,提前7日下发职工代表收集反馈意见。

在会议准备阶段,会务组主要根据大会的议程日程安排,对会议所需的各项硬件设施和参会人员进行安排,确保大会过程的顺利进行。

大会正式召开期间,××集团集团型职代会体现出一定的特点。

2月8日上午8时,集团党委副书记在会前就职工代表如何发挥作用,当

第五章 民主管理实践典型案例

好示范者、开拓者和代言人进行了培训。明确职工代表的定位,即职工代表是职工权益的维护者、职工群众的教育者、生产工作的先进者、职工参与的组织者。

大会第一次全体会议听取了"一讲话、两报告",来自各基层一线职工首次原汁原味地获悉集团党建经营整体情况、未来发展主线、年度任务目标等一系列重要信息。

在分组讨论环节中,根据职工代表总人数设置了9个讨论组,延长了讨论时间,每个讨论组中均有集团领导参与其中听取职工代表意见建议。在讨论组代表分配时,也考虑到集团各板块之间的融合,代表结构设置均衡,不同业务板块、组织层级的声音都能得到有效传递。大家共同商讨××集团未来发展的大事、要事,以及对集团的意见、建议。各子企业对彼此有了更深一步了解,在集团发展的大局更能找准各自的定位。

4次主席团会议起到了明确任务、听取讨论、汇总意见、形成决议的效果。多名一线、劳模主席团成员更是将最基层的声音直接反馈到集团管理经营层。

最后一次全体会议审议通过了集团经营管理工作报告、《职工代表大会实施细则》《职工代表大会各专业委员会工作简则》和《职工代表大会各专业委员会委员名单》等会议文件,表决通过了大会决议,形成了"抱团取暖、抱团奋斗"的一盘棋思想。

总结本次集团职代会的召开,有以下几个特点。

流程规范:集团工会在大会筹备初期仔细研究市总工会《关于加强国有及国有控股公司集团型职工代表大会制度建设的意见》文件精神,在制度搭建的过程中,严格遵循《意见》中的相关要求起草制定。

大会制度建设和提交大会审议的相关工作报告和工作制度经过充分研讨、多方会审拟定,体现了制度的政策性、严谨性和可操作性,符合××集团实际。

精简高效:大会从开始筹备到正式召开共经历了2个月的筹备期。筹备组目标分工明确,在制订筹备方案时将任务细化分解落实,筹备期各项工作紧张有序。大会正式会期2天,包含会前职工代表培训,预备会5项议程,2次全体会议,9个小组,2次分组讨论,4次主席团会议。会议各项安排衔接紧密,内容充实。

覆盖全面:全系统4.1万职工,176名职工代表覆盖全系统各企业,代表由一线职工到企业高管等各岗位构成,涉及××集团运营、生产的方方面面,体现了集团大融合。

上下沟通、形成合力：××集团"集团型职代会"的一个特点是推动职工参与。职工参与主要体现在会前培训、代表结构改变和讨论工作报告时间的延长等方面。"集团型职代会"还增进上下沟通。一方面，会前领导和职工代表就"如何做一个合格规范的职工代表"一起接受工会组织的培训，并下组参加讨论，听取职工意见。另一方面，一线职工对集团有了更多了解。

二、以案警示

【以案警示 5-1】

××大学暂缓推行《教职工岗位津贴实施方案》

2016 年 3 月 24 日下午，××大学教代会以"142 票赞成、21 票弃权、4 票反对"的结果仓促通过《××大学校内岗位津贴实施方案》（以下简称《岗位津贴方案》）。

教职工认为：《岗位津贴方案》未经全校教工充分讨论、学校亦未对已有意见予以说明，其通过程序严重违法；方案内容重管理系列、轻教学科研及其他系列，重科研轻教学，重高层人群轻中低层人群。

最后，校方做出如下回应：

第一，公布已有对《岗位津贴方案》的意见；

第二，校方对已有意见的采纳情况，未采纳的予以说明理由；

第三，《岗位津贴方案》发放全体教工充分讨论，进一步收集意见；

第四，在教工意见的基础上修改《岗位津贴方案》；

第五，《岗位津贴方案》经全体教工表决；

第六，在完成上述工作前，暂停执行现有的《岗位津贴方案》。

【以案警示 5-2】

由"××事件"看国企改制中职工权益

一、××改制历程

××集团是一大型钢铁联合企业，主要生产焦化、烧结、炼钢、炼铁轧钢、动力、运输、机械制造等产品，生产能力在全国同行中占有主导地位。

早在 2003 年，××集团就开始酝酿改制，其改制方向是国有控股、主辅分离。因此，在此后的两年里为了搞清实际情况，做了两年的调研准备。2005 年年初，改制方案获得批准，改制进入了实质阶段，主要是进行"主辅分离"。此次改制，将原有的××职工精减到 2.2 万人左右，下岗分流职工 1.4 万

第五章　民主管理实践典型案例

人。因为改制工作做得较为充足，所有这次改制很顺利。时隔不久，政府要求××集团进行整体改制，即建立现代企业制度。10月，在政府的积极运作下，将民企××集团以资本注入的方式入股××集团，并占总股份的近40%，新××集团成了一个国有控股的多元投资股份企业。

但在重组后双方开始摩擦不断，首先是××的总经理和财务主管在短时间内都换了；××的管理体制完全走样，管理层实行年薪制与职工的差距拉大；制定了苛刻的奖罚制度，员工动辄被罚款甚至被开除；干群关系急转直下；重组后不久，××为了减轻企业人员负担就进行了一次大规模的减员，大约7000人从岗位上内退，内退工资大幅降低，在岗职工的工资收入与之前相比不升反降，与此同时，以往职工的福利待遇也随之消失。

2008年年底，受全球金融危机的影响××集团也陷于前所未有的危机中，困难时期几乎全线停产，职工无活可干。2008年中，市场钢材价格暴跌，××陷入亏损，仅3个月就亏损10个亿。此时，××集团提出撤股，得到同意后迅速撤资退出。2008年6月随着市场转暖，××集团的经营状况改善，实现了扭亏为盈，××集团又迅速决定再次与××重组，并提出了控股的方案，最后得到××认可。

消息一开始只是在小范围被知晓，随着政府派出的工作组进入××集团，分别召开了多个层面的座谈会，这一决议在职工及其家属中传开，愤怒被再次激起，职工对××集团的不满，对此次重组的不满等诸多情绪被快速点燃，很多职工尤其是内退及退休职工号召职工们在厂区集合，一场大规模的群体性事件的序幕就这样拉开了。

二、"××事件"原因分析

（一）改制方案不透明职工权益受到侵害

企业在改制中，重组方案不透明导致了职工权益不断地受到侵害，是此事件的根本原因。所谓职工权益，是指职工在企业中享有的权利和利益，包括职工的劳动权益、民主权益、政治权益、经济权益、人身权益、文化权益等。

首先，职工的民主权益的丧失，表现在职工的知情权和表决权得不到实现。知情权是职工最基本的民主权利，它是参政和表达意见的前提，这就要求企业在改制时，做到信息渠道的畅通、及时和准确；表决权是职工表达意见和心声的体现，表决权的有效落实是职工权益得到保障的关键。所以，企业在进行改制时，特别涉及职工切身利益，一定要提交到职代会或工会组织审批通过后方能出台。××集团在改制中,大多数职工甚至直到木已成舟才知道此消息(股权调整),忽视了职工的民主权益,此次改制方案没有提交到职代会审议通过或以其他的形式听取职工的意见和建议,重组过程没有让职工参与,而是直接将国企"指婚"给其他企业。于是就有了这次"非制度化"的参与形式,导致了这次重组的失败,给社会造成了一定的影响。我国《国有企业资产法》明确规定:"国家出资企业的合并,分立,改制,解散等重大事项应听取职工的意见和建议。"而在××集团事件中,职工的知情权和参与权没有得到保护,企业改制需尊重职工的民主权利,职工作为企业的主人应该享有主人的各项权利,让职工参与到企业的改制中来。

其次,职工的经济权益、劳动权益受到严重侵害。国企改制是把计划经济下,无限责任、终生制劳动关系转化为新的合同制劳动关系。国有企业职工身份将发生根本性变化,不再是人们说的进了国企后半辈子就有了保障,不再有所谓的"金饭碗"。职工不再是企业的主人、国家的主人。因此,国企在改制时,当务之急就是补偿职工身份变换带来的损失,必须向职工支付一定的经济补偿金。在××集团重组后不久,为了减轻企业人员负担就进行了一次大规模的减员,大约7000人从岗位上内退,内退工资大幅降低,在岗职工的工资收入与之前相比不升反降,而管理层实行年薪制与普通职工的劳动工资差距进一步拉大。与此同时,以往职工的福利待遇也随之消失。其并没有按照《劳动法》的相关规定,采用合法的手段与职工解除劳动关系,而是实行"一刀切"的手段解除或终止与原职工的用工关系。也没有按照《违反和解除劳动合同的经济补偿办法》等相关政策,对解除合同的职工支付经济补偿金。

(二)企业工会组织和职代会的缺失

××集团改制后工会组织名存实亡,工会组织已完全失效。由于工会组织缺乏独立性和自主性,被资方控制,缺乏与企业方制衡的有效手段。当劳资双方发生矛盾时,工会组织没能去及时沟通和协调。职工没有自己的利益代言人,成为改制中被边缘化的群体。工会是职工自愿结合的工人阶级的群众组织,是联系职工群众和政府的纽带。换句话说就是职工有什么意见要求,都可以通过工会组织来传递,以此来保证职工与政府之间的沟通,以达到社会的和谐。如果工会起不到应有的作用其他利益方自然会忽视职工的利益,将企业真正的主人——企业职工排除在利益分享的过程之外。我国法律明确规定:"国家出资企业的合并,分立,改制,解散等重大事项应听取职工的意见和建议。"企业重组是关系到企业生死存亡的重大经营决策,也关系到每位职工的切身利益,应当征求工会的意见。

职工代表大会是广大职工参与民主管理的基本载体和有效途径,工会组织和职代会制度应当发挥实质作用,能切实为职工谋利益,代表职工的意愿,并在股东代表大会上谋得一席之地表达职工的心声,为基层职工通过合法民主的途径取得应得的利益。××集团在改制中,为了减员增效、降低成本把职工表达渠道如宣传、团委、工会组织等工作部门及其领导合并调到生产部门,党群组织职能彻底消失,这就意味着作为企业、政府和职工沟通的桥梁没有了,稳定改制震荡和做职工的思想工作的功能基本丧失,职工就会将问题和矛盾指向改制操作者。

(三)由"××事件"看国企改制中职工权益

1. 真正让工会组织发挥作用

我国法律明确规定:"国家出资企业的合并,分立,改制,解散等重大事项应听取职工的意见和建议。"新《公司法》第十八条第一款规定:公司职工依照《中华人民共和国工会法》组织工会,开展工会活动,维护职工的合法权益,公司工会代表职工就职工的劳动报酬、工作时间、福利、保险和劳动安全卫生等事项依法与公司签订集体合同。如果立法能够得到充分实施,工会在保护职工权益方面应该发挥出建设性的作用。

在我国企业中,职工代表大会是职工表达利益诉讼最直接最主要的渠道。国家出台了相关法律法规,对企业通过职代会等其他形式开展厂务公开实施民主管理明确规定。并指出国有企业在改制过程中,牵涉到职工自身利益重大事项,必须向职工公开,通过职代会按照有关规定做出自己的决定权和否定权。尽管法律规定了工会是代表和维护企业职工的合法权益的组织,但在现实中,不少国有企业的工会让人觉得是企业行政的附庸,完全听企业上级指示控制,很难真正代表职工利益和维护职工的合法权益,更糟的是,不少企业的工会实际上是没有组织,无代表的。

"××集团事件"在这方面表现得比较突出,直接导致职工利益表达渠道的不畅通,成为改制中被忽视的群体。因而,当职工自身利益受到严重侵害,而又没有任何其他的诉讼渠道的情况下,铤而走险与"拼命",是万般无奈下的选择。总之,对企业改制来说,应强化工会作用,让工会成为"职工之家",职工可以通过工会组织反映自己的意愿和建议。

2. 寻求缓和劳资矛盾的渠道

在"××集团事件"的处理中如果只是单单对工人集体行动进行处罚,而不去梳理职工与企业的冲突,将会进一步激化劳资矛盾,而且会加剧职工群体和政府间的矛盾和冲突。在改制推进中,政府不能为了单纯地推进改制的进度而将广大职工的利益和诉求放在一边,更不能把自己放在资本的一方,将职工看作改革的对象。

深化国有企业的改革,不能以国有资产的流失和国企职工的利益牺牲为代价。国有企业职工是我们工人阶级的中坚力量,国有企业接受党的教育最多,政治觉悟高,组织纪律性强。政府部门作为劳资双方的中立者和矛盾调解者,在进行国有企业改制时,其立场应该更加靠近职工。尤其是在目前社会转型,强资本弱劳工的现实背景下,政府不应该站在资方角度考虑问题,而更应该着重考虑保护职工的合法权益和利益。

资方,劳方,政府三方应派出代表,通过正式、规范的协商制度,对企业的经验发展和职工的权益保护等问题进行协商。有劳资关系处理的过程是可控的、稳定的,协商的结果也是令劳资双方接受的。只有建立这种体制内的正规渠道,才能保证各方的利益得到保障,才能避免职工停工和人身伤亡的悲剧再次上演。

3. 确保职工社保福利有效落实

××集团事件中,职工存在着明显的国企转轨时期的"归属焦虑",即基层职工面对身份突然消失的焦虑以及权益没有应有的维护和保障而丧失的安全感。职工有着较深的"国企情结",认为在改制后职工在国有企业原有的政治地位和经济地位发生转变,职工感觉在企业的主人翁地位和民主权利相对削弱。

在计划经济体制下,国有企业的目标并不是经济利润最大化,而是兼顾社会公平、公正为目标。比如解决就业,维护社会公平等,职工享有从生到死的全程由企业本身承担福利保障,从提供住房公积金到医疗费用的报销,从职工子女幼儿入托到在岗职工人员培训等。国企改制后,企业仍然要强调职工的民主权利和政治地位,职工的各项福利及社保措施等应当有效落实。

【以案警示5-3】

未经合法程序制定的规章制度不能作为解除劳动合同的依据

【案件基本信息】

1. 裁判书字号

湖北省武汉市中级人民法院(2016)鄂01民终6399号民事判决书

第五章 民主管理实践典型案例

2. 案由：劳动争议纠纷
3. 当事人

原告（被上诉人）：陈某平

被告（上诉人）：武汉某新业公司（以下简称新业公司）

【基本案情】

陈某平于 2004 年 5 月 8 日入职新业公司从事搅拌车驾驶员工作，双方签订了书面的劳动合同，劳动合同期限于 2016 年 3 月 1 日届满。2015 年 8 月 14 日，陈某平在工作中利用职务之便私自放行了同事李某一车 C20 强度的 TM3 混凝土（损失已被追回）。同年 8 月 24 日，陈某平针对此事做了检讨。次日，新业公司以其严重失职为由将其从公司除名（解除劳动合同），并罚款 500 元。2016 年 4 月 18 日，陈某平向武汉市江夏区劳动人事争议仲裁委员会申请仲裁，要求新业公司支付解除劳动关系经济补偿金 100008 元。该仲裁委员会于 2016 年 5 月 18 日裁决驳回了原告陈某平的仲裁请求。陈某平不服，诉至本院，要求新业公司支付违法解除劳动合同赔偿金 100008 元，新业公司承担本案的诉讼费用。

【案件焦点】

用人单位以劳动者违反公司规章制度为由解除劳动合同的行为是否合法。

【法院裁判要旨】

湖北省武汉市某区人民法院经审理认为：本案争议焦点在于新业公司解除劳动合同的行为是否违法。陈某平利用职务之便，私自放行同事李某一车 C20 强度的 TM3 混凝土，此行为确属违纪，但其事后主动书写检讨并保证今后在工作中做好本职工作，此种违纪行为并非经常性行为，且经济损失已被追回。陈某平能够认识错误，在公司连续工作十年以上，本人也年近五十岁，能有一份稳定的工作实属不易，新业公司作为用人单位对待一名老员工的一时之错，若能人性化管理，给以理性对待，给犯错者一个改过自新的机会，则能让犯错的人在自责之余感激与反省，故本院认为新业公司本可采取不涉及劳动合同解除的其他方式对陈某平进行处罚，直接解除劳动合同欠妥。此外，本案中的陈某平对新业公司辞退的依据《规章制度汇编》不予认可，公司也未提供任何证据证实《规章制度汇编》经过了民主程序的制定，并已将内容进行了公示或告知劳动者。综上，新业公司解除双方之间劳动合同的行为系违法解除。

湖北省武汉市某区人民法院依照《中华人民共和国劳动合同法》第八十七条、第四十七条第一款，《最高人民法院关于适用〈中华人民共和国民事诉讼法〉的解释》第九十条的规定，做出如下判决：

一、新业公司于本判决生效之日起十日内向陈某平支付违法解除劳动合同的赔偿金 95841 元；

二、驳回陈某平的其他诉讼请求。

新业公司不服一审判决，提起上诉。湖北省武汉市中级人民法院经审理认为：企业、单位在制定规章制度后，该规章制度在本单位范围内对全体职工都具有法律约束力，但并不等于若职工违反规章制度，均要产生解除与用人单位劳动合同的法律后果，而对能导致解除与职工劳动关系这一最严重惩罚后果的事实，用人单位应当承担举证责任。否则，应由举证不能的一方承担不利后果。而且，为保证规章制度的内容合理合法，用人单位制定规章制度时应当遵循一定的程序，若用人单位制定的规章制度没有遵循法定的程序，则对劳动者没有约束力。本案中，首先，新业公司是以陈某平严重违反公司规章制度为由解除劳动合同，在二审审理中，新业公司明确表示，陈某平违反的条款为《规章制度汇编》中"惩罚制度"的第4项第7条，该条所指向的行为为：营私舞弊、谋取私利、私吃回扣、索贿、受贿。对于陈某平是否存有上述行为，新业公司应承担举证责任，但新业公司在本案审理过程中，并未提供证据证明陈某平是为谋取私利而与新业公司的另一员工合谋，侵吞新业公司的财物以及存在私吃回扣，索贿、受贿的行为，对此新业公司应承担举证不能的不利后果。同时，新业公司另一员工在事后已将所涉混凝土的款项交于新业公司，新业公司未产生实际损失。其次，新业公司未提供《规章制度汇编》在制定过程中经过了民主程序并已将内容进行了公示或告知了陈某平的证据，对此，新业公司亦承担举证不能的不利后果。故，新业公司解除与陈某平之间的劳动合同的行为系违法解除。

武汉市中级人民法院依照《中华人民共和国民事诉讼法》第一百七十条第一款第一项的规定，做出如下判决：

驳回上诉，维持原判。

【法官后语】

用人单位享有一定的用工管理自主权，可根据单位实际情况制定相应的规章制度，保证劳动者履行劳动义务，从而使单位得到良性运转。同时，用人单位也应履行依法建立和完善规章制度的义务，保障劳动者享有劳动权利。那么，用人单位的规章制度如何才能合法有效，如何才能成为人民法院审理劳动争议案件的依据？程序合法是不可或缺的要件，程序是正义的保障，劳

第五章　民主管理实践典型案例

动规章制度程序合法包含两个方面，即制定程序合法、公示程序合法。

一、制定程序合法

制定程序合法指公司规章制度在制定过程中应经民主程序。通过民主程序可以保障劳动者的参与权，有利于规章制度的顺利执行；同时，也可以限制用人单位随意制定规章制度，损害劳动者利益。

用人单位对涉及劳动者切身利益的规章制度应当经职工代表大会或者全体职工讨论，提出方案和意见，与工会或者职工代表平等协商确定。职工人数在一百人以上的企业应当召开职工代表大会讨论、代表人数一般占职工总数的5%~20%；职工人数不足一百人的企业一般应当召开全体职工大会讨论。用人单位应保留相应的书面证据（如会议签到表、参加者签字的会议记录、讨论稿征求意见表等），以证明规章制度的制定经过了民主程序，法院通过对上述证据的审查来确定规章制度的制定程序是否合法。未经民主程序制定的规章制度无效。

二、公示程序合法

公示程序合法指公司规章制度制定后，应通过一定的方式让劳动者知悉。通过公示可以保障劳动者的知情权，有利于规范劳动者的行为，使其明确知晓哪些行为是提倡的、哪些行为是禁止的，以及行为的后果；同时，经过公示的规章制度即对劳动者产生约束力，劳动者应按照规章制度行事，如有违反，用人单位可据此进行相应处罚。

用人单位应当将直接涉及劳动者切身利益的规章制度公示。公示方式有多种，如通过单位内部电子邮件系统公示、通过公告栏公示、通过员工手册公示、通过培训公示、通过劳动合同附件公示等。上述公示方法各有利弊，综合来看，用人单位可在劳动合同附件中载明规章制度，向劳动者送达，并让劳动者签字确认，再组织劳动者进行规章制度的学习培训，做好培训记录签字，这样有利于保留证据，法院可通过这些证据来审查规章制度是否予以公示。未经公示的规章制度对相应的劳动者不产生约束力。

综上所述，根据《最高人民法院关于审理劳动争议案件适用法律若干问题的解释》第十九条"用人单位根据《劳动法》第四条之规定，通过民主程序制定的规章制度，不违反国家法律、行政法规及政策规定，并已向劳动者公示的，可以作为人民法院审理劳动争议案件的依据"的规定，用人单位的规章制度只有经民主程序制定并向劳动者公示才能作为人民法院审理劳动争议案件的依据，否则，用人单位以劳动者严重违反规章制度为由解除劳动合同就属于违法解除，应支付经济赔偿金。

编写人：湖北省武汉市某区人民法院王倩

第二节 厂务公开实践典型案例

一、典型经验

【典型经验5-4】

拆除"隔心墙" 架起"连心桥"

××公司现有职工约2500人，占地面积50.2万平方米。近年来，企业在蓬勃发展、蒸蒸日上的同时，广大职工的"主人翁"责任感和积极性、创造性得到了进一步加强，凝聚了人心，形成了合力，有效地推动了企业快速、稳定、持续发展。这些成绩的取得，与企业长期坚持、扎实开展厂务公开、民主管理工作有着紧密的联系。

一、规范管理制度，完善管理体制，为实行厂务公开民主管理工作建立长效机制

在国有企业推行厂务公开，是加强基层民主建设，推进依法治国治企工作的基本要求，也是企业改革、发展和稳定的内在需要。近年来，我们认真贯彻"三个代表"重要思想，以科学发展观为统领，通过建立健全以职代会为基本形式的民主参与、民主管理和民主监督机制，充分调动了广大员工的工作积极性和创造性，有效地推动了企业各项工作的健康快速发展。

1. 坚持科学管理，完善岗位责任制，是实行厂务公开民主管理工作的根本保证。我们在积极学习先进的管理方法的同时，总结以往制度存在的缺陷，先后修改制定了班组级管理制度、车间管理制度、员工工作纪律制度、员工考勤和请假制度、员工权利和义务、员工的工资福利、员工的培训及奖惩制度等，从而形成公司上下各司其职、规范管理、广大员工积极参与的工作机制。不仅使公司的管理更加科学公开，而且保证程序合法、规范企业行为，又保护了员工合法权益和职工队伍的稳定。为企业开展厂务公开民主管理工作奠定了良好的基础。

2. 建立健全内部管理机制，是依法实行厂务公开民主管理的组织保证。厂务"公开"始终要在党委领导下进行，实行党委书记总负责，党政齐抓共

管,工会和纪委部门共同组织实施。为此,公司成立了由党委书记任组长,总经理、纪检委书记、副厂长、工会主席任副组长,纪委副书记、党办主任、公司厂办公室主任、工会副主席、财物证券部部长为成员的企业厂务公开领导小组,下设办公室,由工会主席兼任办公室主任,在监督机制上实行党委总监督,把厂务公开列入党委民主生活会的专项内容,谁负责、谁检查,做到自查自纠、互相监督、集体推动。同时,我们规定了厂务公开民主管理"制订计划、责任审查、落实方案、复议整改、反馈公布"的工作流程,并设立了监督评议小组作为厂务公开民主管理的监督机构,对组织是否健全、公开制度是否完善、公开程序是否合法、公开内容是否全面规范、公开渠道是否畅通、公开效果是否明显等进行全方位的评议监督,从组织上和措施上保证了厂务公开民主管理工作的规范性和实效性。

3. 完善以职工代表大会制度为代表的民主管理制度,是实行厂务公开,落实广大职工对企业经营活动享有的知情权、参与权、监督权等民主权利的有效保证。健全完善集体合同和职代会制度,并且严格按照职代会的要求与程序,遇有重大情况,随时召开职工代表组长联席会议。职代会和职工代表组长联席会议定期听取和了解企业的重大决策、生产经营管理情况,包括企业的发展规划、年度计划、重大改革、重大技术改造方案、经营方向以及实行厂务公开和履行集体合同情况;协商并审议通过涉及职工劳动时间、工资分配、休息休假、保险福利、职工技能培训、劳动安全卫生等事项的规章制度、集体合同草案;检查监督企业及其管理人员执行国家有关法律和政策,落实履行职代会决议、集体合同的情况。从而体现了公开、公正、公平的原则,激发了广大职工参与民主管理、民主监督的积极性,为推动厂务公开民主管理和企业经济健康发展,构建和谐企业提供了坚实的平台。

二、务求实效,确保厂务公开民主管理工作有序进行

1. 广开渠道,最大限度发挥职工的主人翁作用。为了切实加强企业民主管理工作,畅开沟通渠道,增强职工参与企业管理的积极性,我们对实施多年的"职工意见建议月报制度"进行了健全完善,对职工意见建议的处理责任人和处理时限、反馈方式做了更加具体的规定,同时对旨在鼓励职工就企业的热点、重点、难点问题积极建言献策,解决企业生产经营和文化生活方面存在问题的"领导接待日制度"进行了修订完善,运行后反应良好。一些职工对企业扩建技改项目的进展情况及子校移交有疑问,在领导接待日得到了满意的答复;一名负责清欠的职工对现行的清欠制度有意见,接待日反映

后引起了管理层的重视，目前，对清欠制度的修订已进入征求意见和论证阶段。为了提高职工代表的参与能力，我们采用发放学习资料、集中学习等方式加大对职工代表的培训力度，多次组织职工代表学习《工会法》《职工代表大会条例》及工会业务知识，使他们熟悉相关的政策、知识，明确其权利、义务，增强了代表们的责任感和使命感。

2. 坚持以人为本，关爱员工，增强员工的团队精神和企业凝聚力。（层次，基层分会公开）为丰富员工的业余文化生活，近年来，我们加大了对公共活动设施的建设力度。在职工家属聚居处建有休闲广场3个，有标准篮球场及羽毛球场各两个，乒乓球室、棋牌室、电视室、健身房、员工专用培训室等设施齐全。每年组织男女子的篮球赛、乒乓球赛、拔河赛及卡拉OK大赛、知识竞赛、文娱晚会等文体活动，充实员工的业余爱好，为员工提供了一个轻松、健康的生活环境，增强了员工的归属感。在搞好业余文化生活的同时，企业更加重视员工的安全及健康，工会组织每年都外聘专家配合医院对全体员工进行免费健康检查、医疗知识教育、宣传，为员工提供保健知识，解答员工的各项身体上的问题。

3. 建立员工帮扶体系，为有困难的员工排忧解难。当员工遇到大风雨时，企业总是一把为员工遮风挡雨的大雨伞。工会与行政多次组织员工进行爱心捐助活动，及时为困难员工提供援助，救急解困。工会组织建立了帮扶体系，每年春节都为困难职工送去慰问金和慰问品，充分发挥团结互助、互相关爱的精神。作为企业的员工，总是由心内感到了这个大家庭的温暖。

三、实行厂务公开民主管理，为企业带来了新景象

企业的确不是领导个人的行为，而是与国家、社会、职工密切相关的整个社会行为的一部分，我们通过开展厂务公开民主管理工作，追求一种工人自己管理自己的模式，使员工树立了"厂兴我荣，厂衰我耻"的主人翁思想，所有的领导都接受广大员工的监督，所有员工可自由、多渠道地发表对领导及生产经营和管理的意见和建议，使管理者的自律意识加强，管理水平提高，促进了企业的民主决策、民主管理。

实行厂务公开民主管理工作，是发扬职工主人翁精神，充分调动职工积极性、创造性的重要载体。我们通过开展厂务公开民主管理工作，让员工了解企业发展的现状，清楚企业的优势和存在的困难，明白企业的生存与发展都与自己的利益息息相关，使员工知厂情、明厂事、议厂政，也能解厂难。大大提高员工参与企业管理，关心企业发展的主动性和积极性。

第五章 民主管理实践典型案例

实行厂务公开民主管理工作,让员工更深刻了解《劳动法》《工会法》《安全生产法》《工伤保险条例》、福利待遇、社保等切身问题,大大提高了员工自觉执行企业规章制度的积极性,职工的各种民主政治权利和经济利益得到进一步提高,劳动安全卫生保护、生活福利、生产条件得到进一步改善,员工的切身利益得到进一步保障。增强了员工"以厂为家"的归属感和使命感。

实践证明,实行厂务公开民主管理工作,凝聚了人心,增强了员工的"主人翁"责任感和公平感以及民主参与意识,促进了企业劳动关系的和谐稳定,实现了员工和企业的双赢,推动了企业和社会的科学发展。

【典型经验5-5】

××公司实施厂务公开工作的实践经验

实践案例一:选举公开,引入"公推直选"。职工代表的素质直接关系到职工代表大会的质量和职工民主管理的水平,××公司在实践过程中,采用"公推直选"方式,从源头把好职工代表质量关。公开代表候选人提名,将提名权交给职工,公司在职工代表换届选举时,工会以班组、工会小组、分工会为单位分别公布员工信息的名单,让每位员工独立自主地从中挑选符合任职条件和个人意愿的人选。公开代表选举过程,各分工会、工会小组召开专题选举动员会,使全体员工自觉参与民主选举。公开选举结果,各基层分工会对选举出来的职工代表进行公示,接受全体员工监督。

实践案例二:监督公开,引入"群务管理督察"。群务管理督察组××公司是代表员工利益的一个特殊群体,通过对涉及企业关键业务,敏感事件、民生事务等实施群务督察,促使相关职能部门规范、高效地开展具体业务工作。首先,××公司采取行政牵头,在企业范围内采取自愿报名和组织点将的形式,选拔了48名有能力、热心群众事务,并且具有代表性的员工成立群务管理督察组,代表全体员工参与企业管理和决策。其次,××公司每年对群务管理督察工作进行立项,2013年公司确立了"走基层、转作风、强服务"工作计划及实效督察;生产作业现场安全行为监督和"三票三制"现场执行情况督察;员工福利费使用情况监督;建立员工健康电子档案等十个项目的监督。

实践案例三:回复公开,引入"建议五化、提案五亮"。

"建议五化":①合理化建议信息化。员工可从××公司内网网页进入"合理化建议"板块,点击"提建议"链接,打开《合理化建议申请表》填写合理化建议内容。②合理化建议办理流程表单化。公司合理化建议工作组、各承办部门，可凭借权限登录公司网页表格，网上在表单对应栏进行回复。③合理化建议落实和反馈及时化。公司工会要求承办部门必须五个工作日完成建议的回复工作。④合理化建议满意度测评公开化。提案工作专门委员会将每月月初在公司内网公布建议回复和闭环的满意度情况。⑤合理化建议评比规范化。公司合理建议评审会每季召开了专题优秀建议评审会，评出优秀的建议，及时给予表彰和奖励。

"提案五亮"：①"亮"征集的职工代表提案。提案工作委员会下发提案征集通知后，由1名代表提议，1名或1名以上代表或职工附议，共同签字后即作为有效提案。②"亮"提案沟通会信息。分管领导、承办提案回复的部门负责人和专业人员、提案解答责任人、提案提出人及提案工作组和群务管理督察组共同参与对提案人的当面解释、沟通、满意度测评。③"亮"提案反馈满意度。沟通会后针对每位职工代表提出的提案，由群务管理督察组进行专项满意度测评，并形成测评报告，上传企业内网接受员工监督、评议。④"亮"提案工作进程。提案专项工作委员会，定期、定时跟踪责任部门、责任人完成情况，并及时内网反馈于员工。⑤"亮"提案处理结果。××公司提案专项工作委员会结合年度提案落实情况及提案落实的满意测评结果，每年在职代会上向全体职工代表进行《提案落实报告》。

实践案例四：决策公开，引入"员工话语权"。厂务公开要想真正做到让员工满意，就得为职工提供平台，就得让员工充分行使民主权利，就得让职工享有发言权，让职工想说话，敢说话，能说话。为此，××公司厂务公开正式引入"三拓"公开方式，扩大职工在企业决策中的参与权与话语权。①拓宽职代会议内容。根据职代会设置好的议题议程，结合企业发展、安全生产实际情况，将公司年度工作报告、目标责任书、集体合同、员工奖励、安全生产奖励、党工团经费使用情况都纳入职代会内容，让职代会真正成为员工的大会，民主的大会。②拓宽职工沟通方式。③拓宽重大会议参与率。国华宁电公司每年在召开科技大会、安全大会、班组建设会议、教育培训大会、技改项目等各类重大会议时，需要提前撰写报告的，则会召开专题座谈会，邀请职工代表参加；不需要提前撰写报告的，则会设立职工代表专座，安排旁听，及时了解企业大事。

创新公开内容和形式，将公司重点、热点、焦点内容作为推进厂务公开工作的根本点。××公司党委将生产经营的"重点"、员工关心的"热点"和

第五章　民主管理实践典型案例

企业改革的"焦点"作为推进厂务公开的"切入点"。对涉及职工群众切身利益的问题、职工群众普遍关注的党风廉政建设问题、企业改革发展的问题等，作为厂务公开的重点内容，进行全过程公开，让广大职工能真正参与企业民主管理。××公司全面拓宽信息反馈渠道，收集、倾听职工群众的心声。设立了总经理接待日、厂长接待日；合理化建议、提案总经理、厂长亲自把关；企业领导与基层班组接对子，参加班组活动及班组会议；党政联席会邀请职工代表、群务管理督察员、基层班组长等不同群体人员参加会议。

创新监督体系，将群务管理督察作为推进厂务公开工作的关键点。××公司职工群众作为群务管理督察监督的主体，必须履行其监督职责相适应的监督权力。通过引入群务管理督察，抓实企业三项权力监督：对企业重大问题决策权的监督；对用人权的监督；对用钱权的监督。企业利用多种措施充分调动监督主体的监督积极性，整合各方力量，强化整体监督效能，形成监督合力，逐步形成一套有效监督权力的监督机制。同时，通过群务管理督察的监督作用，有效推动了企业不断完善各项评价体系的建立，形成制约和激励机制，有效地推动厂务公开工作健康、平衡地向前发展。

创新公开过程，将内容闭环作为厂务公开的落脚点。厂务公开的核心目的是闭环，没有闭环，厂务公开就失去了实质意义，××公司充分做到了这一点。××公司在厂务公开闭环上坚持组织、目标、计划、措施、效果"五个落实"；认识、措施、检查"三个到位"；机构、人员、经费"三个保证"。全方面对职工提出的正确建议，及时采纳，并尽快整改、落实，确保厂务公开工作的质量和效果。

【典型经验5-6】

××公司厂务公开经验

××公司自公司成立以来高度重视厂务公开民主管理工作，深刻认识到厂务公开民主管理在发展社会主义民主政治、发展基层民主当中的重要作用，准确把握各个时期厂务公开民主管理工作的目标和任务，通过不断创新工作思路，完善制度强化机制，制定实施细则明确责任，加强指导检查查缺补漏，拓宽工作的范畴，加大宣传力度，加强培训、指导和服务，扩大覆盖面，采取有效措施等把公司厂务公开民主管理工作不断引向深入，维护了职工民主权益，激发了创造活力，为实现企业和谐发展提供了有力保障，提高了企业管理质量，促进了企业发展，公司的活力得到显现。

一、坚持民主管理标准化、程序化、规范化和系统化积极推行厂务公开民主管理体系，将质量管理的原则运用到厂务公开民主管理中，坚持民主管理标准化、程序化、规范化和系统化，坚持厂务公开民主管理与生产经营管理同步进行，厂务公开民主管理与工作业绩考核同步考评，制定完善厂务公开民主管理工作规范和操作规程，使厂务公开成为有章可循的日常管理活动，实现厂务公开民主管理与各项工作的融合。

一是健全组织，加强领导。为确保厂务公开民主管理工作取得实效，公司及时成立了厂务公开工作领导小组，加强厂务公开的组织领导。厂务公开民主管理工作在公司党委统一领导下，公司党委书记、经理负总责，分管领导具体负责，业务职能部门具体承办，工会协调，公司职工全员参与，各部室密切配合，各司其职，形成了整体推进的领导和工作机制，厂务公开民主管理开创了良好局面。

二是完善制度，强化机制。为深入开展厂务公开民主管理工作公司制定了厂务公开民主管理工作实施办法，实施促进厂务公开民主管理工作全面推进。在实行厂务公开的过程中，注重上下联动和全面推进，结合公司机构设置和运输生产实际，构建了三层厂务公开机制，即公司—队—班组体制，坚持厂务公开民主管理工作与队伍组建、与公司管理、与业绩考核"三个同步"。

三是制定实施细则，明确责任。为防止出现推诿、不负责任的情况出现，公司厂务公开民主管理工作领导小组与各职能部门和各单位共同研究制定了厂务公开民主管理工作实施细则，明确相关部门和相关人员责任，做到责任落实到人。

四是加强指导检查，查缺补漏。首先是各单位、各部门开展自检自查，查找不足，发现问题立即改正。其次是公司厂务公开民主管理工作领导小组坚持每月检查厂务公开民主管理工作，同时公司厂务公开民主管理工作领导小组开展不定期的抽查，形成了自检自查、参与检查、不定期抽查三结合的检查指导方式，促进公司厂务公开民主管理工作的全面进行。

五是与业绩考核挂钩，评先表彰，鼓励先进鞭策落后。结合厂务公开民主管理月度检查结果，公司每年对厂务公开民主管理工作先进单位和个人给予通报表扬和奖励，对厂务公开民主管理工作落后、不作为、落后者进行通报批评和处罚，并要求限期整改，同时将民主管理厂务公开工作与业绩考核挂钩，评先表彰，鼓励先进鞭策落后。

六是规范职代会召开，促进管理民主化。公司按照基层职工代表大会召开规定，如期开展职工代表大会，通过经理工作报告、社会保险缴纳情况报

第五章　民主管理实践典型案例

告、业务招待费使用情况报告、民主测评领导等，做到厂务公开民主管理职工清楚满意。

七是坚持厂务公开栏定期公开公司信息制度。每月5号之前在厂务公开栏里公开安全生产奖惩情况、月运输量、运输收入、工资薪酬支付、劳务分包、物资采购、领导收入、燃油消耗、其他物资消耗、办公用品采购和发放、食堂盈亏、人员现状，坚持做到厂务公开公开栏规范化，确保公开信息及时真实。

二、注重厂务公开民主管理的时效性

准确把握各个时期厂务公开民主管理工作的目标和任务，注重厂务公开民主管理的时效性，适时开展民主管理厂务公开工作，不断创新工作思路，采取有效措施。

一是坚持"热点"问题公开，坚持把各个时期职工最为关心的问题，作为本阶段厂务公开的重点，及时向职工公开，保证基层群众依法行使选举权、知情权、参与权、监督权等民主权利。涉及企业改革发展的重要事项、与职工利益有关联的事项都予以公开，让职工充分知情，积极参与，严格监督，交给职工讨论，使职工更好地参政议政，做出科学决策，最大限度地让职工满意，发扬职工当家做主的主人翁精神，调动职工的积极性，推动企业的发展，维护和落实职工民主权利。

二是坚持"难点"问题公开，突出生产经营情况的公开。公司的生产经营决策、大额度资金流向使用情况等关系到公司的盈亏，直接涉及职工的切身利益，从而备受广大职工群众的关注，公司高度重视突出生产经营情况的公开。通过厂务公开，不仅发挥了职工群众的集体智慧为生产经营献计献策，更加激发了职工群众的主人翁意识。

三是坚持"疑点"公开，加强党风廉政建设方面重点问题的公开，不断加强党风廉正建设，改善干群关系，促进企业改革和管理。领导收入、干部聘任、业务招待费使用、物资采购及废旧物资处理等方面的情况是党风廉政建设的重点问题，不仅是职工特别想了解的敏感问题，也是最容易造成干部与职工群众思想沟壑、影响职工工作积极性的问题。因此，公司通过定期召开职代会、员工座谈会等向职工公开，给所有职工提供一个透明的了解、监督平台，消除了职工心里的疑团，实现双向沟通、凝聚人心的目的，促进运输生产组织有序、安全优质服务。

三、突出厂务公开民主管理工作的实效性

一是坚持厂务公开的经常性。凡是职工群众关心和反映的,涉及公司改革、发展的重大事项或与职工群众利益关系密切的事项,坚持利用司务公开栏、简报、黑板报、职工民管会、职工代表座谈会、民主生活会等多种公开渠道和公开形式,及时向职工群众公开,保证了厂务公开工作的经常性。

二是坚持厂务公开的全面性。公司公开的内容主要包括:公司年度运输目标及落实情况、公司管理制度的建立和完善、集体合同履行情况、工资、奖金分配办法及落实情况、劳动用工情况、劳动保护用品发放情况、职工"三金"缴纳情况、专业职务评聘、公司评先评优的条件和程序、生产任务完成情况、安全质量情况、物资设备采购情况、职工年收入情况、业务招待费使用情况、领导干部廉洁自律情况等。

三是务求厂务公开的真实性。在开展厂务公开工作的过程中,始终坚持实事求是、认真负责、广开言路的原则,诚心诚意接受职工群众的监督。公司党委和工会经常组织相关部室对各单位厂务公开开展情况进行检查和监督,做到事前监督,保证厂务公开程序和方法的科学性;事中监督,保证厂务公开内容的真实性;事后监督,保证职工群众反映的问题能及时得到解决。对不公开或假公开单位及其主要领导进行严肃批评,限期改正。在公司上下共同努力下,厂务公开民主管理工作得到了健康有序的开展。

四、不断创新厂务公开民主管理的形式和内容

厂务公开是加强和改善企业整个管理的一项重要内容,不能与企业的改革和发展相脱离。厂务公开工作涉及企业的各个方面,又需要各个方面的工作来相互推动,公司注重厂务公开工作在企业发展、制度改革中的创新。

一是在公开内容上创新。在经营管理中日常可控的耗费不容忽视,日常生活的点点滴滴量的积累造成经营成本浪费。公司坚持每月的办公用品的采购发放,用电、用水情况也做出公示,让每名职工都站在企业主人的角度开始重视起能源无故浪费的问题,在深思的同时付诸实际行动,在全公司营造一个"减低消耗节能源,企业主人我来当"的良好氛围。

二是拓宽厂务公开的领域。根据企业内部不同的层次来公开相关的内容,坚持厂务公开向企业管理和生产经营领域延伸,坚持生产管理与厂务公开同步进行。定时向职工公开生产经营现状、物资采购、废旧物资处理、合同评审、成本分析与管理、干部聘用、业绩考核、奖金分配等细节问题,以及与职工切身利益相关"三不让"承诺、困难职工帮扶、《集体合同》履行情况等,接受监督,让职工群众对企业生产的各个环节都了如指掌,使生产经营

第五章 民主管理实践典型案例

管理真正置于广大职工监督之下，从而获得职工群众最广泛的参与和支持。

二、以案警示

【以案警示5-4】

某学校领导班子违规案

2019年，湘潭××学校存在套取国家助学金和免学费补助金、违规套取农村科技实用人才培训专项经费，违规公款送礼、公款宴请，违规将学校公款借给个人使用、违规给被采取强制措施人员发放全额工资等问题。

经研究，该校领导班子及相关人员被处理。相关涉案人员被移送司法机关。

湘潭××学校这起窝案，暴露出相关制衡机制的失灵。一个好校长，一个好的学校领导班子，才能成就一所好学校。湘潭××学校这样的案例也给我们以警示，一个好校长，一个好的学校领导班子，并不是天上掉下来的。任何权力都必须接受监督，一旦失去监督，必然肆意妄为。

而监督好校领导班子，健全内部行政监督、上级监督，很有必要。与此同时，推动学校民主管理，防止权力过于集中、决策一人说了算，更是不可或缺。

事实上，在教育部门倡导下，有些地方学校已在探索校务委员会制度，建立以教师为主的校务委员会，参与学校决策和管理，财务公开，重大事项公开，日常事项定期公开，与现代学校管理接轨。

【以案警示5-5】

某公司解雇员工被判赔偿76万

【案例】（2021）沪民申260号

2002年10月，柳珍珍（化名）通过派遣进入某德国磨料公司北京办事处工作。

德国磨料公司在国内成立分公司后，柳珍珍与公司签订劳动合同，职位为销售助理。

2009年3月签订第二份劳动合同担任销售代表，之后担任北方区域负责人，属于公司高级管理人员。

公司《员工手册》规定，对于员工违纪处分为：B书面警告、C最后书面警告、D解除劳动合同，半年内累计收到两次B视为一次C，半年内累计收到两次 C 视为 D。

2019 年 1 月 14 日，公司向柳珍珍出具《警告和解聘函》，以柳珍珍收到 3 份严重警告处分为由，决定当日起解除与柳珍珍的劳动合同。

【解除依据】

1. 柳珍珍违反报价流程、转换流程，构成 C 最后书面警告；
2. 不按操作程序或不服从上级合理安排任意开工或停工，构成 B 书面警告；
3. 不执行直接总管的命令，构成 B 书面警告；
4. 工作中不遵守相关操作规程/规范，构成 B 书面警告。

公司《员工手册》纸质版是放在公告栏内的，员工可自行阅读。

柳珍珍不认可公司的处罚，不认可公司《员工手册》内容，称从没有见过公司的《员工手册》。柳珍珍申请劳动仲裁，要求公司支付违法解除劳动合同赔偿金，仲裁委审理后裁决公司向柳珍珍支付赔偿金 609624 元，公司不服，起诉至法院。

【法院审理】

法院认为，《劳动合同法》明确规定：在制定、修改劳动者切身利益的规章制度或者重大事项时，应当经职工代表大会或全体职工讨论，提出方案和意见，与工会或者职工代表平等协商确定，并向劳动者公示。

磨料公司未能举证证明《员工手册》经过民主程序制定，其虽提供纸质版《员工手册》放置于公告栏内的照片，表示员工可自行翻阅，但无法出示该照片的原始载体，无法显示拍摄时间等，柳珍珍对此亦不予认可，故难以采信磨料公司关于《员工手册》已经过公示或送达柳珍珍的主张。

故磨料公司以柳珍珍违反公司《员工手册》的规章制度为由对柳珍珍解除劳动合同的行为不符合法律规定。

【最终判决】

本案经过一审、二审、再审法院审理，最终判决公司支付柳珍珍违法解除劳动合同赔偿金 760377.75 元。

【案例评析】

根据《劳动合同法》第三十九条第二项规定，员工严重违反用人单位规章制度的，用人单位可以单方解除劳动合同。

此情形下单位解除劳动合同，无须向员工支付任何经济补偿。

如果单位解除劳动合同依据不足，被判定为违法解除，员工可以要求恢复劳动关系，继续回到单位上班，也可以要求公司按每工作一年支付两个月

第五章 民主管理实践典型案例

工资的标准支付赔偿金。

以严重违反规章制度解除合同,实践中极易产生劳动争议,并且企业败诉的概率非常高。劳动法律对于用人单位的单方解除权有非常大的限制,不仅要求单位要有合理合法的规章制度,而且规章制度的制定程序、告知程序、解除程序、证据留存等条件如不能同时满足都可能被判定违法。

【以案警示5-6】

未通过职代会仅仅车间门口公开"涨薪方案"

一次全面加薪,却导致一家上市公司上千万元的损失以及"一把手"被迫辞职。这便是西南××股份有限公司遇到的尴尬。

2008年1月10日,西南××公司刚刚平息了一场调薪风波。西南××公司为这场风波付出的代价是:全部制药车间停产3天,日生产损失300万元,累计产值损失接近1000万元;而身兼党委书记、纪委书记、工会主席与监事会召集人的胡×"引咎辞职"。

知情人士称,西南××公司利润丰厚,且增速迅猛,但职工们并没有分享到企业效益高速增长所带来的好处,在物价普遍上涨的今天,矛盾被迅速激化。

风波骤起

时间回溯到2008年1月7日上午。

当日重庆阴雨连绵,在西南××公司的大门口,围着厚厚的人群,他们都是药厂的车间员工。

"最开始是前门被封住了,紧接着后门也被封死了,所有的药厂职工,只准进不准出,全体中层干部被紧急召集起来开会。"公司一位员工事后回忆,全厂1000多个人,那天谁都没有上班。

这天是星期一,引发事件的导火索是2007年12月末西南××公司在全厂车间门口张贴出来的一份文件。文件称,由于2007年物价上涨,公司将对所有员工的工资做出调整,上调幅度为现有每月基本工资的基础上,增加50元;同时对于职工的"三金"(住房公积金,社保等项目),公司将只为员工缴纳其中的1%,剩余部分从员工的工资中扣除。

西南××公司的下属企业也进行了工资调整,工资上调幅度并不一致,最多的每月工资上调了300元,最少的也涨了200元。

"太不像话了,我们基本工资本来就很低,加上调整我们的'三金'缴纳比例,调整的结果是'明升暗降',虽然我们工资上调50元,但是我们在

'三金'自缴中,要多出很大的一部分,企业则趁机可以少缴纳一部分职工'三金'款。"一位员工对记者表示,由于涉及退休职工的利益,因此一些退休十几年的老工人,也参与了进来。

当地政府住房公积金管理中心的数据显示,自从2006年起,西南××公司的职工公积金就没有按时缴纳。

1月7日下午,西南××公司所有车间的生产线都停止了运转。

未通过职代会的决议

"我当时就对胡×说,这恐怕无法在职工代表大会上获得通过。"西南××的一位高管接受记者采访时说:"这样匆忙地将决议公布出去,恐怕不会起到很好的效果。"

果不其然,在没有通过职工代表大会的情况下,答复工人的文件就被张贴在西南××公司大门口。工人们在仔细阅读之后,并没有返回工作岗位,相反,他们提出要见集团董事。

"新的劳动法也已经颁布生效,我们需要更多的利益保障。2007年我因为买房子要提取住房公积金,到了公积金中心却被告知当年我们并没有缴纳住房公积金,实际情况是我们每个月的工资都被扣除了公积金的。"一位工龄长达12年的药厂员工告诉记者。

由于西南××公司家属区邻近,退休员工也纷纷赶来,一位工龄长达30年,退休已经20年的老员工事后告诉记者,她的儿子也在厂里面上班,整整两代人,其间经历多次变革,工厂也未发生过停产事件。

更多的员工在1月8日的下午聚集到西南××公司门口。

职工胜出

在员工们以这样的方式集体表达了对工资制度改革的强烈不满之后,1月7日晚,公司紧急召集全体中层干部商议如何处理这场风波。

西南××公司的制药车间分两班制,白天一班和下午5点一班,根据西南××的年产值来算,一旦停工,每天造成的产值损失就是300万元。

员工们提交了一份书面意见,主要是三点意见:一是工资上涨幅度与其他企业看齐;二是"三金"缴纳仍然按照以前的规定进行,不得多扣工人工资,企业为工人缴纳部分也不能少交;三是要求公司一把手"下课"。

1月8日早晨,西南××公司紧急做出决议,给在职职工每月工资增加150元,离退休职工每月增加100元,其他保持不变。

1月9日,员工们依然没有上班。

集团高层在经过短暂的磋商之后,答应了员工提出的所有要求。

在西南××公司全体员工签名提交的一份意见书中,记者看到员工们提出的问题:一个企业的社会责任包不包括要努力不断地提高员工的社会福利及收入;西南××公司以前的"三金"交纳方式,是不是按照国家法律法规政策交的,是不是"合法"的;现行调整是否通过职工大会讨论通过;为什么同在一个集团领导的企业,员工调资却有极大差别;为什么职工的住房公积金已缴纳,而账户内却差1年费额之多……

1月10日,在得到集团的书面承诺之后,员工开始返工,所有的制药车间,又如往常一样,开足了马力。

风波之后,西南××公司将为每一位退休职工的月工资增加100元,在职职工每月增加150元,同时补足之前应缴纳而未缴纳的职工住房公积金、社保等项目,这些款项总计将超过千万元。"该得的一分都不能少,该付出的我们会加倍努力。"一位女工告诉记者。

(摘自:2008年1月28日《经济观察报》,有改动 编辑:周南)

第三节 职工董监事实践典型案例

一、典型经验

【典型经验5-7】

××集团公司职工董监事履职经验

2016年公司董事会、监事会严格按照《公司法》《证券法》《上海证券交易所股票上市规则》《公司章程》等有关法律法规、规范性文件以及公司制度的规定,切实履行股东大会赋予的监事会职责,勤勉尽责地开展各项工作,推动公司持续稳定健康发展。

本公司注重职工监事在企业中所发挥的作用,本公司自成立以来保持着监事会中两名职工监事的数量,每届职工监事的选举都完全在职工大会的公平公开的原则上选举而来。职工监事如何代表职工参与企业决策、管理和监督,是深化职工监事工作的重要课题。我们觉得在思想上要明确责任,强化三个意识;在决策中要讲求方式,发挥好三个作用;立足公司实际,把握好三个关系。

一、在思想上强化三个意识

监事会是企业的高层决策和监督机构,职工监事是职工参与企业重大问题决策和监督的代表,肩负着重要使命,具有重要的地位和作用,因此,要注意立足职工董事、职工监事在企业的高层决策监督地位和职工赋予的神圣职责,在思想上强化三个意识。

一是强化"职工利益代表者"的意识。职工董事、职工监事除履行一般董事、监事职责外,还具有其特定的职责。公司诸董事、监事由于身份各不相同,对企业和职工担负的责任也不同。职工董事、职工监事与其他董事、监事相比,其发挥作用及行使权利的角度大不相同。他们在董事会、监事会中,一方面要站在企业全局的角度去参与、监督经营决策;另一方面是履行工会的维护职能,要以职工利益为重,切实体现其职工利益代表者的身份。

二是强化"基本职责是维护"的意识。工会进入董事会、监事会,代表职工参与企业高层决策和监督,使维护职工利益更直接、更及时、更有力。因此,在行使权利中要突出维护的基本职责,要站在职工群众的利益上,替他们想问题、办事情,反映他们的建议和要求,这种途径比其他民主形式更直接、及时和有效。特别是新形势下,在企业转机建制过程中,企业就职工就业、劳动报酬、保险福利等制定一系列内部改革的措施,职工要求工会为他们说话办事的愿望更加迫切。董事会、监事会作为高层决策监督机构,在研究决定这些问题时,职工董事和职工监事要在其中发挥重要作用。

三是强化"公仆"意识。代表和维护职工利益是职工董事、职工监事区别于其他董事、监事的重要标志,树立热心为职工说话、办事的公仆意识尤为重要。因此,在工作中要坚持群众路线,掌握群众意愿,坚持群众观点,关心群众疾苦,树立诚心为职工排忧解难办实事的公仆意识,塑造新时期职工董事、职工监事的良好形象。

二、在决策中发挥好三个作用

一是会前发挥好调研作用。董事会、监事会作为高层决策监督机构,其决策过程包括方案制订和方案实施两个阶段。在这两个阶段,调查研究则贯彻始终。离开对实际情况的调查研究,就不可能制订出科学的决策方案,更不可能在实施过程中对决策方案做出正确的修改、补充,同样也不可能对决策进行科学的总结。因此,在召开董事会、监事会前要围绕中心议题通过多种途径,采取多种形式进行调查研究工作。实践中,要注意结合企业实际,通过开展职工代表巡视、建立经理联络员制度、召集职工座谈会等多种形式,

第五章 民主管理实践典型案例

广泛听取职工群众意见要求，充分做好参加会议的前期准备工作。

二是会中发挥好参与作用。在董事会、监事会决策企业生产经营重大问题，制定重要规章制度，讨论有关职工工资、福利、安全、卫生及劳动保护、劳动保险等重大问题以及涉及职工切身利益的问题时，职工董事、职工监事都要代表职工充分表达和反映职工的意愿要求，表明自己的态度，从源头上加强参与和监督，切实维护好职工的合法权益。

三是会后发挥好监督作用。注意协调各方关系，使董事会、监事会决议、决定落到实处，并通过职代会、代表团长联席会、工作例会等形式，将董事会、监事会会议精神传达到全体职工，动员职工认真贯彻执行。同时，通过多种形式，对董事会、监事会的各项决议、决定，特别是有关职工切身利益的决议、决定的落实情况进行检查监督，发现问题及时沟通解决。

三、立足公司实际，把握好三个关系

一是把握好企业整体利益与职工具体利益的关系。在工作中要坚持"两个维护"的统一。维护职工的具体利益，特别是职工的经济利益。把着眼点放在发展生产，提高效益上来，引导职工干主人活、尽主人责，在生产建设中发挥主力军作用。只有企业经济效益好了，维护职工的具体利益才能有实力。

二是把握好职工董事、职工监事与职代会的关系。职工董事、职工监事是由职代会选举产生并代表职工参与企业决策和监督的。因此，在实际工作中要注意把握好与职代会的关系，要对职代会负责。在董事会、监事会上充分表达职代会意见。实事求是地向职代会传达董事会、监事会的决议、决定，通过职代会发动广大职工贯彻落实董事会、监事会决议、决定。

三是把握好职工董事、职工监事工作与工会工作的关系。要充分认识职工董事、职工监事工作和工会工作的一致性。工会主席、副主席分别进入董事会、监事会，使工会组织在企业的地位进一步得到巩固和提高，为工会各项工作的开展提供了良好的条件。因此，作为职工董事、职工监事，既要为企业重大问题的决策献计献策，又要利用参与高层决策和监督的有利地位，宣传上级工会的工作方针，使上级工会的各项决议在企业都能得到较好的落实，进而推动工会工作的开展。

【典型经验5-8】

××公司职工董监事履职经验

××公司成立于1992年，系台商独资企业，坐落在扬州市某区，主要从事研发、生产、销售各类二极管及桥式整流器。目前，公司现有员工600余人。

近年来，我公司根据《公司法》《××公司章程》等有关规定，积极推行职工董监事制度，并坚持让职工董监事参与企业经济工作，使职工董监事能参政议政、会参政议政，为维护职工合法企业、促进公司健康发展发挥了积极作用。

一、健全制度，加强规范管理。通过制定职工董监事的产生办法、工作标准、议事规则、保障办法和工作细则以及考核细则和奖惩办法，对职工董监事履行职责的时间、权利和范围都做了详细规定。在人员比例上，明确规定职工董监事的人数不低于董事会、监事会人数的20%，工会主席、副主席和一线职工代表必须经过职代会民主选举后进入董监事会。在产生程序上，按照《公司法》和上级有关文件要求，严格审查职工董监事候选人资格，提名遵纪守法，办事公道，能够代表和反映职工的意见和要求，熟悉经营管理，善于协调沟通的人员作为候选人，经职代会无记名投票选举后产生。

在履行职责的保障上，公司经营管理层定期向职工董监事提供业务经营状况的相关数据和材料。职工董监事还可以依托工会建立职工民主监督小组，延伸监督职能。职工董监事必须积极参加职代会的有关活动，认真执行职代会决议，在董监事会会议上按照职代会的相关决定发表意见。定期向职工代表大会报告工作，并接受职工代表大会的质询。公司的职工董监事能够按照要求开展对涉及职工切身利益的事项（如集体合同及工资、女职工、劳动安全卫生专项集体合同；厂务公开整改情况；职工"五险一金"缴纳情况）履行情况进行监督检查，公司坚持每季度组织一次职工董事、职工监事参加的企业安全生产、内部管理、设备质量等情况的视察，发现问题及时提出，并建议行政部门责令其整改，保证企业正常运转，职工身心健康。

二、注重培训，提高职工董监事素质。加大学习培训提高职工董事、监事的综合素质，不断增强他们的参与决策、管理和监督的工作能力，同时，为他们在权益、待遇等方面创造良好的工作条件，确保职工董事、职工监事肩负职工和工会组织的委托，代表职工群众的意见和要求。公司按照"统一部署、分级负责、逐级培训"的原则，从两个层面搞好职工董监事的培训工作。一方面吸纳职工董监事参加公司中层以上管理人员有关业务培训。另一方面积极支持职工董监事参加上级工会组织的各类有关民主管理和企业管理方面的培训，提高他们的业务素质，通过这一系列的"学""看""写"，职

第五章 民主管理实践典型案例

工董监事从理论走向实践,提高了履职能力和水平。

三、拓宽渠道,保障职工董监事发挥作用。通过列席行政工作会议等,让他们听取公司各项重要提案和决议,了解公司各项重要决策的形成过程,掌握公司的经营动态,为其参与决策和监督提供了保障。在公司董事会、工会的领导与支持下,我公司坚持职工董监事切实发挥好四个作用:在源头参与和维护中发挥作用、在监督检查中发挥作用、在沟通协调中充分发挥作用、在协调劳动关系中发挥作用。为进一步推进职工董监事工作的规范化管理,公司在制定了《职工董监事制度》的基础上,又先后制定了职工董监事参与董事会、监事会的《提案表》,要求职工董监事为企业发展献计献策,使职工董监事更好地履行职责,发挥作用。

四、落实制度,职工董监事定期向职代会述职。要求职工董监事将参与董监事会的决策、监督的情况在每年年初的职工代表大会上进行报告,让职工代表了解他们的工作情况,形成了职代会对其工作的有效监督。在公司每年年初的职代会上,公司的1名职工董事和2名职工监事向全体职工代表进行了工作述职,全体职工代表现场对职工董监事一年的工作进行了民主测评。这项工作的开展,促进了职工董监事依法履行职责。

【典型经验5-9】

××医院职工董监事履职经验

××医院大力推进职工董事、职工监事制度建设,增强了职工的民主意识,提升了医院的管理水平,逐步形成了共建共享的良好氛围,为医院可持续发展奠定了坚实的基础。

医院管理者认为职工董事、职工监事制度是医院经营管理制度十分重要的有机组成部分,能够增强职工主人翁意识,有利于医院与职工形成利益共同体、事业共同体和命运共同体,有利于从源头上维护医院与职工的权益。因此,医院从以下几方面入手推进职工董事、职工监事制度。一是采取职工董事、职工监事候选人由医院工会提名、医院党组织审核确定、职代会选举通过的方法,确保了职工董事、职工监事产生的法定程序和履行职务相适应的基本素质,为有效发挥职工董事、职工监事在董事会、监事会中的作用奠定了基础。二是通过制定《××医院职工董事职工监事制度》,保证职工董事、职工监事依法履行职责。三是完善制度措施,规范履职程序,畅通双向信息渠道,提高职工董事、职工监事的履职能力。

医院职工董事、职工监事制度在医院的运营管理中发挥了积极作用。一是发挥参与决策的作用。职工董事、职工监事除参与医院管理、决策和监督外，还经常采取召开职工代表座谈会等方式，与职工、工会交流，听取意见，沟通想法，使医院管理上的一些具体问题得到有效解决。二是发挥参与监督的作用。职工董事、职工监事依法监督国家法律法规在医院贯彻落实情况和董事会、监事会议定事项的落实情况，发现问题及时纠正。三是充分反映职工意愿，使董事会能够更好地掌握情况，为其决策提供参考意见与建议。四是妥善处理好出资人、医院与职工的利益关系，做到有效兼顾。

二、以案警示

【以案警示5-7】

股东起诉确认股东会决议无效被驳回

一、职工董事案例再现

华某源公司股东为中某公司、万某公司、张某某、李志泰。其中，中某公司和万某公司系国有性质的股东。

2009年7月8日，华某源公司的公司章程第八条载明："股东会由全体股东组成，是公司的权力机构，行使下列职权：（二）选举和更换非由职工代表担任的董事……"第十条："股东会议由股东按照出资比例行使表决权。"第十一条："股东会会议分为定期会议和临时会议。……代表十分之一以上表决权的股东、三分之一以上的董事，监事提出召开临时会议的应当召开临时会议。"第十四条："公司设董事会，成员为五人，设董事长一人，董事长及董事由股东会选举产生，任期三年，任期届满，可连选连任。"

临时股东会选举董事、董事长

2015年8月3日，华某源公司召开第四次临时股东会，应到股东4名，实到股东3名，代表出资额超过三分之二，经参会股东一致投票通过，形成如下决议："一、再次确认：公司上届董事会任期已届满，选举李志某、李某涛、许某顺、周某民、曾某某为公司新一届董事会董事，并选举曾某某为董事长……"

股东起诉确认股东会决议无效被驳回

张某某主张其作为华某源公司的职工代表，一直以职工董事身份行使权利，第四次临时股东会决议选举的董事中没有职工代表，违反了《公司法》第四十四条第二款的规定。故诉至人民法院请求确认华某源公司2015年8月3日第四次临时股东会决议无效。

法院经审理后认为，《公司法》第四十四条第二款规定："两个以上的国

第五章 民主管理实践典型案例

有企业或者两个以上的其他国有投资主体投资设立的有限责任公司，其董事会成员中应当有公司职工代表。"该条规定的本意应当是指仅由国有企业或国有投资主体设立的公司，其董事会成员中应当有职工代表。而华某源公司除了中某公司和万某公司两个国有投资主体外，还有两个自然人股东，不属于该条规定的范畴。故张某某提出第四次临时股东会决议违反了《公司法》第四十四条第二款之规定应为无效的主张于法无据。

二、律师解读案例及有限公司职工董事

本案涉及有限公司董事会中的职工代表相关问题。

1. 何为职工董事？

职工董事，是由职工大会、职工代表大会或工会会员大会民主选举产生，依照法律程序进入公司董事会代表职工行使决策的职工代表。

2. 职工董事的适用

（1）应设职工董事的公司

根据我国法律规定，两个以上的国有企业或者两个以上的其他国有投资主体投资设立的有限责任公司，其董事会成员中应当有公司职工代表。

（2）可设职工董事的公司

除两个以上的国有企业或者两个以上的其他国有投资主体投资设立的有限责任公司外，其他有限责任公司董事会成员中可以有公司职工代表。

3. 职工董事的意义

（1）体现我国人民当家做主的宗旨；
（2）与宪法和其他法律规定相一致；
（3）有利于民主化管理；
（4）有利于维护职工合法权益，增强职工的积极性等。

4. 关于本案的解读

本案所涉有限公司除两个国有投资主体外，还有两个自然人股东，因此，该公司不属于必须设立职工董事的有限公司。同时，职工代表是公司职工通过职工代表大会、职工大会或者其他形式民主选举产生，并非由股东会选举产生，故无法因股东会未选举职工董事而认定该决议无效。

三、律师关于有限公司职工董事的若干建议

我国公司法规定了职工董事制度，因此，相关主体应根据法律规定设立职工董事。但实践中，相关主体对职工董事的设立并不重视，或不清楚如何设立职工董事。马良君律师特对职工董事相关问题提出如下建议。

1. 明确必须设立职工董事的主体

根据我国公司法的规定，两个以上的国有企业或者两个以上的其他国有投资主体投资设立的有限责任公司，董事会中应有职工代表。也就是说，如果一个有限公司中既有两个以上的国有投资主体，又有民营企业或自然人股东，则该公司可以不设职工董事。

2. 明确职工董事的任职资格

（1）与公司存在劳动关系，这是职工董事的题中应有之义；

（2）董事会是公司的经营决策执行机构，从事经营管理活动，因此，职工董事应具有一定的经营管理经验；

（3）职工董事是职工的代表，应能够代表和反映职工合理诉求，维护职工和公司合法权益；

（4）应注意职工董事任职回避原则，如公司高级管理人员和监事不得兼任职工董事等。

3. 明确职工董事的产生办法

（1）职工董事的选举主体

职工董事绝不是由股东会选举产生，而是由职工大会、职工代表大会或工会会员大会等民主选举产生。

（2）职工董事的提名和选举方法

职工董事是民主化管理的需要，因此，职工董事的产生程序应该体现民主原则。公司应制定职工董事的提名与选举方法，让职工董事真正通过民主程序产生。

4. 建议非国有投资公司亦设立职工董事

职工来自基层，最了解公司一线情况，职工进入董事会，能够使决策层、经营层、执行层有效对接，从而平衡出资人、经营层、职工三者之间的利益，保障公司战略和决策的有效制定和切实执行，因此，本律师建议非国有投资公司亦设立职工董事，这有利于公司的长远发展。

附：法条链接

中华人民共和国公司法（2018年修正）

第四十四条 有限责任公司设董事会，其成员为三人至十三人；但是，本法第五十条另有规定的除外。

两个以上的国有企业或者两个以上的其他国有投资主体投资设立的有限责任公司，其董事会成员中应当有公司职工代表；其他有限责任公司董事会

第五章 民主管理实践典型案例

成员中可以有公司职工代表。董事会中的职工代表由公司职工通过职工代表大会、职工大会或者其他形式民主选举产生。

董事会设董事长一人,可以设副董事长。董事长、副董事长的产生办法由公司章程规定。

【以案警示5-8】

职工董事、职工监事应具有员工身份且产生程序合法

2014年1月23日,保翔公司与江阳公司签订一份股权转让协议书,协议约定江阳公司将其所持长翔公司50%股权转让给保翔公司,保翔公司成为长翔公司股东。

保翔公司提交一份长翔公司形成的股东会决议(系争股东会决议),决议记载的临时股东会会议的召开日期为2014年4月。决议第一项:公司设董事会,聘请翁某等7人为公司董事会董事,选举翁某为董事长,龚某为副董事长,免去翁某执行董事职务;第二项:设立公司监事会,聘请徐某、孔某为股东代表监事,另一名职工代表监事由魏某担任;第三项:通过公司章程。

保翔公司起诉请求:一、确认长翔公司于2014年4月通过的股东会决议关于公司监事会组成的决议条款无效;二、长翔公司应向工商部门申请撤销监事会成员备案登记。

本案的主要争议焦点:

在于魏某是否具备职工代表监事资格。

法院认为:与公司签订劳动合同或者存在事实劳动关系是成为职工代表监事的必要条件,魏某并不具备担任长翔公司职工代表监事的资格。第一,本案中魏某于系争股东会决议做出时已不再担任长翔公司执行董事,且未在长翔公司领取薪水,即与长翔公司不存在劳动关系,故魏仁礼不具备作为职工代表的资格。第二,职工代表监事应通过职工代表大会、职工大会等形式,从职工代表中民主选举产生。《公司法》第五十一条第二款规定了监事会应包括公司职工代表,说明职工代表资格是成为职工代表监事的前提,本案中魏某并非职工代表,因此不具备担任长翔公司职工代表监事的资格。

《公司法》第五十一条第二款亦规定职工代表的比例不得低于三分之一,该比例系《公司法》上效力性强制性规定,本案中魏仁礼不具备职工代表资格,另外两名监事系股东代表,职工代表比例为零,违反前款规定,故一审法院认定系争股东会决议中任命魏某为长翔公司职工代表监事的条款无效。

简评:

我国《公司法》对于监事的消极资格做出了相应的规定，如第五十一条规定董事、高级管理人员不得兼任监事。第一百四十六条对不得担任公司董事监事高级管理人员的人员一并做了明确规定。但是，我国《公司法》对于监事会中的职工代表是否应该具有员工身份并没有明确规定。本案强调了有限责任公司监事会中的职工代表监事应当具有该公司职工的身份，职工代表监事的产生方式应符合《公司法》第五十一条规定的职工民主选举产生的程序，并符合该条规定的代表比例。公司股东会做出任命职工代表监事的决议，如果该被任命监事并非本公司职工，或该被任命监事的产生程序违反《公司法》第五十一条规定的，该部分决议内容应属无效。

法律关系图：

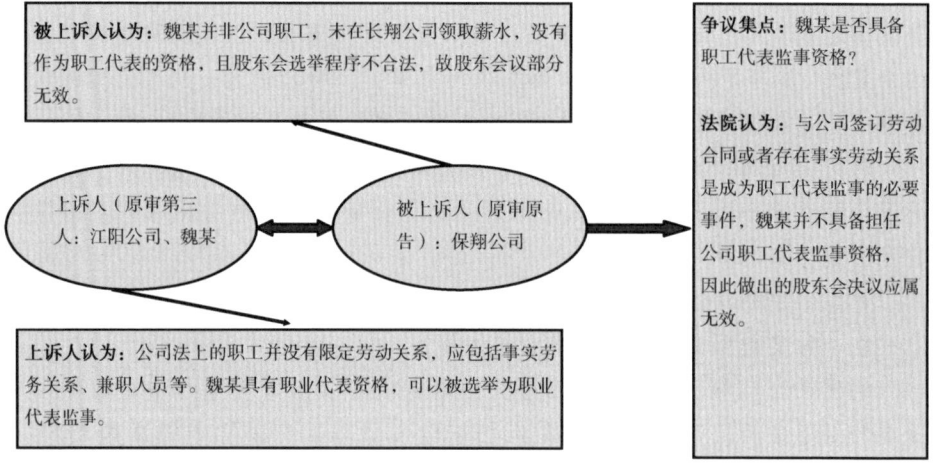

【以案警示 5-9】

谁有资格出任职工董事？

案例：有 10 个国有投资主体共同投资在河北省石家庄市设立了 A 有限责任公司，公司章程规定："A 公司设董事会，成员为 9 人。"股东会依法选举出 9 名董事。公司工会主席向公司建议："因我公司是国字号有限责任公司，按照《公司法》和《河北省公司制企业职工董事职工监事条例》规定，董事会中应有职工代表。"公司同意另行选举 1 名职工董事。经公司党委提名由工会主席和财务总监作为职工董事候选人，提交工会委员会进行差额选举。结果工会主席获得支持率 32%，财务总监获得支持率 58%。请分析该案有哪些不妥之处。

第五章 民主管理实践典型案例

分析：1. 关于工会主席的建议。按照《公司法》规定，两个以上的国有企业或者两个以上的其他国有投资主体投资设立的有限责任公司，其董事会成员中应当有公司职工代表。因此，工会主席的建议是正确的。2. 关于职工董事的人数。公司董事分股权董事、管理权董事、劳权董事、独立董事等。职工董事也是董事，应列入公司章程所规定的董事人数范围，所以，不能"另行选举"。另外，按照《河北省公司制企业职工董事职工监事条例》规定，职工董事的比例不得低于董事人数的五分之一。如果董事会人数为9人，那么职工董事应不少于2人，而不是1人。3. 关于职工董事的提名权。按照《河北省公司制企业职工董事职工监事条例》规定，职工董事、职工监事提名有以下渠道：公司工会提名、三分之一以上的职工代表或十分之一以上的职工联名推举产生，而不可由公司党委提名。4. 关于职工董事的候选人。按照《河北省公司制企业职工董事职工监事条例》规定，公司总经理、副总经理等公司高级管理人员及公司财务、人力资源部门负责人不得担任职工董事、职工监事。所以，提名公司财务总监作为职工董事候选人是不合适的。5. 关于选举程序。按照《公司法》和《河北省公司制企业职工董事职工监事条例》规定，董事会中的职工代表由公司职工通过职工代表大会或者职工大会差额选举产生，而不可由工会委员会选举产生。

第六章
企业民主管理相关法律法规政策

第六章 企业民主管理相关法律法规政策

第一节 十八大以来党中央关于企业民主管理工作的重要论述

一、十八大以来党中央对民主管理工作的要求

党的十八大以来中央对推动企业民主管理工作也提出了新的更高的要求，把落实职工民主政治权利作为落实以人民为中心发展思想的具体体现，作为发展人民当家做主社会主义民主制度的重要举措，作为新发展理念中改革发展成果由人民共享的生动实践，作为促进企业发展、维护职工合法权益、实现社会和谐稳定的重要制度安排贯穿全面深化改革始终。

党的十八大明确指出："全心全意依靠工人阶级，健全以职工代表大会为基本形式的企事业单位民主管理制度，保障职工参与管理和监督的民主权利。"党的十八届三中全会指出："健全以职工代表大会为基本形式的企事业单位民主管理制度，加强社会组织民主机制建设，保障职工参与管理和监督的民主权利。"党的十九大强调："扩大人民有序政治参与，保证人民依法实行民主选举、民主协商、民主决策、民主管理、民主监督"。这些都为我们健全以职工代表大会为基本形式的企业民主管理制度建设提出了明确要求。习近平总书记多次对全心全意依靠工人阶级、健全以职工代表大会制度为基本形式的企事业单位民主管理制度做出重要指示。2013年10月23日，习近平总书记在同全国总工会新一届领导班子集体谈话时指出："要健全以职工代表大会为基本形式的企事业单位民主管理制度、厂务公开制度，组织职工依法实行民主选举、民主决策、民主管理、民主监督，使职工群众的知情权、参与权、表达权、监督权得到更充分更有效的保障。"2015年4月28日，习近平总书记在庆祝"五一"国际劳动节暨表彰全国劳动模范和先进工作者大会上指出："要推进基层民主建设，健全以职工代表大会为基本形式的企事业单位民主管理制度，更加有效地落实职工群众的知情权、参与权、表达权、监督权。"2016年10月10日，习近平总书记在全国国有企业党的建设工作会议上明确指出："坚持全心全意依靠工人阶级的方针，是坚持党对国有企业领导的内在要求，要在政治上保证、制度上落实、素质上提高、权益上维护，不能当口号喊。要健全以职工代表大会为基本形式的民主管理制度，推进厂务

公开、业务公开，落实职工群众知情权、参与权、表达权、监督权，充分调动工人阶级的积极性、主动性、创造性。企业在重大决策上要听取职工意见，涉及职工切身利益的重大问题必须经过职工代表大会审议。要坚持和完善职工董事制度、职工监事制度，鼓励职工代表有序参与公司治理。"2020年11月24日，习近平总书记在全国劳动模范和先进工作者表彰大会上明确指出："要健全党政主导的维权服务机制，完善政府、工会、企业共同参与的协商协调机制，健全劳动法律法规体系，为维护工人阶级和广大劳动群众合法权益提供法律和制度保障。要健全以职工代表大会为基本形式的企事业单位民主管理制度，推进厂务公开，充分发挥广大职工群众的积极性、主动性、创造性。"

二、十八大以来党中央对健全企事业单位民主管理制度出台的文件

党的十八大以来，在中央出台的多个重要文件中都对健全企事业单位民主管理制度提出明确要求。《中共中央关于加强社会主义协商民主建设的意见》强调："推进企事业单位的协商。健全以职工代表大会为基本形式的企事业单位民主管理制度。畅通职工表达合理诉求渠道，健全各层级职工沟通协商机制。"《中共中央关于加强和改进党的群团工作的意见》强调："积极参加城乡基层群众自治和企事业单位民主管理，引导所联系群众正确行使民主权利，推动基层民主健康发展。"《中共中央国务院关于构建和谐劳动关系的意见》对加强企业民主管理制度建设提出了明确的要求，对"完善以职工代表大会为基本形式的企业民主管理制度""推进厂务公开制度化、规范化""推行职工董事职工监事制度"做了规定。2017年中共中央、国务院印发的《新时期产业工人队伍建设改革方案》对保证职工主人翁地位、维护职工民主政治权利提出了明确要求。在推进公司制改革中，国务院办公厅于2017年5月印发的《国务院办公厅关于进一步完善国有企业法人治理结构的指导意见》，明确了职工代表大会在公司治理结构中的重要地位，为公司制企业建立健全以职工代表大会为基本形式的民主管理制度提供了有力的政策依据。党中央、国务院关于企业民主管理的一系列顶层设计和总体部署充分表明，在我国进入全面深化改革、经济发展进入新常态的形势下，切实维护职工民主政治权利已经上升为党和国家的重要施政目标和治国方略。

第六章　企业民主管理相关法律法规政策

【6-1-1】

《中共中央关于加强社会主义协商民主建设的意见》第 23 条表述

（23）推进企事业单位的协商。健全以职工代表大会为基本形式的企事业单位民主管理制度。畅通职工表达合理诉求渠道，健全各层级职工沟通协商机制。积极推动由工会代表职工与企业就调整和规范劳动关系等重要决策事项进行集体协商。逐步完善以劳动行政部门、工会组织、企业组织为代表的劳动关系三方协商机制。

探索开展社会组织协商。坚持党的领导和政府依法管理，健全与相关社会组织联系的工作机制和沟通渠道，引导社会组织有序开展协商，更好为社会服务。

【6-1-2】

《中共中央关于加强和改进党的群团工作的意见》第七条表述

七、支持群团组织在社会主义民主中发挥作用

群团组织特别是人民团体是广大群众依法、有序、广泛参与管理国家事务和社会事务、管理经济和文化事业的重要渠道。各级党委要重视发挥群团组织在社会主义民主中的作用，更好保证人民当家作主。

按照协商于民、协商为民的要求，拓宽人民团体参与政治协商的渠道，规范人民团体参与协商民主的内容、程序、形式。政府可通过召开会议或其他适当方式，定期向人民团体通报重要工作部署和相关重大举措，加强决策之前和决策实施之中的协商。各级政协要充分发挥人民团体及其界别委员在密切联系群众、增进社会各阶层和不同利益群体和谐中的作用，密切各专门委员会与人民团体的联系。

党委、人大要支持人民团体在县、乡人大代表换届选举中，依法按程序提名推荐代表候选人。县以上人大代表、政协委员人选的提名推荐，应该加强与人民团体的沟通协商，落实好有关人选的比例规定和政策要求。选任人民陪审员、人民监督员、人民调解员，落实人民建议征集制度，应该重视发挥人民团体作用。

群团组织应该加强对经济社会发展等方面政策的研究，提高参政议政水平。依照党的政策和国家法律法规，积极代表和组织所联系群众参与协商民主，通过多种方式反映群众意见。积极参加城乡基层群众自治和企事业单位民主管理，引导所联系群众正确行使民主权利，推动基层民主健康发展。

【6-1-3】

《中共中央国务院关于构建和谐劳动关系的意见》第五条表述

五、加强企业民主管理制度建设

（十一）健全企业民主管理制度。完善以职工代表大会为基本形式的企业民主管理制度，丰富职工民主参与形式，畅通职工民主参与渠道，依法保障职工的知情权、参与权、表达权、监督权。推进企业普遍建立职工代表大会，认真落实职工代表大会职权，充分发挥职工代表大会在企业发展重大决策和涉及职工切身利益等重大事项上的重要作用。针对不同所有制企业，探索符合各自特点的职工代表大会形式、权限和职能。在中小企业集中的地方，可以建立区域性、行业性职工代表大会。

（十二）推进厂务公开制度化、规范化。进一步提高厂务公开建制率，加强国有企业改制重组过程中的厂务公开，积极稳妥推进非公有制企业厂务公开制度建设。完善公开程序，充实公开内容，创新公开形式，探索和推行经理接待日、劳资恳谈会、总经理信箱等多种形式的公开。

（十三）推行职工董事、职工监事制度。按照公司法规定，在公司制企业建立职工董事、职工监事制度。依法规范职工董事、职工监事履职规则。在董事会、监事会研究决定公司重大问题时，职工董事、职工监事应充分发表意见，反映职工合理诉求，维护职工和公司合法权益。

【6-1-4】

《新时期产业工人队伍建设改革方案》第二条表述

二、主要举措

3. 健全保证产业工人主人翁地位的制度安排。适当增加产业工人在党的代表大会代表和委员会委员、人民代表大会代表、政协委员、群团组织代表大会代表和委员会委员中的比例，探索实行产业工人在群团组织挂职和兼职。健全协调劳动关系三方机制及政府和工会联席（联系）会议制度，落实以职工代表大会为基本形式的民主管理制度，推进厂务公开、业务公开，坚持企业在重大决策上听取产业工人意见，涉及产业工人切身利益的重大问题必须经过职代会审议，坚持和完善职工董事制度、职工监事制度，鼓励产业工人代表有序参与公司治理。

第六章 企业民主管理相关法律法规政策

【6-1-5】

《中共中央国务院关于深化国有企业改革的指导意见》第六条表述

六、强化监督防止国有资产流失

（二十）强化企业内部监督。完善企业内部监督体系，明确监事会、审计、纪检监察、巡视以及法律、财务等部门的监督职责，完善监督制度，增强制度执行力。强化对权力集中、资金密集、资源富集、资产聚集的部门和岗位的监督，实行分事行权、分岗设权、分级授权，定期轮岗，强化内部流程控制，防止权力滥用。建立审计部门向董事会负责的工作机制。落实企业内部监事会对董事、经理和其他高级管理人员的监督。进一步发挥企业总法律顾问在经营管理中的法律审核把关作用，推进企业依法经营、合规管理。集团公司要依法依规、尽职尽责加强对子企业的管理和监督。大力推进厂务公开，健全以职工代表大会为基本形式的企业民主管理制度，加强企业职工民主监督。

【6-1-6】

《国务院办公厅关于进一步完善国有企业法人治理结构的指导意见》
第四条表述

（四）发挥监督作用，完善问责机制

1. 监事会是公司的监督机构，依照有关法律法规和公司章程设立，对董事会、经理层成员的职务行为进行监督。要提高专职监事比例，增强监事会的独立性和权威性。对国有资产监管机构所出资企业依法实行外派监事会制度。外派监事会由政府派出，负责检查企业财务，监督企业重大决策和关键环节以及董事会、经理层履职情况，不参与、不干预企业经营管理活动。

2. 健全以职工代表大会为基本形式的企业民主管理制度，支持和保证职工代表大会依法行使职权，加强职工民主管理与监督，维护职工合法权益。国有独资、全资公司的董事会、监事会中须有职工董事和职工监事。建立国有企业重大事项信息公开和对外披露制度。

3. 强化责任意识，明确权责边界，建立与治理主体履职相适应的责任追究制度。董事、监事、经理层成员应当遵守法律法规和公司章程，对公司负有忠实义务和勤勉义务；要将其信用记录纳入全国信用信息共享平台，违约失信的按规定在"信用中国"网站公开。董事应当出席董事会会议，对董事会决议承担责任；董事会决议违反法律法规或公司章程、股东会决议，致使公司遭受严重损失的，应依法追究有关董事责任。经理层成员违反法律法规或公司章程，致使公司遭受损失的，应依法追究有关经理层成员责任。执行董事和经理层成员未及时向董事会或国有股东报告重大经营问题和经营风险的，应依法追究相关人员责任。企业党组织成员履职过程中有重大失误和失职、渎职行为的，应按照党组织有关规定严格追究责任。按照"三个区分开来"的要求，建立必要的改革容错纠错机制，激励企业领导人员干事创业。

【6-1-7】

《全民所有制工业企业职工代表大会条例》全文

全民所有制工业企业职工代表大会条例

（1986年9月15日国务院发布）

第一章 总 则

第一条 为保障全民所有制工业企业职工的民主管理权力，充分发挥职工的积极性、智慧和创造力，办好全民所有制工业企业，发展社会主义经济，特制定本条例。

第二条 企业在实行厂长负责制的同时，必须建立和健全职工代表大会（或职工大会，下同）制度和其他民主管理制度，保障与发挥工会组织和职工代表在审议企业重大决策、监督行政领导、维护职工合法权益等方面的权力和作用。

第三条 职工代表大会是企业实行民主管理的基本形式，是职工行使民主管理权力的机构。企业工会委员会是职工代表大会的工作机构，负责职工代表大会的日常工作。

第四条 职工代表大会接受企业党的基层委员会（含不设基层委员会的党总支部委员会、支部委员会，以下简称党委）的思想政治领导，贯彻执行党和国家的方针、政策，正确处理国家、企业和职工三者利益关系，在法律规定的范围内行使职权。

第五条 职工代表大会应当积极支持厂长行使经营管理决策和统一指挥生产活动的职权。

第六条 职工代表大会实行民主集中制。

第二章 职 权

第七条 职工代表大会行使下列职权：

一、定期听取厂长的工作报告，审议企业的经营方针、长远和年度计划、

第六章　企业民主管理相关法律法规政策

重大技术改造和技术引进计划、职工培训计划、财务预决算、自有资金分配和使用方案，提出意见和建议，并就上述方案的实施作出决议；

二、审议通过厂长提出的企业的经济责任制方案、工资调整计划、奖金分配方案、劳动保护措施方案、奖惩办法及其他重要的规章制度；

三、审议决定职工福利基金使用方案、职工住宅分配方案和其他有关职工生活福利的重大事项；

四、评议、监督企业各级领导干部，并提出奖惩和任免的建议。对工作卓有成绩的干部，可以建议给予奖励，包括晋级、提职。对不称职的干部，可以建议免职或降职。对工作不负责任或者以权谋私，造成严重后果的干部，可以建议给予处分，直至撤职。

五、主管机关任命或者免除企业行政领导人员的职务时，必须充分考虑职工代表大会的意见。职工代表大会根据主管机关的部署，可以民主推荐厂长人选，也可以民主选举厂长，报主管机关审批。

第八条　职工代表大会对厂长在其职权范围内决定的问题有不同意见时，可以向厂长提出建议，也可以报告上级工会。

第九条　在职工代表大会上，可以由厂长代表行政、工会主席代表职工签订集体合同或共同协议，为企业发展的共同目标，互相承担义务，保证贯彻执行。

第三章　职工代表

第十条　按照法律规定享有政治权利的企业职工，均可当选为职工代表。

第十一条　职工代表的产生，应当以班组或者工段为单位，由职工直接选举。大型企业的职工代表，也可以由分厂或者车间的职工代表相互推选产生。

第十二条　职工代表中应当有工人、技术人员、管理人员、领导干部和其他方面的职工。其中企业和车间、科室行政领导干部一般为职工代表总数的五分之一。青年职工和女职工应当占适当比例。为了吸收有经验的技术人员、经营管理人员参加职工代表大会，可以在企业或者车间范围内，经过民主协商，推选一部分代表。职工代表按分厂、车间、科室（或若干科室）组成代表团（组），推选团（组）长。

第十三条　职工代表实行常任制，每两年改选一次，可以连选连任。职工代表对选举单位的职工负责。选举单位的职工有权监督或者撤换本单位的职工代表。

第十四条　职工代表的权利：

一、在职工代表大会上，有选举权、被选举权和表决权；

二、有权参加职工代表大会及其工作机构对企业执行职工代表大会决议和提案落实情况的检查，有权参加对企业行政领导人员的质询；

三、因参加职工代表大会组织的各项活动而占用生产或者工作时间，有权按照正常出勤享受应得的待遇。对职工代表行使民主权力，任何组织和个人不得压制、阻挠和打击报复。

第十五条　职工代表的义务：一、努力学习党和国家的方针、政策、法律、法规，不断提高政治觉悟、技术业务水平和参加管理的能力；二、密切联系群众，代表职工合法利益，如实反映职工群众的意见和要求，认真执行职工代表大会的决议，做好职工代表大会交给的各项工作；三、模范遵守国家的法律、法规和企业的规章制度、劳动纪律，做好本职工作。

第四章　组织制度

第十六条　职工代表大会选举主席团主持会议。主席团成员应有工人、技术人员、管理人员和企业的领导干部。其中工人、技术人员、管理人员应超过半数。

第十七条　参加企业管理委员会的职工代表，由职工代表大会推选产生。参加企业管理委员会的职工代表要向职工代表大会汇报工作，接受职工代表大会监督。职工代表大会有权撤换参加管理委员会的职工代表。

第十八条　职工代表大会至少每半年召开一次。每次会议必须有三分之二以上的职工代表出席。遇有重大事项，经厂长、企业工会或三分之一以上职工代表的提议，可召开临时会议。职工代表大会进行选举和作出决议，必须经全体职工代表过半数通过。

第十九条　职工代表大会应当围绕增强企业活力、促进技术进步、提高经济效益，针对企业经营管理、分配制度和职工生活等方面的重要问题确定议题。

第二十条　职工代表大会在其职权范围内决定的事项，非经职工代表大会同意不得修改。

第二十一条　职工代表大会可根据需要，设立若干精干的临时的或经常性的专门小组（或专门委员会，下同），完成职工代表大会交办的有关事项。其主要工作是：审议提交职工代表大会的有关议案；在职工代表大会闭会期间，根据职工代表大会的授权，审定属本专门小组分工范围内需要临时决定的问题,并向职工代表大会报告予以确认;检查、督促有关部门贯彻执行职工代表大会决议和职工提案的处理;办理职工代表大会交办的其他事项。专门小组进行活动需要占用生产或者工作时间,有权按照正常出勤享受应得的待遇,但需经厂长同意。各专门小组的人选,一般在职工代表中提名;也可以聘请非职工代表,但必须经职工代表大会通过。各专门小组对职工代表大会负责。

第二十二条 职工代表大会闭会期间,需要临时解决的重要问题,由企业工会委员会召集职工代表团(组)长和专门小组负责人联席会议,协商处理,并向下一次职工代表大会报告予以确认。联席会议可以根据会议内容邀请企业党政负责人或其他有关人员参加。

第五章 职工代表大会与工会

第二十三条 企业工会委员会作为职工代表大会的工作机构承担下列工作:

一、组织职工选举职工代表;

二、提出职工代表大会议题的建议,主持职工代表大会的筹备工作和会议的组织工作;

三、主持职工代表团(组)、专门小组负责人联席会议;

四、组织专门小组进行调查研究,向职工代表大会提出建议,检查督促大会决议的执行情况,发动职工落实职工代表大会决议;

五、向职工进行民主管理的宣传教育,组织职工代表学习政策、业务和管理知识,提高职工代表素质;

六、接受和处理职工代表的申诉和建议,维护职工代表的合法权益;

七、组织企业民主管理的其他工作。

第二十四条 上级工会有指导、支持和维护职工代表大会正确行使职权的责任。

第六章 车间、班组的民主管理

第二十五条 车间(分厂)可以根据具体情况,采取职工大会或职工代表大会、职工代表组等形式,对本单位权限范围内的事务行使民主管理的权力。车间(分厂)民主管理的日常工作,由车间(分厂)工会委员会主持。

第二十六条 班组的民主管理,由职工直接参加,在本班组的工会组长和职工代表的主持下开展活动,也可以根据需要推选若干民主管理员,负责班组的日常民主管理。

第七章 附 则

第二十七条 本条例原则上适用于全民所有制交通运输、邮电、地质、建筑施工、农林、水利等企业。

第二十八条 本条例由中华全国总工会负责解释。

第二十九条 本条例自一九八六年十月一日起施行。

【6-1-8】

中共中央办公厅、国务院办公厅关于在国有企业、集体企业及其控股企业深入实行厂务公开制度的通知

各省、自治区、直辖市党委和人民政府,中央和国家机关各部委,军委总政治部,各人民团体:

党的十五大以来,不少地方和企业在推行厂务公开方面积极实践,取得了明显成效和成功经验。为了更好地扩大基层民主、保证人民群众直接行使民主权利,实践江泽民同志"三个代表"重要思想,落实全心全意依靠工人阶级的指导方针,巩固、深化和规范厂务公开工作,促进企业的改革、发展和稳定,经党中央、国务院领导同志同意,现就在全国国有企业、集体企业及其控股企业深入实行厂务公开制度的有关问题通知如下:

一、厂务公开的重要意义、指导原则和总体要求

广大职工依照有关法律和规定参与企业的民主决策、民主管理、民主监督,是我国企业管理的重要特色和优势。党的十五大特别是十五届四中全会以来,一批企业通过实行厂务公开,加强了企业的管理和改革,完善了职工代表大会制度,促进了基层民主政治建设,提高了企业经济效益。实践证明,实行厂务公开是实践"三个代表"重要思想的具体体现,是进一步落实党的全心全意依靠工人阶级指导方针的有效途径;是加强企业管理,建立现代企业制度,依靠职工办好企业的内在要求;是搞好群众监督,促进党风廉政建设,加强企业党组织建设、领导班子建设的有力手段。实行厂务公开,对于推进基层民主政治建设,保障和落实职工当家做主的民主权利;维护职工合法权益,建立企业稳定协调的劳动关系;密切党与企业职工群众的关系,巩固党的阶级基础和执政地位;保护、调动和发挥广大职工的主人翁积极性,增强其责任感,促进企业的改革、发展和稳定,具有重要的意义和作用。

实行厂务公开的指导原则是:

——必须坚持以邓小平理论为指导,按照"三个代表"的要求,认真贯彻党的十五大和十五届四中、五中、六中全会精神,坚定不移地贯彻落实党

第六章　企业民主管理相关法律法规政策

的全心全意依靠工人阶级的指导方针。

——必须遵循国家法律、法规和党的方针政策，实事求是、注重实效、有利于改革发展稳定和保护商业秘密。

——必须坚持党委统一领导，党政共同负责，有关方面齐抓共管，动员职工广泛参与。

——必须与企业党的建设、领导班子建设、职工队伍建设结合起来，与建立现代企业制度结合起来。

实行厂务公开的总体要求是：

1. 国有企业、集体企业及其控股的企业都要实行厂务公开。目前还没有实行的单位应尽快实行；已经实行的，要进一步深化，逐步使其内容、程序、形式规范化、制度化。特别是生产经营困难的企业更应当实行厂务公开，动员和依靠职工群众与经营者共同把企业搞好。

2. 在厂务公开工作中，要切实做好企业领导人员和职工的思想工作。企业领导人员要提高认识，自觉地把厂务公开摆到重要工作位置，纳入现代企业管理的体制、机制和制度之中。要鼓励职工积极参与厂务公开活动，支持和监督企业经营者依法行使职权，认真行使当家做主的民主权利。要加强对职工代表的培训，不断提高他们参与民主决策、民主管理和民主监督的意识和能力。

3. 在厂务公开工作中，必须坚决防止和克服形式主义，保证公开的真实性，务求工作实效。要切实做到企业重大决策必须通过厂务公开听取职工意见，并提交职代会审议，未经职代会审议的不应实施；涉及职工切身利益的重大事项，更应向职工公开，职代会按照法律法规规定具有决定权和否决权，既未公开又未经职代会通过的有关决定视为无效；在国有和国有控股企业，经职代会民主评议和民主测评，大多数职工不拥护的企业领导人员，其上级管理部门应采取相应的组织措施；企业领导人员违反职代会决议和厂务公开的有关规定，导致矛盾激化，影响企业和社会稳定的，要实行责任追究。

二、厂务公开的主要内容

1. 企业重大决策问题。主要包括企业中长期发展规划，投资和生产经营重大决策方案，企业改革、改制方案，兼并、破产方案，重大技术改造方案，职工裁员、分流、安置方案等重大事项。

2. 企业生产经营管理方面的重要问题。主要包括年度生产经营目标及完成情况，财务预决算，企业担保，大额资金使用，工程建设项目的招投标，大宗物资采购供应，产品销售和盈亏情况，承包租赁合同执行情况，企业内部经济责任制落实情况，重要规章制度的制定等。

3. 涉及职工切身利益方面的问题。主要包括劳动法律法规的执行情况，集体合同、劳动合同的签订和履行，职工提薪晋级、工资奖金分配、奖罚与福利，职工养老、医疗、工伤、失业、生育等社会保障基金缴纳情况，职工招聘，专业技术职称的评聘，评优选先的条件、数量和结果，职工购房、售房的政策和住房公积金管理以及企业公积金和公益金的使用方案，安全生产和劳动保护措施，职工培训计划等。

4. 与企业领导班子建设和党风廉政建设密切相关的问题。主要包括民主评议企业领导人员情况，企业中层领导人员、重要岗位人员的选聘和任用情况，干部廉洁自律规定执行情况，企业业务招待费使用情况，企业领导人员工资（年薪）、奖金、兼职、补贴、住房、用车、通信工具使用情况，以及出国出境费用支出情况等。

厂务公开的内容应根据企业的实际情况有所侧重。既要公开有关政策依据和本单位的有关规定，又要公开具体内容、标准和承办部门；既要公开办事结果，又要公开办事程序；既要公开职工的意见和建议，又要公开职工意见和建议的处理情况，使厂务公开始终在职工的广泛参与和监督下进行。要密切结合企业改革和发展的实际，及时引导厂务公开不断向企业生产经营管理的深度和广度延伸，推动企业不断健全和完善管理制度、党风廉政建设制度和职工民主管理制度。

三、厂务公开的实现形式

厂务公开的主要载体是职工代表大会。要按照有关规定，认真落实职代会的各项职权。要通过实行厂务公开，进一步完善职代会民主评议企业领导人员制度，坚持集体合同草案提交职代会讨论通过，企业业务招待费使用情况、企业领导人员廉洁自律情况、集体合同履行情况等企业重要事项向职代会报告制度，国有及国有控股的公司制企业由职代会选举职工董事、职工监事制度等，不断充实和丰富职代会的内容，提高职代会的质量和实效，落实好职工群众的知情权、审议权、通过权、决定权和评议监督权，建立符合现代企业制度要求的民主管理制度。

在职代会闭会期间，要发挥职工代表团（组）长联席会议的作用。车间、班组的内部事务也要实行公开。应依照厂务公开的规定，制定车间、班组内部事务公开的实施办法。

第六章　企业民主管理相关法律法规政策

厂务公开的日常形式还应包括厂务公开栏、厂情发布会、党政工联席会和企业内部信息网络、广播、电视、厂报、墙报等，并可根据实际情况不断创新。同时，在公开后应注意通过意见箱、接待日、职工座谈会、举报电话等形式，了解职工的反映，不断改进工作。

四、厂务公开的组织领导

各级党委、政府及有关部门和工会组织，要充分认识实行厂务公开的重要意义，切实把这项工作摆上重要议事日程，明确目标，落实责任，有组织、有计划、有步骤地推动厂务公开工作深入健康发展。各级纪检监察机关要加强对推行厂务公开工作的监督检查，对在厂务公开中暴露出来的违法违纪问题要严肃查处。各级党委组织部门要把推行厂务公开作为企业党建工作的重要内容，将实施情况作为考核企业领导班子和领导人员的重要依据，并与奖惩任免挂钩。各级经贸委要把推行厂务公开与加强企业管理和建立现代企业制度有机结合起来，切实加以推进。各级地方工会要积极主动地承担起推行厂务公开的日常工作，并以此促进企业民主管理和工会工作。

企业实行厂务公开要在企业党委领导下进行。企业行政是实行厂务公开的主体。企业要建立由党委、行政、纪委、工会负责人组成的厂务公开领导小组，负责制定厂务公开的实施意见，审定重大公开事项，指导协调有关部门研究解决实施中的问题，做好督导考核工作，建立责任制和责任追究制度。企业工会是厂务公开领导小组的工作机构，负责日常工作。

企业应成立由纪检、工会有关人员和职工代表组成的监督小组，负责监督检查厂务公开内容是否真实、全面，公开是否及时，程序是否符合规定，职工反映的意见是否得到落实，并组织职工对厂务公开工作进行评议和监督。要制定厂务公开的监督检查办法，形成制约和激励机制。

国有、集体及其控股企业以外的其他企业，可依照法律规定，采取与本单位相适应的形式实行厂务公开，推进民主管理工作。

本通知原则上适用于教育、科技、文化、卫生、体育等事业单位。

各地区、各单位要根据本通知的要求，结合各自的实际情况，制定具体的实施意见和办法。

中共中央办公厅
国务院办公厅
2002年6月3日

第二节　关于民主管理工作的法律法规政策

一、综合性法律法规政策

【6-2-1】

《企业民主管理规定》

(总工发〔2012〕12号)

第一章　总　则

第一条　为完善以职工代表大会为基本形式的企业民主管理制度，推进厂务公开，支持职工参与企业管理，维护职工合法权益，构建和谐劳动关系，促进企业持续健康发展，加强基层民主政治建设，依据宪法和相关法律制定本规定。

第二条　企业民主管理工作应当坚持党的领导，以邓小平理论和"三个代表"重要思想为指导，深入贯彻落实科学发展观，坚定不移地贯彻落实党的全心全意依靠工人阶级的根本指导方针。

企业党组织应当加强对民主管理工作的领导和支持。

第三条　职工代表大会（或职工大会，下同）是职工行使民主管理权力的机构，是企业民主管理的基本形式。

企业应当按照合法、有序、公开、公正的原则，建立以职工代表大会为基本形式的民主管理制度，实行厂务公开，推行民主管理。公司制企业（以下简称公司）应当依法建立职工董事、职工监事制度。

企业应当尊重和保障职工依法享有的知情权、参与权、表达权和监督权等民主权利，支持职工参加企业管理活动。

第四条　企业职工应当尊重和支持企业依法行使管理职权，积极参与企业管理。

第五条　企业工会应当组织职工依法开展企业民主管理，维护职工合法权益。

上级工会应当指导和帮助企业工会和职工依法开展企业民主管理活动，对企业实行民主管理的情况进行监督。

第六条　企业代表组织应当推动企业实行民主管理，促进企业健康发展。

第六章　企业民主管理相关法律法规政策

第七条　各级党委纪检部门、组织部门，各级人民政府国有资产监督管理机构和监察机关等有关部门应当依照各自职责，对企业民主管理工作进行指导、检查和监督。

第二章　职工代表大会制度
第一节　职工代表大会组织制度和职权

第八条　企业可以根据职工人数确定召开职工代表大会或者职工大会。

企业召开职工代表大会的，职工代表人数按照不少于全体职工人数的百分之五确定，最少不少于三十人。职工代表人数超过一百人的，超出的代表人数可以由企业与工会协商确定。

第九条　职工代表大会的代表由工人、技术人员、管理人员、企业领导人员和其他方面的职工组成。其中，企业中层以上管理人员和领导人员一般不得超过职工代表总人数的百分之二十。有女职工和劳务派遣职工的企业，职工代表中应当有适当比例的女职工和劳务派遣职工代表。

第十条　职工代表大会每届任期为三年至五年。具体任期由职工代表大会根据本单位的实际情况确定。

职工代表大会因故需要提前或者延期换届的，应当由职工代表大会或者其授权的机构决定。

第十一条　职工代表大会根据需要，可以设立若干专门委员会（小组），负责办理职工代表大会交办的事项。专门委员会（小组）成员人选必须经职工代表大会审议通过。

第十二条　职工代表按照基层选举单位组成代表团（组），并推选团（组）长。可以设立职工代表大会团（组）长和专门委员会（小组）负责人联席会议，根据职工代表大会授权，在职工代表大会闭会期间负责处理临时需要解决的重要问题，并提请下一次职工代表大会确认。

联席会议由企业工会负责召集，联席会议可以根据会议内容邀请企业领导人员或其他有关人员参加。

第十三条　职工代表大会行使下列职权：

（一）听取企业主要负责人关于企业发展规划、年度生产经营管理情况，企业改革和制定重要规章制度情况，企业用工、劳动合同和集体合同签订履行情况，企业安全生产情况，企业缴纳社会保险费和住房公积金情况等报告，提出意见和建议；

审议企业制定、修改或者决定的有关劳动报酬、工作时间、休息休假、劳动安全卫生、保险福利、职工培训、劳动纪律以及劳动定额管理等直接涉及劳动者切身利益的规章制度或者重大事项方案，提出意见和建议；

（二）审议通过集体合同草案，按照国家有关规定提取的职工福利基金使用方案、住房公积金和社会保险费缴纳比例和时间的调整方案，劳动模范的推荐人选等重大事项；

（三）选举或者罢免职工董事、职工监事，选举依法进入破产程序企业的债权人会议和债权人委员会中的职工代表，根据授权推荐或者选举企业经营管理人员；

（四）审查监督企业执行劳动法律法规和劳动规章制度情况，民主评议企业领导人员，并提出奖惩建议；

（五）法律法规规定的其他职权。

第十四条　国有企业和国有控股企业职工代表大会除按第十三条规定行使职权外，行使下列职权：

（一）听取和审议企业经营管理主要负责人关于企业投资和重大技术改造、财务预决算、企业业务招待费使用等情况的报告，专业技术职称的评聘、企业公积金的使用、企业的改制等方案，并提出意见和建议；

（二）审议通过企业合并、分立、改制、解散、破产实施方案中职工的裁减、分流和安置方案；

（三）依照法律、行政法规、行政规章规定的其他职权。

第十五条　县级以下一定区域内或者性质相近的行业内的若干尚不具备单独建立职工代表大会制度条件的中小企业，可以通过选举代表联合建立区域（行业）职工代表大会制度，开展企业民主管理活动。

工会负责组织建立区域（行业）职工代表大会制度。区域（行业）工会作为区域（行业）职工代表大会的工作机构承担日常工作。

第十六条　集团企业的总部机关和各分公司、分厂、车间以及其他分支机构可以按照一定比例选举产生职工代表，召开集团企业职工代表大会，实行企业民主管理。

集团企业的总部机关和各分公司、分厂、车间以及其他分支机构，按照本规定建立职工代表大会制度，在各自的职权范围内分别开展民主管理活动。

第二节　职工代表大会工作制度

第十七条　职工代表大会每年至少召开一次。职工代表大会全体会议必须有三分之二以上的职工代表出席。

第六章　企业民主管理相关法律法规政策

第十八条　职工代表大会议题和议案应当由企业工会听取职工意见后与企业协商确定，并在会议召开七日前以书面形式送达职工代表。

第十九条　职工代表大会可以设主席团主持会议。主席团成员由企业工会与职工代表大会各团（组）协商提出候选人名单，经职工代表大会预备会议表决通过。其中，工人、技术人员、管理人员不少于百分之五十。

第二十条　职工代表大会选举和表决相关事项，必须按照少数服从多数的原则，经全体职工代表的过半数通过。对重要事项的表决，应当采用无记名投票的方式分项表决。

第二十一条　职工代表大会在其职权范围内依法审议通过的决议和事项具有约束力，非经职工代表大会同意不得变更或撤销。

企业应当提请职工代表大会审议、通过、决定的事项，未按照法定程序审议、通过或者决定的无效。

第二十二条　企业工会委员会是职工代表大会的工作机构，负责职工代表大会的日常工作，履行下列职责：

（一）提出职工代表大会代表选举方案，组织职工选举职工代表和代表团（组）长；

（二）征集职工代表提案，提出职工代表大会议题的建议；

（三）负责职工代表大会会议的筹备和组织工作，提出职工代表大会的议程建议；

（四）提出职工代表大会主席团组成方案和组成人员建议名单；提出专门委员会（小组）的设立方案和组成人员建议名单；

（五）向职工代表大会报告职工代表大会决议的执行情况和职工代表大会提案的办理情况、厂务公开的实行情况等；

（六）在职工代表大会闭会期间，负责组织专门委员会（小组）和职工代表就企业职工代表大会决议的执行情况和职工代表大会提案的办理情况、厂务公开的实行情况等，开展巡视、检查、质询等监督活动；

（七）受理职工代表的申诉和建议，维护职工代表的合法权益；

（八）向职工进行民主管理的宣传教育，组织职工代表开展学习和培训，提高职工代表素质；

（九）建立和管理职工代表大会工作档案。

第三节　职工代表的产生和权利义务

第二十三条　与企业签订劳动合同建立劳动关系以及与企业存在事实劳

动关系的职工，有选举和被选举为职工代表大会代表的权利。

依法终止或者解除劳动关系的职工代表，其代表资格自行终止。

第二十四条　职工代表应当以班组、工段、车间、科室等为基本选举单位由职工直接选举产生。规模较大、管理层次较多的企业的职工代表，可以由下一级职工代表大会代表选举产生。

第二十五条　选举、罢免职工代表，应当召开选举单位全体职工会议，会议应有三分之二以上职工参加。选举、罢免职工代表的决定，应经全体职工的过半数通过方为有效。

第二十六条　职工代表实行常任制，职工代表任期与职工代表大会届期一致，可以连选连任。

职工代表出现缺额时，原选举单位应按规定的条件和程序及时补选。

第二十七条　职工代表向选举单位的职工负责并报告工作，接受选举单位职工的监督。

第二十八条　职工代表享有下列权利：

（一）选举权、被选举权和表决权；

（二）参加职工代表大会及其工作机构组织的民主管理活动；

（三）对企业领导人员进行评议和质询；

（四）在职工代表大会闭会期间对企业执行职工代表大会决议情况进行监督、检查。

第二十九条　职工代表应当履行下列义务：

（一）遵守法律法规、企业规章制度，提高自身素质，积极参与企业民主管理；

（二）依法履行职工代表职责，听取职工对企业生产经营管理等方面的意见和建议，以及涉及职工切身利益问题的意见和要求，并客观真实地向企业反映；

（三）参加企业职工代表大会组织的各项活动，执行职工代表大会通过的决议，完成职工代表大会交办的工作；

（四）向选举单位的职工报告参加职工代表大会活动和履行职责情况，接受职工的评议和监督；

（五）保守企业的商业秘密和与知识产权相关的保密事项。

第三十条　职工代表履行职责受法律保护，任何组织和个人不得阻挠和打击报复。

第六章　企业民主管理相关法律法规政策

职工代表在法定工作时间内依法参加职工代表大会及其组织的各项活动，企业应当正常支付劳动报酬，不得降低其工资和其他福利待遇。

第三章　厂务公开制度

第三十一条　企业应当建立和实行厂务公开制度，通过职工代表大会和其他形式，将企业生产经营管理的重大事项、涉及职工切身利益的规章制度和经营管理人员廉洁从业相关情况，按照一定程序向职工公开，听取职工意见，接受职工监督。

第三十二条　企业主要负责人是实行厂务公开的责任人。企业应当建立相应机构或者确定专人负责厂务公开工作。

第三十三条　企业实行厂务公开应当遵循合法、及时、真实、有利于职工权益维护和企业发展的原则。

实行厂务公开应当保守企业商业秘密以及与知识产权相关的保密事项。

第三十四条　企业应当向职工公开下列事项：

（一）经营管理的基本情况；

（二）招用职工及签订劳动合同的情况；

（三）集体合同文本和劳动规章制度的内容；

（四）奖励处罚职工、单方解除劳动合同的情况以及裁员的方案和结果，评选劳动模范和优秀职工的条件、名额和结果；

（五）劳动安全卫生标准、安全事故发生情况及处理结果；

（六）社会保险以及企业年金的缴费情况；

（七）职工教育经费提取、使用和职工培训计划及执行的情况；

（八）劳动争议及处理结果情况；

（九）法律法规规定的其他事项。

第三十五条　国有企业、集体企业及其控股企业除公开第十三条、第十四条和第三十四条规定的相关事项外，还应当公开下列事项：

（一）投资和生产经营管理重大决策方案等重大事项，企业中长期发展规划；

（二）年度生产经营目标及完成情况，企业担保，大额资金使用、大额资产处置情况，工程建设项目的招投标，大宗物资采购供应，产品销售和盈亏情况，承包租赁合同履行情况，内部经济责任制落实情况，重要规章制度制定等重大事项；

（三）职工提薪晋级、工资奖金收入分配情况；专业技术职称的评聘情况；

（四）中层领导人员、重要岗位人员的选聘和任用情况，企业领导人员薪酬、职务消费和兼职情况，以及出国出境费用支出等廉洁自律规定执行情况，职工代表大会民主评议企业领导人员的结果；

（五）依照国家有关规定应当公开的其他事项。

第四章 职工董事和职工监事制度

第三十六条 公司制企业应当依法建立职工董事和职工监事制度，支持职工代表大会选举产生的职工代表作为董事会、监事会成员参与公司决策、管理和监督，代表和维护职工合法权益，促进企业健康发展。

第三十七条 公司应当依法在公司章程中明确规定职工董事、职工监事的具体比例和人数。

第三十八条 职工董事、职工监事候选人由公司工会根据自荐、推荐情况，在充分听取职工意见的基础上提名，经职工代表大会全体代表的过半数通过方可当选，并报上一级工会组织备案。

工会主席、副主席应当作为职工董事、职工监事候选人人选。

第三十九条 公司高级管理人员和监事不得兼任职工董事；公司高级管理人员和董事不得兼任职工监事。

第四十条 职工董事、职工监事的任期与公司其他董事、监事的任期相同，可以连选连任。

第四十一条 职工董事、职工监事不履行职责或者有严重过错的，经三分之一以上的职工代表联名提议，职工代表大会全体代表的过半数通过可以罢免。

职工董事、职工监事出现空缺时，由公司工会依照本规定第三十七条的规定提出替补人选，提请职工代表大会民主选举产生。

第四十二条 职工董事依法行使下列权利：

（一）参加董事会会议，行使董事的发言权和表决权；

（二）就涉及职工切身利益的规章制度或者重大事项，提请召开董事会会议，反映职工的合理要求，维护职工合法权益；

（三）列席与其职责相关的公司行政办公会议和有关生产经营工作的重要会议；

（四）要求公司工会、公司有关部门和机构通报有关情况并提供相关资料；

（五）法律法规和公司章程规定的其他权利。

第六章　企业民主管理相关法律法规政策

第四十三条　职工监事依法行使下列权利：

（一）参加监事会会议，行使监事的发言权和表决权；

（二）就涉及职工切身利益的规章制度或者重大事项，提议召开监事会会议；

（三）监督公司的财务情况和公司董事、高级管理人员执行公司职务的行为；监督检查公司对涉及职工切身利益的法律法规、公司规章制度贯彻执行情况；劳动合同和集体合同的履行情况；

（四）列席董事会会议，并对董事会决议事项提出质询或者建议；列席与其职责相关的公司行政办公会议和有关生产经营工作的重要会议；

（五）要求公司工会、公司有关部门和机构通报有关情况并提供相关资料；

（六）法律法规和公司章程规定的其他权利。

第四十四条　职工董事、职工监事应当履行下列义务：

（一）遵守法律法规，遵守公司章程及各项规章制度，保守公司秘密，认真履行职责；

（二）定期听取职工的意见和建议，在董事会、监事会上真实、准确、全面地反映职工的意见和建议；

（三）定期向职工代表大会述职和报告工作，执行职工代表大会的有关决议，在董事会、监事会会议上，对职工代表大会作出决议的事项，应当按照职工代表大会的相关决议发表意见，行使表决权；

（四）法律法规和公司章程规定的其他义务。

第四十五条　公司应当保障职工董事、职工监事依照法律法规和公司章程开展工作，为职工董事、职工监事履行职责提供必要的工作条件。

第四十六条　职工董事、职工监事在任职期间，除法定情形外，公司不得与其解除劳动合同。

第四十七条　职工董事、职工监事与公司的其他董事、监事享有同等的权利，承担相应的义务。

第五章　附　则

第四十八条　各地区、各有关部门和各企业根据本规定制定实施办法，推进企业民主管理工作。

第四十九条　集体企业依照《城镇集体所有制企业条例》等有关法律法规规定实行民主管理。

第五十条　本规定自发布之日起施行。

(此件发各省、自治区、直辖市纪委、组织部、国资委、监察厅〈局〉、总工会、工商联)

中共中央纪委	中共中央组织部
国务院国有资产监督管理委员会	监察部
中华全国总工会	中华全国工商业联合会
	2012 年 2 月 13 日

【6-2-2】

《全国厂务公开协调小组办公室关于印发《2019—2023 年全国企业民主管理工作五年规划》的通知》
(国厂开组办发〔2019〕4 号)

各省、自治区、直辖市厂务公开协调(领导)小组：

《2019—2023 年全国企业民主管理工作五年规划》已经 2019 年 5 月 22 日全国厂务公开协调小组第二十三次会议审议通过。现予印发，请结合本地实际，认真贯彻落实。

全国厂务公开协调小组办公室
2019 年 6 月 11 日

2019—2023 年全国企业民主管理工作五年规划

党和政府高度重视发展和谐劳动关系，党的十九大提出坚持以人民为中心的发展思想，强调构建和谐劳动关系。企业民主管理是构建和谐劳动关系的重要内容，对建立完善科学有效的利益协调、诉求表达、矛盾调处、权益保障机制具有重要作用。当前，我国发展仍处于并将长期处于重要战略机遇期，在新技术新业态新模式下，劳动用工呈现许多新特点，劳动关系出现许多新情况新问题，对构建和谐劳动关系带来新的挑战。《2014—2018 年全国厂务公开民主管理工作五年规划》实施以来，各级厂务公开协调领导机构采取有效举措，认真落实规划要求，取得了积极成效，企业民主管理工作进一步深化发展。但还存在区域行业发展不平衡、覆盖面不充分、总体质量不够高等主要问题。为适应全面深化改革的新要求和劳动关系发展变化的新趋势，深入推动新时代企业民主管理工作创新发展，现制定 2019—2023 年全国企业民主管理工作五年规划。

一、指导思想

1. 坚持以习近平新时代中国特色社会主义思想为指导，全面贯彻党的十九大精神，服从服务全面深化改革的新要求，凝聚广大职工力量，汇集广大

第六章　企业民主管理相关法律法规政策

职工智慧。

2. 坚持以职工为本，立足社会主要矛盾新变化，把解决广大职工最关心、最直接、最现实的利益问题，作为企业民主管理工作的出发点和落脚点。

3. 坚持依法依规，切实贯彻落实劳动法律以及《中共中央办公厅、国务院办公厅关于在国有企业、集体企业及其控股企业深入实行厂务公开制度的通知》《企业民主管理规定》等法律法规政策，运用法治思维和法治方式推进工作。

4. 坚持共建共享，统筹处理好促进企业发展和维护职工权益的关系，加强体制机制建设，推动企业和职工构建利益共同体、事业共同体、命运共同体，助力企业高质量发展，实现共创共建共享共赢。

二、总体要求

5. 着力建制扩面，扩大领域、夯实基础。把企业民主管理建制工作与工会组建紧密结合起来。分类指导，以点带面，协调联动，扩大覆盖面，推动各类型企事业单位普遍建立职代会和厂务公开制度，设立董事会、监事会的公司制企业应建立健全职工董事职工监事制度。

6. 着力提质增效，提升质量、突出成效。推动企事业单位建立企业民主管理长效机制，实现企业民主管理融入企事业单位日常生产经营更加自觉紧密，企业民主管理制度更加健全完善，职工参与企业民主管理更加广泛充分，企业民主管理效能更加有效彰显。

三、具体目标

7. 中央企业全部建立职代会制度，符合条件的公司制企业建立职工董事职工监事制度；已建工会的国有企业及其控股企业、100人以上的非公有制企业普遍建立职代会、厂务公开制度。推进事业单位普遍建立职代会、厂务公开制度。

8. 普遍推行区域（行业）职代会制度，鼓励小微企业结合自身特点开展多种形式的民主管理活动，实现100人以下非公有制企业民主管理制度覆盖率稳步增长。

9. 引导经济开发区（工业园区）、乡镇（街道）、产业聚集区的企业及社会组织广泛开展企业民主管理工作。

四、主要举措

10. 加强政策指导，推进企业民主管理制度化规范化法治化建设。全国厂务公开协调小组及其办公室将适时出台关于推进集团企业职代会制度建设、新时代深化企业民主管理工作等文件。各地要指导企事业单位贯彻落实企业民主管理相关法律法规，制定或修改完善有关职代会、厂务公开制度的实施细则及职工董事职工监事履职规则。严格规范民主程序，坚持企业改制方案提交职代会审议，职工安置方案、集体合同草案等涉及职工切身利益的重大事项提交职代会审议通过。指导各地通过运用"工会劳动法律监督意见书""工会劳动法律监督建议书"，督促企事业单位依法建立职代会、厂务公开等民主管理制度。借助社会信用信息平台，督促未建制的企业及时整改。开展立法调研活动，继续推进国家层面的企业民主管理专项立法工作。出台地方法规规章的地区，要联合人大、政协、劳动监察等部门做好执法检查、政协视察和行政监察，督促法规政策落实落地。

11. 坚持依法治企，把企业民主管理融入企事业单位经营管理中。引导企事业单位依法经营管理、依法治企兴企，依据法律法规在决策制定、规章制度、人员安排、绩效考核、物资采购、招标投标等经营管理过程中，通过职代会、厂务公开等民主形式，广泛听取职工的意见和建议，不断完善管理制度，提高管理水平。

逐步推动将职工代表大会制度写入国有企业公司章程，与企业专业管理相结合，并纳入到企业管理的制度体系中，严格规范履行职工代表大会的职责，完善符合市场经济规律和我国国情的国有企业法人治理结构。逐步推动职代会、职工董事等工作纳入国有企业党建巡视工作内容。国有企业应当发挥职代会、工会作用，坚持和完善职代会民主评议企业领导人员制度，加强职工民主监督。要依法推进职工董事职工监事制度建设，坚持职工董事、职工监事由职工代表大会选举产生，完善职工董事、职工监事履职的必要保障。职工董事、职工监事要向企业职代会报告工作，接受职代会监督、质询和民主评议。保障职工代表有效参与公司治理，在处理劳动关系重大问题、涉及职工切身利益重要事项时，切实发挥监督作用。

推动非公有制企业守法经营，自觉保障职工合法权益，积极履行社会责任，用法治方式规范企业经营管理。指导单独建制的非公有制企业认真落实职代会职权，制定或修改涉及劳动者切身利益的规章制度或者重大事项方案，提交职代会审议或审议通过。引导企业就劳动报酬、职工教育培训经费提取与使用、企业年金方案、工作时间、劳动安全卫生等涉及职工权益的事项与职工开展集体协商，并将协商内容经职代会或职工大会讨论通过。加强厂务公开制度建设，企业改革发展中的重大问题和职工关心的热点难点问题，必

第六章　企业民主管理相关法律法规政策

须通过厂务公开广泛听取职工的意见建议。将职代会、厂务公开作为非公有制企业经营管理的一项重要制度，与企业文化建设结合起来，进一步提高企业经营管理者和职工代表的民主意识，形成民主自觉。

12. 丰富内容形式，激发企业创新发展内生动力。持续深入开展"公开解难题、民主促发展"主题活动，紧密结合经济社会发展情况和企事业单位实际，进一步丰富活动形式。引导企业特别是非公有制企业经营管理者树立以人为本的理念，引导职工与企业共克时艰，为推动企业实现高质量发展贡献智慧和力量。将主题活动与开展"职工代表优秀提案活动"相结合，提高职工代表参与企事业单位管理和监督评议的能力，调动职工的积极性主动性创造性，激发企业在纾困解难、转型发展中的内生动力。进一步推动企业民主管理工作的内容向企业经营管理的重大问题延伸、向职工关心的热点难点问题延伸，与企业党建、领导班子建设、职工队伍建设、企业文化建设等结合起来。各地要探索建立全方位、多层次、制度化的企事业单位协商民主机制，与和谐劳动关系创建活动相结合，进一步丰富职代会闭会期间的民主管理活动，做到与职代会制度有效衔接。适应"互联网+"时代特点，指导企事业单位运用信息技术，积极探索民主管理、信息公开等有效实现形式，催生民主管理新活力，开辟民主管理工作新阵地，创造民主管理工作新方法，降低职工参与民主管理、民主监督的门槛，提高民主管理工作的便捷性、灵活性、互动性，使职工在参与过程中有更多获得感。

13. 完善工作机制，保障企业民主管理制度全面落实。各地要推动企业民主管理纳入推进基层民主政治建设、科学发展、促进社会和谐的党政目标责任制考核体系，纳入党建工作总体部署，纳入组织人事部门对党政干部的考核监督机制。要普遍推行企业民主管理质量评估机制建设，逐条细化标准，强化定量操作。以创建厂务公开民主管理示范单位活动为抓手，指导企事业单位把职代会制度作为民主管理机制建设的重点，健全职代会议案预告、职代会决议"票决制"、各专门委员会（工作小组）工作制度和决议落实制度。完善职工代表选举、提案、述职评议、巡视检查、培训等制度。鼓励各地建立健全企业民主管理激励约束机制，把企业职代会制度建设和发挥作用情况作为评选五一劳动奖状、模范职工之家及推荐企业经营管理者参评劳动模范等荣誉称号的必备条件。

14. 加强职工代表队伍建设，提升企业民主管理工作水平。各地要以增强职工代表履职能力为重点，深入推进职工代表素质提升工程。着力提高培训针对性有效性，努力实现职工代表培训工作覆盖面不断拓展、内容不断深化、方式不断改进、效果不断凸显，为推进新时代企事业单位民主管理工作打下坚实基础。各省（区、市）要建设一支高水平职工代表培训师资队伍，全国厂务公开协调小组办公室将在此基础上建立全国职工代表培训师资库。2022年全国企业民主管理调研检查活动，将把各地职工代表培训情况作为检查的重点内容，检验各地培训工作成果。

15. 坚持典型引领，充分发挥先进单位的示范带动作用。各地要以厂务公开民主管理先进单位表彰活动和创建厂务公开民主管理示范单位活动为抓手，精准指导、分类施策、对症下药，认真发现、总结、培育一批工作过硬的厂务公开民主管理示范单位、厂务公开民主管理工作先进单位以及推动厂务公开民主管理工作先进单位。通过宣传经验、一带一、一带多等形式，切实发挥不同类型的典型单位的示范带动作用，以点带面推动本地区企业民主管理工作提升整体水平。

五、组织领导

16. 加强组织领导。各地要争取同级党委政府支持，健全组织机构。已撤销机构的地区，要积极推动恢复工作机构。相关机构的领导或人员不到位的，要及时充实组织力量。各级厂务公开协调领导机构要坚持工作例会制度，每年定期研究部署工作。各成员单位要加强协调配合，形成整体合力，推动工作落实。要充分发挥厂务公开协调领导机构这一重要平台的作用，借助各方力量，巩固"党委统一领导、党政共同负责、有关方面齐抓共管、职工群众广泛参与"的领导体制和工作格局，加大政策指导力度、理论研究力度和督促检查力度。

17. 加强调查研究。各级厂务公开协调领导机构要深入基层开展调查研究。以2020年、2022年全国企业民主管理工作调研检查活动为契机，推动各地认真制定调研方案，按照工作情况评分表的要求，通过自检、互检、抽检等方式，围绕当前工作的重点内容，开展本级企业民主管理工作调研活动。要分析研究新时代企业民主管理工作的发展规律，正确研判工作发展趋势，及时解决工作中的理论与实践问题。加强对国有企业、集体企业、非公有制企业、外资企业、事业单位等不同类型企事业单位民主管理差异性研究，邀请地方有关部门、学术界及企业界人士，就企业产权结构变化对延伸民主管理工作领域的影响、在企业经营管理模式转变中如何推进企业民主管理工作创新发展、适应职工队伍结构深刻变化如何组织职工更有效地参与企业管理、适应互联网经济特点如何使企业民主管理更具有针对性等问题，举办各种类

第六章 企业民主管理相关法律法规政策

型的研讨会和经验交流会,形成理论成果,推动工作深入发展。

18. 加强督促实施。各地要围绕本规划提出的目标任务,制订本地区工作规划或工作计划,明确目标措施和工作步骤,确保工作落实。结合调研活动,定期对本地区和企事业单位开展企业民主管理工作进行指导,及时掌握工作情况,加强跟踪服务。在制定评估标准时,要将本地区劳动关系和谐状况、企业和职工发展情况、职工群众满意程度等作为企业民主管理工作的重要指标。各地要选树一批不同类型的先进典型,对工作完成较好的地区、单位予以表彰;对态度消极、不作为、乱作为问题予以批评,及时督促整改。

19. 加强分类指导。各级厂务公开协调领导机构要根据国有企业、非公有制企业的不同特点,因企施策、精准发力,推动企业破解发展困境、适应市场竞争、完善改革方案、积极稳妥推进改革,促进构建和谐劳动关系。积极推动混合所有制企业建立健全民主管理制度,探索工作新举措。进一步规范区域(行业)职代会的职权内容、工作制度、组织制度,引导小微企业结合自身特点,畅通利益表达渠道,推动协商解决区域(行业)内的共性问题,提升工作实效。指导学校、医院等事业单位把内部事务公开与社会事务公开结合起来,坚持将改革方案和涉及职工切身利益方案等提交职代会审议或审议通过,广泛听取职工群众的意见建议。

20. 加强宣传引导。全国厂务公开协调小组办公室将加强厂务公开信息员队伍建设和全国厂务公开民主管理工作网站建设,进一步畅通信息报送渠道。各级厂务公开协调领导机构要充分发挥各类媒体的宣传阵地作用,针对社会上出现的一些模糊认识和错误观点,通过专栏、专题片、动画、微电影等多种形式,讲好民主管理故事,普及企业民主管理基本知识,进一步引导企业经营管理者、广大职工群众和社会各界正确认识企业民主管理工作。广泛宣传企业民主管理在维护职工合法权益、构建和谐劳动关系、完善公司法人治理结构、加强企业党风建设、建立现代企业制度、促进企业健康发展,保障职工民主权利、推进基层民主政治建设中的积极作用。注重正面激励,不断释放正能量,扩大企业民主管理工作的社会影响力,为推动企业民主管理工作创新发展创造良好的社会环境和舆论氛围。

【6-2-3】

中华全国总工会关于加强公司制企业民主管理工作的意见
(2012年12月13日)

为贯彻落实党的十八大关于扩大社会主义民主、完善基层民主制度的精神,

新时代企业民主管理实务操作指南

适应当前我国现代企业发展形势的要求,充分发挥以职工代表大会为基本形式的企业民主管理制度在完善现代企业法人治理结构、维护职工合法权益、构建和谐劳动关系、促进公司制企业又好又快发展中的积极作用,根据《公司法》、《劳动法》、《劳动合同法》及《企业民主管理规定》等法律法规,现就加强公司制企业民主管理工作提出如下意见。

一、充分认识加强公司制企业民主管理工作的重要意义

随着我国公有制企业改革逐步深化、非公有制企业不断发展,公司制作为现代企业的有效组织形式已成为不同所有制企业改革发展的普遍选择。依照《公司法》、《公司登记管理条例》成立的公司制企业,其法人治理结构在推动企业明晰产权、明确责权、强化监督、科学管理方面发挥了积极作用。同时,公司制企业依照《公司法》设立职工董事职工监事,建立健全以职工代表大会为基本形式的企业民主管理制度,加强了所有者、经营者和劳动者之间的有效沟通和协调,维护了职工合法权益,推动了劳动关系和谐发展,完善了法人治理结构,形成了中国特色企业管理制度。

根据当前经济形势和企业发展的客观需要,按照党的十八大关于"全心全意依靠工人阶级,健全以职工代表大会为基本形式的企事业单位民主管理制度,保障职工参与管理和监督的民主权利"的要求,依靠职工办企业,将民主管理制度融入企业法人治理结构,是加强基层民主政治建设的客观需要,是企业遵守国家法律法规经营管理的法定责任,是完善企业决策机制、实现科学管理可持续发展的必然要求,是构建和谐劳动关系、实现职工与企业共同发展的重要保证。

各级工会要充分认识加强公司制企业民主管理工作的重要性和必要性,促进公司制企业不断拓宽民主管理的范围和途径,不断丰富内容和形式,保障广大职工享有更多更切实的民主权利。要认真贯彻执行《公司法》、《中共中央办公厅、国务院办公厅关于在国有企业、集体企业及其控股企业深入实行厂务公开制度的通知》、《企业民主管理规定》等法律法规和政策规定,推动公司制企业依法建立健全职工代表大会制度、职工董事职工监事制度,推进厂务公开,开展民主协商,建立集体合同制度,维护职工合法权益,促进公司制企业又好又快发展。

二、大力推进公司制企业依法建立健全民主管理制度

各级工会要推动公司制企业严格执行企业民主管理相关法律法规和政策规定,将以职工代表大会为基本形式的企业民主管理制度作为中国特色企业

第六章　企业民主管理相关法律法规政策

管理制度的重要组成部分,真正融入到董事会决策、经理层执行、监事会监督的公司法人治理过程之中,融入到企业经营管理的活动之中,最大限度地激发和调动职工工作热情和创造活力,增强职工的主人翁意识和责任感,充分发挥民主管理对完善公司法人治理结构的积极作用。一方面推动公司制企业法人治理的权力运行和监督机制更加有效,防止企业领导人员行为失范、权力失控、决策失误,维护好投资人的合理利益;另一方面促进公司制企业经营管理者与劳动者相互协商、相互合作的民主决策意识不断强化,既维护好职工合法权益,又不断提高经营管理水平,为企业持续健康稳定发展提供制度性保障。

(一) 推动公司制企业依法建立健全职工代表大会制度,加强民主决策和科学管理。

要督促公司制企业依法建立健全职工代表大会制度,按照《企业民主管理规定》的要求,定期召开职工代表大会,保障职工的知情权、参与权、表达权、监督权等民主权利,夯实公司制企业重要决策的民意基础。

一是发挥职工代表大会在推动董事会民主决策科学决策方面的积极作用。职工代表大会应当通过职工董事参与董事会的决策过程,充分发挥职工代表大会在了解民心、汇聚民意、形成共识方面的独特作用,真实、充分反映职工的意见建议,使董事会的决策和管理更加符合企业实际,符合大多数职工的意愿,得到广大职工的理解和支持。要督促董事会在经职工代表大会广泛听取职工意见的基础上进行决策。职工代表大会要及时宣传董事会决策精神,推动董事会决策事项的实施。

二是发挥职工代表大会在增强经理层经营管理效能方面的积极作用。职工代表大会应当监督和支持经营管理者依法将生产经营情况、发展规划和管理办法,以及改革发展过程中遇到的问题,通过职工代表大会等形式,向职工报告和说明;在制定、修改或者决定直接涉及劳动者切身利益的规章制度或者重大事项时,必须依法提交职工代表大会审议,集体合同草案必须依法提交职工代表大会审议通过;通过开展"公开解难题、民主促发展"主题活动,广泛征集职工代表提案,组织职工开展劳动竞赛和技术攻关、技术革新、发明创造等科技创新活动,群策群力破解经营管理难题、完善经营管理制度,提高企业市场竞争能力。

三是发挥职工代表大会在提高监事会监督实效性方面的积极作用。职工代表大会应当充分发挥民主监督的优势和作用,使职工代表大会广泛、深入的群众性监督与监事会专职、专业的权利性监督优势互补、形成合力。要组织职工代表开展调研巡查，通过对经营管理重大事项及董事和高级管理人员职务行为进行质询，民主评议领导人员等监督检查活动，为监事会及时提供详实的信息，督促企业执行劳动法律法规和规章，履行社会责任，推动企业健全权力运行的内部民主监督机制，提高监事会监督的效能。

职工代表大会还应当通过由其选举产生的职工董事职工监事影响和监督董事会、监事会的各项活动，督导职工董事职工监事在董事会决策、监事会监督的过程中发挥应有作用。

（二）推动公司制企业建立健全厂务公开制度，促进信息公开和廉洁从业。

要推动公司制企业实行厂务公开，积极推进厂务公开制度化、规范化建设，充分发挥厂务公开在保障职工民主权利、加强权力运行监督、促进反腐倡廉建设、推动企业健康发展方面的积极作用。

一是要推动所有公司制企业实行厂务公开，建立相应的工作制度。国有独资及其控股的公司制企业必须健全和完善厂务公开制度，并根据企业实际情况不断创新发展。

二是要丰富内容和形式，规范厂务公开制度。公司制企业的厂务公开要以职工代表大会为主要载体，并通过厂务公开栏、厂情发布会、民主议事会、劳资恳谈会和内部信息刊物、网络、广播、电视等形式，将生产经营管理的重大事项、涉及职工切身利益的规章制度和经营管理人员廉洁从业相关情况，按照一定程序向职工公开，听取职工意见，积极争取职工的理解和支持，接受职工监督。

三是要把厂务公开与公司制企业信息披露相结合。要将法定的公司信息披露制度与厂务公开制度紧密结合、同步推进，通过厂务公开将企业经营管理活动置于职工的监督之下，从而使对外公开与对内公开相结合，外部监督与内部监督相促进，保证披露信息和公开事项的真实性，增加职工和投资者的信心，推动企业健康发展。

（三）推动公司制企业依法建立健全职工董事职工监事制度，强化职工参与和内部监督。

要督促公司制企业依照法律法规和政策规定，支持和保证职工董事职工监事与董事会、监事会其他成员平等地参与企业决策、管理和监督，代表和维护职工合法权益。

一是要推动所有设立董事会、监事会的公司制企业建立职工董事职工监事制度。国有独资公司设立董事会的，以及两个以上的国有企业或者其他两个以上的国有投资主体投资设立的有限责任公司设立董事会的，必须依照《公司法》的规定设立职工董事；同时要督促其他设立董事会的公司制企业建立职工董事制度。设立监事会的各类公司制企业都必须设立职工监事，职工监事的比例不得低于监事会成员的三分之一。

二是要坚持职工董事职工监事必须依法由职工代表大会选举产生。职工董事职工监事的候选人应当由公司制企业工会在充分听取职工意见的基础上提名，经职工代表大会全体代表过半数通过方可当选，并报上一级工会组织备案。

公司制企业应当依法在公司章程中明确职工董事职工监事在董事会、监事会中的具体比例和人数，并明确工会主席、副主席作为职工董事职工监事候选人人选。

三是要加强对职工董事职工监事的支持与监督。必须明确职工董事职工监事是职工代表，对职工代表大会负责，在董事会、监事会会议上，要按照职工代表大会的有关决议发表意见，全面真实准确地反映职工代表大会的意见和建议，表达和维护职工合法权益和利益诉求；要定期向职工代表大会报告工作，接受职工代表大会的质询和监督。职工董事职工监事不履行职责或者有严重过错的，经三分之一以上的职工代表联名提议，职工代表大会全体代表的过半数通过，应当予以罢免。

要督促公司制企业依法为职工董事职工监事开展工作提供必要的信息和条件，保障职工董事职工监事依法履行职责应享有的各项权益，以及与公司制企业的其他董事监事享有同等的权利和相应的待遇。职工董事职工监事在任职期间，除法定情形外，企业不得与其解除劳动合同。

三、切实加强对公司制企业民主管理工作的指导

各级工会要把加强公司制企业民主管理工作作为一项重点工作来抓，从本地区、本产业和企业实际情况出发，加强组织领导，制订工作规划，加强对公司制企业民主管理工作的指导和监督。

积极推进公司制企业建立健全民主管理制度。要一手抓建制、一手抓规范。督促公司制企业在公司章程中明确建立企业民主管理制度相关内容。对尚未建立职工代表大会、厂务公开制度的公司制企业，依法应当设立却尚未设立职工董事职工监事制度的公司制企业，上级工会要加大建制工作力度，指导和帮助这些企业尽快建立职工代表大会制度，选举产生职工董事职工监

事,实行厂务公开,同时,健全工作制度、规范工作程序,使厂务公开民主管理工作在推动企业发展、维护职工权益中发挥积极作用。

努力推动公司制企业民主管理工作创新发展。要及时总结公司制企业民主管理工作中的创新经验,大力宣传和推广先进典型,以点带面整体推进厂务公开民主管理工作。要加强与党委纪检部门、组织部门,政府国有资产监督管理机构、监察机关,企业代表组织等有关单位协作配合,齐抓共管、形成合力,共同把公司制企业民主管理工作抓好抓实。要加强立法源头参与,推动地方出台公司制企业民主管理工作的相关法规,为国家修改《公司法》和制定企业民主管理的法律法规奠定实践基础。要积极推动立法机关开展执法检查和政府有关部门行政监察,依法推进公司制企业实行民主管理。要加强调查研究,及时研究解决实践中出现的新情况、新问题,深入开展理论研究,为实践提供理论依据,推动公司制企业民主管理工作创新发展。

充分发挥公司制企业工会在企业民主管理工作中的作用。公司制企业工会要积极争取党组织的领导和经营管理者的支持,推动企业建立健全民主管理制度。要切实履行职工代表大会工作机构的职责,努力做好职工代表大会的组织工作,健全各项工作制度,推动职工代表大会各项决议的落实,积极开展职工代表的培训工作,努力提高职工代表的综合素质和履职能力。要认真做好厂务公开协调领导机构交办的各项工作,努力落实工作责任,完善考核评价和监督检查机制。要监督集体合同草案提交职工代表大会审议通过的民主程序落实和集体合同的切实履行。要及时了解和掌握职工的意愿和要求,积极为职工董事职工监事提供履行职责必要的信息和建议,帮助提高职工董事职工监事的履职能力。

二、职工代表大会法律法规政策

【6-2-4】

《国资委党委、国资委关于建立和完善中央企业职工代表大会制度的指导意见》(国资党委群工〔2007〕120号)

各中央企业党委(党组):

职工代表大会(以下简称职代会)是企业实行民主管理的基本形式,是职工行使民主管理权力的机构,是中国特色基层民主政治建设的成功经验。为了全面贯彻"三个代表"重要思想和党的十六届六中全会关于构建社会主义和谐社会的精神,贯彻落实科学发展观,在建立健全现代企业制度过程中

第六章　企业民主管理相关法律法规政策

建立和完善中央企业职代会制度，推进企业职工民主管理工作的制度化、规范化建设，促进中央企业持续健康发展，依据《中华人民共和国宪法》、《中华人民共和国公司法》、《中华人民共和国工会法》、《中华人民共和国劳动法》、《全民所有制工业企业职工代表大会条例》等法律法规的规定，结合中央企业实际，提出以下意见。

一、实行职代会制度必须坚持的基本原则

（一）坚持党的领导的原则。

实行职代会制度，核心在于坚持党的领导。国有企业党组织在企业发挥政治核心作用，是职工依法参与企业民主管理的政治保证和组织保证。企业职代会必须坚持企业党委（党组）的领导，把贯彻全心全意依靠工人阶级的指导方针落到实处。

（二）坚持推进基层民主政治建设的原则。

企业职代会必须以充分发扬民主、依法行使职权、促进公平正义、维护团结稳定为宗旨，保障职工的知情权、参与权、表达权、监督权，推进企业决策的科学化、民主化，推进和丰富基层民主政治建设的实践和成果。

（三）坚持促进企业发展的原则。

企业职代会在国有资产管理体制改革和企业改革发展中，要坚持全面落实、自觉实践科学发展观，充分调动和发挥广大职工的积极性、主动性、创造性，有效实现企业发展与职工发展的和谐统一，增强企业的核心竞争力和国际竞争力，努力实现企业又好又快地发展。

（四）坚持推进现代企业制度建设的原则。

企业职代会必须在体制和机制上积极探索创新，在遵循和维护法律法规赋予职代会、董事会、监事会和经理层的职权的基础上，实现现代企业制度下职代会制度与公司董事会、监事会、经理层等治理结构的有效衔接，实现国家利益、出资人利益、企业利益和职工利益的协调发展，推进现代企业制度建设。

（五）坚持促进劳动关系和谐的原则。

企业职代会必须以职工为本，进一步加大协调劳动关系和化解矛盾的力度，主动依法科学地维护职工权益，努力建立规范有序、公正合理、互利共赢、和谐稳定的社会主义新型劳动关系，推动和谐企业建设。

二、职代会的职权

中央企业应根据国家有关法律法规及《中共中央办公厅　国务院办公厅

关于在国有企业、集体企业及其控股企业深入实行厂务公开制度的通知》（中办发〔2002〕13号）、《中共中央办公厅转发〈中共中央组织部、国务院国资委党委关于加强和改进中央企业党建工作的意见〉的通知》（中办发〔2004〕31号）、《企业工会工作条例》（总工发〔2006〕61号）和国资委有关加强民主管理、维护职工权益的规定，结合企业的实际情况，坚持行使和落实职代会的以下职权：

1. 审议建议权。职代会应听取企业工作报告，审议企业经营方针、中长期发展规划、年度计划、财务预决算等重要事项的报告；审议企业改制方案和重大改革措施；审议职工劳动安全卫生措施，职工教育培训计划、奖励方案和经费使用情况；听取企业经营方面的重大问题、制订重要规章制度的情况以及实行厂务公开及集体合同履行等情况的报告，并提出意见和建议。企业拟订的职务消费管理制度在履行内部决策程序前，应当通过职代会等形式听取职工意见。

2. 审议通过权。职代会应审议企业提出的企业改制中的职工安置方案、职工奖惩办法及企业其他涉及职工切身利益的重要规章制度；应审议经企业和工会协商提出的集体合同草案、企业年金方案、住房制度改革方案等涉及职工切身利益的重大事项。在审议方案的基础上，进行投票表决，形成通过或不通过的决议。

3. 监督评议权。职代会应在企业党组织领导下，在国资委企业领导人员管理部门的指导和参与下，每年或定期组织职工代表听取企业领导班子成员或已建立规范法人治理结构的企业的经营班子成员报告履行职责和廉洁自律的情况，并由职工代表进行民主评议。民主评议的结果可根据干部管理权限，报国资委企业领导人员管理部门或董事会。

4. 民主选举权。职代会应依法选举、监督和罢免企业职工董事、职工监事；选举职代会专门委员会（小组）成员；选举企业劳动争议调解委员会中的职工代表。

5. 法律法规赋予职代会的其他权利。

未建立集团一级职代会的中央企业，应抓紧建立职代会，认真落实职代会职权；已经建立集团一级职代会的中央企业，应结合企业实际，继续完善和落实职代会的职权内容。其中，国有独资公司董事会试点的中央企业，应在现代企业制度框架内，结合企业实际，积极探索与公司董事会、监事会、经理层等治理结构有效衔接的职代会职权内容；子企业数量多、分布广的中央企业，应结合企业实际，决定适应本企业组织构架的职代会职权内容；多元投资主体的中央企业、整体上市的中央企业和其他类型的中央企业，也应结合企业实际，决定适应本企业产权结构的职代会职权内容。

由于中央企业的产权结构、组织构架差异比较大，职代会的职权内容可以有所不同，但都应坚持企业重要事项必须提请职代会审议；涉及职工切身利益的重大事项必须提请职代会审议通过；企业领导班子成员或已建立规范法人治理结构的企业的经营班子成员必须向职代会报告履行职责和廉洁自律的情况，并接受职工代表的民主评议。

中央企业所属企业应根据本意见及所在省市关于职代会制度的有关规定，结合本企业的实际情况，确定并落实职代会的各项职权。

三、职工代表的结构、权利和义务

职工代表是企业职工民主管理的主体，职工代表结构合理、权利保障和义务履行，是实行职工民主管理的基本保证。

（一）职工代表的产生和结构。

依法享有政治权利并与本企业建立劳动关系的职工，均可当选为本企业的职工代表。为保证中央企业职代会的运作质量，职工代表应有良好的品行和较好的群众基础，有一定的生产、管理知识和工作经验，具有较好的参与民主管理的能力。

职工代表的总人数根据企业规模等实际情况而定，既要保证职工代表的覆盖面和代表性，又要保证职代会制度的可操作性。

规模较小的中央企业的职工代表选举，应以班组（科室）、工段（作业区）或者分厂（车间）为选区进行，须有本选区全体职工三分之二以上参加，候选人获得应到人数过半数赞成票方可当选。其中有条件的企业，也可以按照职工自荐、竞职演说、群众信任投票和组织审定的基本程序，实行职工代表竞选制。规模较大的中央企业，其职工代表一般由所属子（分）企业职代会选举产生。

职工代表的结构应以一线职工（包括一线工人、技术人员和管理人员）为主体。子企业分布比较集中的中央企业的正副职负责人及所辖子企业正职负责人担任的职工代表，一般不超过代表总数的25%；子企业数量多、分布广的中央企业的正副职负责人及所辖子企业正职负责人担任的职工代表，一般不超过代表总数的35%。贸易型、高新技术型企业的职工代表，应以一线的贸易、科技人员等为主体。在职工代表中，劳模先进人物、青年职工和女职工应占适当比例。

职代会新建或换届，应建立职工代表资格审查小组，负责审查代表是否依法享有政治权利并与本单位建立了劳动关系，代表的产生是否符合民主程序，代表的结构比例是否符合相关规定，并向职代会报告审查结果。

企业的职工代表实行常任制，可连选连任。根据需要职代会可设置列席代表与特邀代表。

（二）职工代表的权利。

职工代表在职代会上有选举权、被选举权和表决权；有权参加职代会及其工作机构组织的各项活动；因参加职代会组织的有关活动而占用生产或工作时间，有权按照正常出勤享受应得的待遇；依法行使职权时，任何组织和个人不得压制、阻挠和打击报复。职工代表在劳动合同期间，除严重违反企业规章制度、因严重失职给企业利益造成重大损失外，企业不得与其解除劳动合同。确需解除劳动合同的，应当事先征求企业工会组织的意见。

（三）职工代表的义务。

职工代表应认真学习党和国家的方针政策、法律法规和现代企业管理知识，不断提高政治觉悟、技术业务素质和参与管理的能力；密切联系群众，代表职工合法权益，如实反映职工群众的意见和要求；模范遵守国家的法律法规和企业的规章制度，保守企业商业秘密，做好本职工作；认真执行职代会的决议，完成职代会交付的任务。

（四）职工代表的变动、罢免及补选。

职工代表对本选区的职工负责，职工有权监督职工代表履行职权的情况。

职工代表调离企业、与企业解除劳动合同、退休或死亡，其代表资格自行终止。

职工代表在受到纪检监察、公安、司法机关审查期间，其代表资格暂时中止。各选区有权对触犯法律、受到行政或党纪处分及有其他不称职行为的职工代表提出罢免申请，罢免的民主程序由各企业职代会或工会确定并履行。

职工代表出现缺额时，应由原选区依照规定的民主程序和结构要求及时补选产生，并在下一次职代会上确认。

四、职代会运作的基本程序

职代会运作的基本程序是体现职工代表和广大职工意愿的根本保证。

（一）职代会对民主选举和涉及职工切身利益的重大事项的表决方式。

职代会进行民主选举和审议通过涉及职工切身利益的重大事项时，必须

第六章　企业民主管理相关法律法规政策

采用无记名投票表决方式；一般事项也可采用其他表决方式，但须获得应到职工代表过半数赞成票通过。

（二）职代会主席团成员的选举产生程序。

在征求职工代表意见的基础上，召开职工代表团（组）长会议，协商提出主席团成员候选人名单。主席团成员必须在职代会的预备会议上由职工代表选举产生。

主席团成员应有一线职工、技术管理人员和企业负责人，人数可以根据企业的具体情况确定。劳模先进人物、青年职工和女职工的代表在主席团成员中应有适当名额。

（三）职代会专门委员会（小组）成员的选举产生程序。

职代会可设立若干个专门委员会（小组），受职代会领导，为职代会依法行使职权服务。

专门委员会（小组）应根据职代会职权内容与企业规模设立，如提案、民主评议干部等。专门委员会（小组）的成员人选，一般由职工代表担任，也可以推荐部分熟悉业务的非职工代表。专门委员会（小组）成员在职代会全体会议上由职工代表选举产生。

（四）召开职代会临时会议的程序。

职代会闭会期间，遇有重大事项，经经理层、工会或三分之一以上职工代表的提议，并由企业党委（党组）审定同意后，可以召开职代会临时会议。

五、职代会的主要工作制度

职代会的主要工作制度，是职代会正常运作的基本保证，也是职代会制度建设的重要内容。

（一）职代会的组织制度。

中央企业的职代会一般每届3-5年，每年至少召开一次会议。每次会议必须有全体职工代表的三分之二以上出席，方可召开。

凡提交职代会审议、讨论的各类报告、方案、规定等有关事项，在不泄露商业秘密的前提下，一般应在正式会议召开前印发给职工代表，时间不少于7天。在职代会正式会议召开前一周内，由工会负责召开职代会预备会议。在预备会议期间，要报告大会的筹备情况，提请审议通过会前与董事会、经理层沟通、协商并经党委（党组）讨论的大会议题、议程，同时决定大会的其他有关事项；组织职工代表在选区内听取职工群众对企业工作报告和其他议案的意见；职工代表分组审议企业工作报告及有关专项议案；根据代表审议提出的意见、建议，对有关议案作修改，提交职代会正式会议审议。如中央企业由于所属子（分）企业分布广等原因，提前印发材料和召开预备会议有困难，可根据实际情况而定。

（二）职代会的日常民主管理工作制度。

1. 联席会议制度。

企业职代会的联席会议在职代会闭会期间，由企业工会主持召开，就需要临时解决涉及职工切身利益的重要问题，以及对职代会审议通过的方案在实施中发生的个别需要作部分修改或补充的问题进行协商处理，履行民主程序。联席会议形成的意见、决议或决定，必须向下次职代会报告，提请确认，职代会对职权范围内的事项具有最终审定权。联席会议由职代会主席团成员、职工代表团（组）长、职代会专门委员会（小组）负责人、工会委员会成员、职工董事、职工监事组成。联席会议可以根据会议内容邀请本企业其他有关人员参加。

2. 质量评估制度。

在企业党委（党组）领导下，每年组织开展对本企业上一年度职代会运行质量的评估工作。评估内容可以分为"职权履行"、"程序规范"、"决议执行"、"制度落实"、"组织领导"等方面。评估采取召开职工代表座谈会、开展职工代表个别访谈、组织职工代表民主测评等方式。工会可会同企业有关部门，对评估的情况进行综合分析，研究提出改进意见，并在下一次职工代表大会上报告测评结果以及实施整改的情况。

3. 专门委员会（小组）工作制度。

职代会专门委员会（小组）在职代会召开前，开展对提请职代会审议的与本委员会（小组）专业对口的有关事项、议题、提案或方案的审议工作，并在职代会有关会议上阐述审议意见。

在职代会闭会期间，各专门委员会（小组）对属于本委员会（小组）职责范围内需要临时决定的事项进行审定，并将审定事项报告下一次职代会，由大会予以确认；开展对企业有关部门执行职代会决议、决定情况的检查监督工作；协助并监督企业有关部门处理、落实经职代会确认的职工代表提案，并将有关情况报告下一次职代会。

4. 职工代表巡视检查制度。

在职代会闭会期间，职代会要组织部分职工代表对职代会各项决议、决定执行和提案落实的情况进行检查和监督；也可以组织部分职工代表通过向有关部门询问、查阅报表资料、提合理化建议等形式，对企业重大决策的执

第六章　企业民主管理相关法律法规政策

行情况、职工群众关心的热点问题等内容进行巡视检查，督促相关部门对有关问题进行及时改进。

5. 职工代表培训及述职、评议制度。

企业要制订关于职工代表培训的规划和专题培训目标，组织全体职工代表在任职期内分期分批参加法律法规、现代企业管理、民主管理等业务知识的培训，提高职工代表的综合素质。

有条件的企业工会在职工代表任职期间，组织职工代表向本选区的职工作一次工作述职，接受职工群众的评议，也可以探索建立职工群众对职工代表履行职责情况的质询制度。

（三）职代会的文书档案管理制度。

企业工会对职代会的各种文字材料，要组织专人，分门别类，建档归案，并加强日常管理，做到有章可循、有案可查。

六、职代会与公司治理结构的关系

建立规范法人治理结构的企业，依照公司法，董事会行使经营决策权，经理层行使经营管理权，监事会行使监督权，职代会行使职工民主管理权。

（一）正确定位职代会职权。

董事会依照公司法，对企业经营计划、投资方案等重要事项行使决策权，职代会对企业重要事项行使审议建议权。董事会、经理层在制订涉及职工切身利益的有关方案时，要充分听取职代会的意见，职代会对涉及职工切身利益的重大事项有审议通过权。董事会、经理层行使企业人员聘用权，职代会对企业经营班子成员行使评议监督权。

（二）合理确定职代会会期、内容。

职代会的会期、内容要与每年决定企业年度计划等重要事项的董事会会议有机衔接，具体会期由各中央企业视实际情况决定。如职代会在董事会会议之后召开，则应按照职代会职权和厂务公开具体内容的规定，在职代会上报告董事会会议的有关重大决策；如职代会在董事会会议之前召开，则职代会在职权范围内关于企业重要事项的审议意见、决议和涉及职工切身利益重大事项的决定应由参加职代会的职工董事在董事会会议上准确反映，或由工会代表职代会向董事会报告。

（三）充分发挥职工董事、职工监事的作用。

职工董事是职代会与董事会联系的纽带，代表职工参与企业决策。职工董事要严格按照公司法和国资委制定的《国有独资公司董事会试点企业职工董事管理办法（试行）》的要求选举产生，与其他董事享有同等权利，承担相应义务。职工董事要严格履行董事的职责，正确反映职代会和职工代表的意见，维护国家、出资人、企业和职工四方的利益。董事会讨论研究涉及职工切身利益的重大事项时，职工董事应事先听取企业工会和职工代表的意见，全面准确反映职工意见，维护职工的合法权益。

职工监事是职代会与监事会联系的纽带，代表职工参与企业监督。职工监事的选举和职责履行要严格按照公司法和《国有企业监事会暂行条例》（国务院令第283号）的要求实施。职工监事与其他监事享有同等权利，承担相应义务，要正确反映职代会和职工代表的意见。

职工董事、职工监事在董事会会议与监事会会议召开前，在不泄露商业秘密和企业一段时间需要保密的问题的前提下，应就会议有关内容开展调研，充分听取职工代表的意见。

职工董事、职工监事应定期向职代会就反映职工意见、参与决策与监督、维护职工权益等内容报告履行职责的情况，接受职工代表的监督、质询和考核。对工作不称职的、群众不满意的职工董事、职工监事，职代会要通过相应程序予以撤换或罢免。

七、加强组织领导，明确责任分工，搞好协调配合

中央企业党委（党组）要加强组织领导，明确责任分工，搞好协调配合，促使建立和完善职代会制度的工作取得切实成效。

（一）企业党委（党组）要加强对职代会工作的领导。

企业党委（党组）要坚持贯彻落实全心全意依靠工人阶级的指导方针，充分发挥政治核心作用，支持和保证职代会依法行使各项职权。党委（党组）要定期听取职代会工作情况的汇报，切实加强对职代会工作的领导，指导协调企业各有关方面，及时研究解决职代会制度建设中遇到的问题，落实企业工会的人员编制，充分发挥职代会应有的作用；要定期组织企业负责人进行法律法规、现代企业管理等知识的培训，提高他们的民主管理意识；要加强督导力度，促进企业健全完善民主管理的各项机制，扎实提高企业民主管理工作的水平。

（二）董事会、经理层要积极推进职代会制度的落实。

董事会、经理层要牢固树立依靠职工办企业的观念，尊重职工代表民主参与、民主管理、民主决策和民主监督的权利，重视职代会提出的建议和意见，支持职代会依法行使职权；要把建立和完善职代会制度与健全现代企业制度有机结合起来，切实加以推进，并把职代会制度作为企业管理的重要基

第六章 企业民主管理相关法律法规政策

础制度；要督促企业有关部门落实职代会提案和决议，在企业管理费中列支职代会工作费用；要进一步规范企业行为，提高企业科学决策、民主决策的水平，推动企业的健康、可持续发展。

（三）工会应当承担并履行好职代会工作机构的职责。

企业工会作为职代会的工作机构，在建立和完善职代会制度的工作中应发挥重要作用。要运用各种形式向职工群众宣传民主管理的有关知识，组织传达职代会精神，宣传和发动职工落实职代会决议；要搞好职工代表选举，做好职代会筹备和组织工作；要组织职代会专门委员会（小组）和部分职工代表开展对职代会决议和提案落实情况的检查；要为职工群众反映意见、要求和建议创造条件，维护职工代表的合法权益；要加强对职工代表的培训和教育，不断提高职工代表的综合素质和参与民主管理水平。

（四）建立职代会工作问责制度，促进企业各方切实担负建立和完善职代会制度的责任。

建立职代会工作问责制度，督促企业党委（党组）、董事会、经理层、工会承担好各自职责。对妨碍职代会制度实施，甚至阻挠职工行使民主管理权利的企业有关人员进行严肃批评或给予必要的组织处理。国资委党委将组织有关部门，定期对各企业职代会的运行质量进行评估，评估结果将作为对各企业民主管理工作的重要考核依据。

各中央企业要按照本意见的要求，结合企业实际情况，制定贯彻落实的实施意见或细则，要明确目标责任，加强组织协调，努力探索创新，注重工作实效，并将意见贯彻落实到所属企业，推动建立符合现代企业制度要求的企业民主管理体系，开创中央企业的职工民主管理工作的新局面，更好地为中央企业的经济建设和改革发展服务。

国资委党委
国　资　委
二〇〇七年七月二十二日

【6-2-5】

《学校教职工代表大会规定》
（教育部 32 号令）
中华人民共和国教育部令
第 32 号

《学校教职工代表大会规定》已经 2011 年 11 月 9 日第 34 次部长办公会

议审议通过,并经商中华全国总工会同意,现予发布,自2012年1月1日起施行。

教育部部长　袁贵仁

学校教职工代表大会规定

第一章　总　则

第一条　为依法保障教职工参与学校民主管理和监督,完善现代学校制度,促进学校依法治校,依据教育法、教师法、工会法等法律,制定本规定。

第二条　本规定适用于中国境内公办的幼儿园和各级各类学校(以下统称学校)。民办学校、中外合作办学机构参照本规定执行。

第三条　学校教职工代表大会(以下简称教职工代表大会)是教职工依法参与学校民主管理和监督的基本形式。

学校应当建立和完善教职工代表大会制度。

第四条　教职工代表大会应当高举中国特色社会主义伟大旗帜,以马克思列宁主义、毛泽东思想、邓小平理论和"三个代表"重要思想为指导,深入贯彻落实科学发展观,全面贯彻执行党的基本路线和教育方针,认真参与学校民主管理和监督。

第五条　教职工代表大会和教职工代表大会代表应当遵守国家法律法规,遵守学校规章制度,正确处理国家、学校、集体和教职工的利益关系。

第六条　教职工代表大会在中国共产党学校基层组织的领导下开展工作。教职工代表大会的组织原则是民主集中制。

第二章　职　权

第七条　教职工代表大会的职权是:

(一)听取学校章程草案的制定和修订情况报告,提出修改意见和建议;

(二)听取学校发展规划、教职工队伍建设、教育教学改革、校园建设以及其他重大改革和重大问题解决方案的报告,提出意见和建议;

(三)听取学校年度工作、财务工作、工会工作报告以及其他专项工作报告,提出意见和建议;

(四)讨论通过学校提出的与教职工利益直接相关的福利、校内分配实施方案以及相应的教职工聘任、考核、奖惩办法;

(五)审议学校上一届(次)教职工代表大会提案的办理情况报告;

(六)按照有关工作规定和安排评议学校领导干部;

(七)通过多种方式对学校工作提出意见和建议,监督学校章程、规章制

第六章　企业民主管理相关法律法规政策

度和决策的落实，提出整改意见和建议；

（八）讨论法律法规规章规定的以及学校与学校工会商定的其他事项。

教职工代表大会的意见和建议，以会议决议的方式做出。

第八条　学校应当建立健全沟通机制，全面听取教职工代表大会提出的意见和建议，并合理吸收采纳；不能吸收采纳的，应当做出说明。

第三章　教职工代表大会代表

第九条　凡与学校签订聘任聘用合同、具有聘任聘用关系的教职工，均可当选为教职工代表大会代表。

教职工代表大会代表占全体教职工的比例，由地方省级教育等部门确定；地方省级教育等部门没有确定的，由学校自主确定。

第十条　教职工代表大会代表以学院、系（所、年级）、室（组）等为单位，由教职工直接选举产生。

教职工代表大会代表可以按照选举单位组成代表团（组），并推选出团（组）长。

第十一条　教职工代表大会代表以教师为主体，教师代表不得低于代表总数的60%，并应当根据学校实际，保证一定比例的青年教师和女教师代表。民族地区的学校和民族学校，少数民族代表应当占有一定比例。

教职工代表大会代表接受选举单位教职工的监督。

第十二条　教职工代表大会代表实行任期制，任期3年或5年，可以连选连任。

选举、更换和撤换教职工代表大会代表的程序，由学校根据相关规定，并结合本校实际予以明确规定。

第十三条　教职工代表大会代表享有以下权利：

（一）在教职工代表大会上享有选举权、被选举权和表决权；

（二）在教职工代表大会上充分发表意见和建议；

（三）提出提案并对提案办理情况进行询问和监督；

（四）就学校工作向学校领导和学校有关机构反映教职工的意见和要求；

（五）因履行职责受到压制、阻挠或者打击报复时，向有关部门提出申诉和控告。

第十四条　教职工代表大会代表应当履行以下义务：

（一）努力学习并认真执行党的路线方针政策、国家的法律法规、党和国家关于教育改革发展的方针政策，不断提高思想政治素质和参与民主管理的能力；

（二）积极参加教职工代表大会的活动，认真宣传、贯彻教职工代表大会决议，完成教职工代表大会交给的任务；

（三）办事公正，为人正派，密切联系教职工群众，如实反映群众的意见和要求；

（四）及时向本部门教职工通报参加教职工代表大会活动和履行职责的情况，接受评议监督；

（五）自觉遵守学校的规章制度和职业道德，提高业务水平，做好本职工作。

第四章　组织规则

第十五条　有教职工 80 人以上的学校，应当建立教职工代表大会制度；不足 80 人的学校，建立由全体教职工直接参加的教职工大会制度。

学校根据实际情况，可在其内部单位建立教职工代表大会制度或者教职工大会制度，在该范围内行使相应的职权。

教职工大会制度的性质、领导关系、组织制度、运行规则等，与教职工代表大会制度相同。

第十六条　学校应当遵守教职工代表大会的组织规则，定期召开教职工代表大会，支持教职工代表大会的活动。

第十七条　教职工代表大会每学年至少召开一次。

遇有重大事项，经学校、学校工会或 1/3 以上教职工代表大会代表提议，可以临时召开教职工代表大会。

第十八条　教职工代表大会每 3 年或 5 年为一届。期满应当进行换届选举。

第十九条　教职工代表大会须有 2/3 以上教职工代表大会代表出席。

教职工代表大会根据需要可以邀请离退休教职工等非教职工代表大会代表，作为特邀或列席代表参加会议。特邀或列席代表在教职工代表大会上不具有选举权、被选举权和表决权。

第二十条　教职工代表大会的议题，应当根据学校的中心工作、教职工的普遍要求，由学校工会提交学校研究确定，并提请教职工代表大会表决通过。

第二十一条　教职工代表大会的选举和表决，须经教职工代表大会代表总数半数以上通过方为有效。

第二十二条　教职工代表大会在教职工代表大会代表中推选人员，组成主席团主持会议。

第六章　企业民主管理相关法律法规政策

主席团应当由学校各方面人员组成，其中包括学校、学校工会主要领导，教师代表应占多数。

第二十三条　教职工代表大会可根据实际情况和需要设立若干专门委员会（工作小组），完成教职工代表大会交办的有关任务。专门委员会（工作小组）对教职工代表大会负责。

第二十四条　教职工代表大会根据实际情况和需要，可以在教职工代表大会代表中选举产生执行委员会。执行委员会中，教师代表应占多数。

教职工代表大会闭会期间，遇有急需解决的重要问题，可由执行委员会联系有关专门委员会（工作小组）与学校有关机构协商处理。其结果向下一次教职工代表大会报告。

第五章　工作机构

第二十五条　学校工会为教职工代表大会的工作机构。

第二十六条　学校工会承担以下与教职工代表大会相关的工作职责：

（一）做好教职工代表大会的筹备工作和会务工作，组织选举教职工代表大会代表，征集和整理提案，提出会议议题、方案和主席团建议人选；

（二）教职工代表大会闭会期间，组织传达贯彻教职工代表大会精神，督促检查教职工代表大会决议的落实，组织各代表团（组）及专门委员会（工作小组）的活动，主持召开教职工代表团（组）长、专门委员会（工作小组）负责人联席会议；

（三）组织教职工代表大会代表的培训，接受和处理教职工代表大会代表的建议和申诉；

（四）就学校民主管理工作向学校党组织汇报，与学校沟通；

（五）完成教职工代表大会委托的其他任务。

选举产生执行委员会的学校，其执行委员会根据教职工代表大会的授权，可承担前款有关职责。

第二十七条　学校应当为学校工会承担教职工代表大会工作机构的职责提供必要的工作条件和经费保障。

第六章　附　则

第二十八条　学校可以在其下属单位建立教职工代表大会制度，在该单位范围内实行民主管理和监督。

第二十九条　省、自治区、直辖市人民政府教育行政部门，可以与本地区有关组织联合制定本行政区域内学校教职工代表大会的相关规定。

有关学校根据本规定和所在地区的相关规定，可以制定相应的教职工代表大会或者教职工大会的实施办法。

第三十条　本规定自2012年1月1日起施行。1985年1月28日教育部、原中国教育工会印发的《高等学校教职工代表大会暂行条例》同时废止。

二〇一一年十二月八日

【6-2-6】
中华全国总工会办公厅关于规范召开企业职工代表大会的意见
（2011年12月7日）

为规范召开企业职工代表大会（以下简称职代会），充分有效地发挥企业职代会作用，根据相关法律法规，结合企业职代会运行的实际情况，提出以下意见。

一、企业职代会每年至少召开一次。

二、企业职代会实行届期制，每三至五年为一届，到期应当及时换届。

三、企业工会是企业职代会的工作机构。未建工会的企业召开职代会，应当向上级工会组织报告，在其指导下开展相关工作。

四、企业首次召开职代会前应当成立筹备机构，由企业党组织、行政、工会等方面人员组成。筹备机构主要任务是：起草本单位职代会实施办法（细则）；组织选举职工代表；起草职代会筹备工作情况报告；研究确定本次职代会主要议题和议程；听取职工的意见和建议，等等。

五、企业应当根据法律法规的规定，结合实际，制定职代会实施办法（细则）。职代会实施办法（细则）应当提交职代会审议通过。

六、企业应当根据职工人数和生产（行政）单位设置状况确定职工代表总数、划分选区、分配名额，进行职工代表的选举。职工代表人数应当按照企业全体职工人数的一定比例确定，具体比例和人数应当按照本企业职代会实施办法（细则）确定，或由企业与工会协商确定，但最少不得低于三十人。企业职工人数在五十人以下的，应当召开职工大会。

七、职工代表中应当有工人、技术人员、管理人员、企业领导人员和其他方面的职工。其中企业领导人员一般不超过职工代表总数的五分之一。

八、各选区按照分配名额，由工会负责组织职工直接选举职工代表。

九、企业领导（高级管理）人员应当在相应的选区，参加职工代表的选举。

十、选举（撤换）职工代表，必须有选区全体职工三分之二以上参加，得到选区全体职工总数二分之一以上同意票者方可当选（撤换）。

第六章 企业民主管理相关法律法规政策

管理层级较多的企业，参加上一级职代会的职工代表，可以在下一级职代会职工代表中选举产生，也可以由全体职工直接选举产生。

十一、职工代表人数较多的可以按选区组成代表团（组），推选团（组）长。

十二、职工代表实行常任制，任期与职代会届期相同，可以连选连任。

十三、职工代表在任期内因跨选区工作岗位变动或企业与其终止、解除劳动关系，其代表资格自行终止，缺额应当由原选举单位按照规定补选。

十四、职代会可以设列席代表和特邀代表；可以组织职工旁听。

十五、工会应当按照企业职代会实施办法（细则）制定职工代表选举方案；负责对职工代表条件、产生程序、人员构成比例等进行审核，并将职工代表名单进行公示，接受职工监督。

十六、确定召开职代会后，工会或职代会提案委员会应当通过职工代表向职工征集提案；经审查立案后提交职代会讨论。

十七、召开职代会前应当以书面形式，通知职工代表参加会议的时间、地点及主要内容。

十八、需要通过职代会讨论表决事项的相关材料，一般应当在会前不少于7个工作日，以书面形式送达职工代表，由职工代表团（组）长组织职工代表充分讨论和征求选区职工的意见。

十九、基层工会组织在召开职代会之前，应当向上一级工会报告会议筹备情况，上一级工会应当予以指导。

二十、正式召开职代会前可以召开预备会议。预备会议由本企业工会主持，全体职工代表参加。

二十一、职代会预备会议的主要程序是：

（一）选举大会主席团；

（二）听取关于本届（次）职代会筹备情况的报告；

（三）审议通过关于职工代表资格审查情况的报告；

（四）通过大会议程；

（五）决定大会其它有关事项。

二十二、召开职代会正式会议必须有全体职工代表的三分之二以上到会。

会议主持人必须向大会报告职工代表出席情况、职代会提案征集处理情况和上次职代会提案的落实情况。

二十三、职代会应当以职工代表团（组）为单位讨论相关事宜。大会主席团成员分别参加本代表团（组）的讨论。

二十四、职代会选举及表决通过决议、重要事项,应当以无记名投票方式进行,得到全体职工代表二分之一以上同意票方为当选(有效)。

二十五、职代会主席团负责处理会议期间的相关事项。

二十六、职代会闭会期间遇有重大问题,可由企业行政、工会或三分之一以上的职工代表联名,提议召开职代会,并按照规范程序进行。

二十七、职代会通过的决议、重要事项和选举结果等应当形成书面文件并及时公示。

职代会应当建立专门档案。

二十八、事业单位、民办非企业单位等其它单位可参照本意见执行。

(此件发各省、自治区、直辖市总工会,各全国产业工会,中共中央直属机关工会联合会、中央国家机关工会联合会,全总各部门、各直属单位)

【6-2-7】

中华全国总工会关于推行区域(行业)职工代表大会制度的意见(试行)

总工发〔2010〕47号

(2010年9月14日)

根据《劳动法》《劳动合同法》《工会法》等法律法规的有关规定,总结一些地方召开区域(行业)职工代表大会的做法和经验,现就推行区域(行业)职工代表大会制度提出以下意见。

一、推行区域(行业)职工代表大会制度的重要意义

当前,我国正处于经济社会发展的重要机遇期。随着工业化、城镇化进程不断加快,转变经济发展方式、调整经济结构的力度进一步加大,非公有制经济迅速发展,中小企业已经成为国民经济和社会发展的重要力量,成为吸纳劳动力、扩大和稳定就业的主渠道。适应非公有制中小企业快速发展和劳动关系的深刻变化,认真总结实践经验,大力推行区域(行业)职工代表大会制度,对于认真贯彻落实党的全心全意依靠工人阶级的指导方针,扩大职工参与民主管理的覆盖面,充分调动、发挥区域(行业)内中小企业职工投身改革发展的积极性和创造性;对于畅通职工理性合法表达利益诉求的渠道,加强厂务公开民主管理制度建设,切实维护职工合法权益;对于促进企业健康发展,推动所在地区经济社会的协调发展等,具有十分重要的意义。

各级工会要站在工会工作全局的高度,充分认识推行区域(行业)职工代表大会制度的重要性和紧迫性,采取有效措施,大力推行区域(行业)职工代表大会制度,为职工参与企业管理,构建和谐稳定的劳动关系,促进区域经

济和企业的健康发展作出新的贡献。

二、推行区域（行业）职工代表大会制度的原则

区域（行业）职工代表大会，是县级以下一定区域或性质相近的行业内若干尚不具备单独建立职工代表大会制度条件的中小企业，通过民主选举代表联合召开会议，组织职工参与企业管理，行使民主管理权利，协调解决区域（行业）内劳动关系共性问题的民主管理制度。区域（行业）职工代表大会是本区域（行业）内职工参与民主管理的基本形式，也是区域（行业）实行政务公开、厂务公开的有效渠道。

推行区域（行业）职工代表大会制度，要坚持以下原则：

一是坚持党的领导。各级工会在推行区域（行业）职工代表大会制度中，要在区域（行业）党组织的领导下进行，认真贯彻落实党和政府的有关方针政策。

二是坚持实事求是。要根据所在地区经济社会发展和不同行业中小企业的实际情况，因区域、行业、企业制宜，加强区域（行业）职工代表大会制度建设。

三是坚持借鉴创新。根据区域（行业）职工代表大会所覆盖企业的性质和特点，认真借鉴企业职工代表大会制度的经验，从制度内容、形式、方法等方面进行创新，并在实践中不断完善。

四是坚持协调合作。区域（行业）工会组织与相关部门、区域（行业）内企业职工和经营管理者应依照法律法规和有关政策加强协调、密切合作，共同推进区域（行业）职工代表大会制度建设。

三、区域（行业）职工代表大会的职责

要通过建立和完善区域（行业）职工代表大会，组织职工参与企业管理，行使民主管理权利，推进政务公开、厂务公开；促进区域（行业）内企业经营管理者与职工进行有效沟通协调，推动平等协商、集体合同制度的建立与实施，维护职工民主权利和劳动经济利益，构建和谐稳定的劳动关系，促进企业改革发展和所在地区经济社会协调发展。

区域（行业）职工代表大会的主要职责：

（一）听取区域（行业）执行国家有关劳动法规政策情况报告，区域（行业）劳动关系状况报告，并提出意见和建议；

（二）讨论区域（行业）内企业有关劳动报酬、工作时间、休息休假、劳动安全卫生、保险福利、职工培训、劳动纪律以及劳动定额管理等直接涉

及职工切身利益的重大问题，提出意见和建议；

（三）讨论通过区域（行业）集体合同草案和专项集体合同草案；

（四）审议监督区域（行业）内企业执行劳动法律法规和区域（行业）职工代表大会决定事项情况，签订和履行劳动合同、集体合同情况，缴纳社会保险费情况，实行厂务公开情况等；

（五）审议决定区域（行业）职工代表大会的其他事项。

四、区域（行业）职工代表大会的工作制度和组织制度

区域（行业）职工代表大会的职工代表经区域（行业）工会与有关方面协调形成推选方案后，由区域（行业）内的企业职工民主选举产生。区域（行业）职工代表大会的职工代表应当有充分的代表性，应在企业经营管理者、工人、技术人员和区域（行业）工会、企业代表组织以及管理部门中合理分配代表名额，企业工人代表人数不得少于代表总人数的50%。

区域（行业）职工代表大会届期为三年至五年，具体届期由区域（行业）职工代表大会确定。如需要提前或者延期换届的，应当由区域（行业）职工代表大会决定。区域（行业）职工代表大会的职工代表任期与区域（行业）职工代表大会届期相同。

区域（行业）职工代表大会每年至少召开一次。区域（行业）职工代表大会每次会议必须有三分之二以上的职工代表出席。

区域（行业）职工代表大会应当召开预备会议，选举产生主席团。主席团负责主持召开大会，协调处理有关事宜。

区域（行业）职工代表大会根据需要，可以设立若干专门委员会（小组），负责办理区域（行业）职工代表大会交办的事项。

区域（行业）职工代表大会进行选举和表决时，实行少数服从多数的原则，以无记名投票方式经全体职工代表过半数通过。

区域（行业）工会组织作为区域（行业）职工代表大会的工作机构，要认真负责地做好区域（行业）职工代表大会的日常工作，包括征集职工代表提案，提出区域（行业）职工代表大会议题的建议；负责区域（行业）职工代表大会的筹备工作和组织工作，提出大会的议程和日程建议；提出区域（行业）职工代表大会主席团、专门委员会（小组）的设立方案和组成人员建议名单；在区域（行业）职工代表大会闭会期间，负责组织职工代表开展巡视、检查、质询等活动，监督区域（行业）职工代表大会决议的执行情况；对职工代表进行劳动法律法规和民主管理方面知识的宣传教育，组织职工代

表开展学习和培训,提高职工代表素质。

五、大力推行区域(行业)职工代表大会制度

推行区域(行业)职工代表大会制度,工作涉及面宽、政策性强。各级工会要在同级党委的领导下,加强与政府及有关部门的联系,加强与行业协会、商会等企业代表组织的协商沟通及合作,整合各方面资源,积极主动推进建立区域(行业)职工代表大会制度。尚未建立区域(行业)职工代表大会制度的地方,上级工会要在具备条件的区域或行业进行试点,认真总结实践经验,发挥典型的示范作用,用实际工作成效赢得广大职工群众的认可,争取政府及有关部门的大力支持。

要从本地区经济社会发展的实际出发,紧紧围绕维护职工合法权益、构建和谐劳动关系,推动解决工资集体协商、劳动用工、劳动标准、工作条件、社会保险、职业安全卫生等涉及职工切身利益问题,推进区域(行业)职工代表大会制度建设。要把推行区域(行业)职工代表大会制度与推进政府和工会的联席(联系)会议制度、劳动关系三方协商机制紧密结合,与推动企业依法普遍建立工会组织、依法普遍开展工资集体协商紧密结合,与建立健全厂务公开工作机制、劳动争议调处机制紧密结合,使之相互衔接、相辅相成,更好地发挥区域(行业)职工代表大会制度的作用。

要加强调查研究和理论政策研究,在不断总结工作经验的基础上,逐步规范和完善区域(行业)职工代表大会的职责、组织制度和工作规则。要加强宣传工作和舆论引导,努力营造企业民主管理的良好社会氛围,推进区域(行业)职工代表大会制度建设深入发展。

(此件发各省、自治区、直辖市总工会,各全国产业工会,中共中央直属机关工会联合会、中央国家机关工会联合会,全总各部门、各直属单位)

三、厂务公开法律法规政策

【6-2-8】

《关于推行厂务公开制度的通知》

各省、自治区、直辖市和计划单列市纪委、经贸委(经委、计经委)、总工会,新疆生产建设兵团:

近年来,为贯彻党的十四大、十五大精神,坚持依靠职工群众办好企业,各地有一批企业实行了厂务公开制度。这不仅使基层民主政治建设上了新台阶,而且调动了广大职工当家做主的积极性,使企业的管理和效益达到了新

水平，创造了职工民主管理和民主监督工作宝贵的新鲜经验。去年下半年，全国各省、区、市在推行厂务公开方面加大了工作力度，取得了明显成效。天津市纪委、市委组织部和市总工会联合下发了实行厂务公开、加强民主管理制度的实施意见，目前全市已有80%的国有企业推行了这项制度。中共河北省委先后召开了厅局级以上干部大会和全省电视电话会议，并以省委名义下发了《关于推行厂务公开民主监督制度的实施意见》，要求1999年年底前河北省国有及国有控股企业推行面达到100%。辽宁省纪委、经贸委、总工会联合召开了"厂务公开，民主议事，民主监督，深化民主管理现场经验交流会"，并联合下发了有关文件，对辽宁省推行厂务公开制度提出了明确要求。北京市纪委、总工会与有关部门联合召开了有基层单位党、政、工负责人参加的千人大会，对在北京市推行厂务公开作了具体部署，市委领导到会并讲话。其他一些省、区、市也在抓紧调查研究，制定文件，组织试点，积极进行部署。

最近中央领导同志又对中共全国总工会党组的一份报告作了重要批示，指出实行厂务公开，加强职工民主管理，是加强企业基层民主政治建设的好形式，应总结经验，逐步推开。为了认真贯彻中央经济工作会议精神和中央领导同志关于推行厂务公开的批示精神，进一步总结经验，扩大试点，逐步推开，现就在全国范围推行厂务公开制度通知如下：

一、要充分认识实行厂务公开的重要意义。实行厂务公开是贯彻党的十五大精神，加强基层民主政治建设的重要形式；是落实党的全心全意依靠工人阶级指导方针，坚持和完善以职工代表大会为基本形式的企事业民主管理、民主监督制度的有效途径。实行厂务公开，有利于加强企业党风廉政建设，密切党群、干群关系；有利于加强企业管理，堵塞企业管理的漏洞；有利于激发职工主人翁责任感，调动职工积极性，推动企业改革、发展和稳定，实现国有企业三年改革与脱困目标。各级党委、政府及有关部门和工会组织，要增强责任感，切实把这项工作摆上重要议事日程，结合本地区本单位实际情况，及时作出安排和部署。

二、国有企业、集体企业以及国家和集体控股的企业是推行厂务公开制度的重点，要有领导、有计划、有步骤地加以推行。已经进行厂务公开试点的地方，要及时总结经验，加以规范，提出要求，逐步推广；没有进行厂务公开试点的地区，应抓紧试点。

三、推行厂务公开要在党委统一领导下进行。纪委、经贸委、工会等有

第六章　企业民主管理相关法律法规政策

关方面要通力合作，指导企业搞好厂务公开。各级工会组织要积极主动地承担厂务公开的日常工作。为了加强对全国推行厂务公开工作的组织领导，经中央领导同志同意，由中共中央纪委、国家经贸委、全国总工会有关负责同志组成"全国厂务公开协调小组"，下设"全国厂务公开协调小组办公室"，负责推行厂务公开制度工作的日常工作。办公室工作人员由中共中央纪委、国家经贸委、全国总工会派人组成。办公地点在全国总工会。办公室将不定期编发《厂务公开信息》及增刊，以沟通信息，交流经验，指导工作。

四、拟于今年4月份在天津市召开"全国推行厂务公开经验交流会"。会上将请一些企业介绍实行厂务公开的经验，包括如何加强领导，因地制宜地确定厂务公开的内容，建立厂务公开的有效机制；如何坚持和完善以职工代表大会为基本形式的职工民主管理、民主监督制度；如何加强党风廉政建设，改善党群、干群关系；如何加强企业管理，促进企业改革、发展和稳定，等等。会议还将请一些省、自治区、直辖市党委、政府和工会组织介绍如何指导企业推行厂务公开的经验。届时，将请党中央、国务院领导同志到会作重要指示，中共中央纪委、国家经贸委和全国总工会领导同志也将发表讲话。会议还将讨论修改《关于实行厂务公开的指导意见》。

中共中央纪律检查委员会
国家经济贸易委员会
中华全国总工会
1999年2月4日

四、职工董事、职工监事法律法规政策

【6-2-9】

《中华全国总工会关于加强公司制企业职工董事制度、职工监事制度建设的意见》

为深入贯彻落实党的十八大、十八届三中、四中、五中、六中全会精神，贯彻落实全国国有企业党的建设工作会议精神特别是习近平总书记提出的要坚持和完善职工董事制度、职工监事制度，鼓励职工代表有序参与公司治理的重要论述，按照《中共中央、国务院关于构建和谐劳动关系的意见》中关于"推行职工董事、职工监事制度""依法规范职工董事、职工监事履职规则"的要求，以《公司法》等法律法规为依据，现就加强公司制企业职工董事制度、职工监事制度建设提出以下意见。

新时代企业民主管理实务操作指南

一、充分认识加强职工董事制度、职工监事制度建设的重要意义

职工董事制度、职工监事制度，是指依照《公司法》《公司登记管理条例》设立的有限责任公司和股份有限公司（以下简称公司）通过职工代表大会（或职工大会，简称职代会）民主选举一定数量的职工代表，分别进入董事会、监事会，代表职工源头参与公司决策和监督的基层民主管理形式。伴随我国社会主义市场经济的深入发展，公司制作为现代企业的有效组织形式，日益成为各种所有制企业改革发展的普遍选择。职工董事制度、职工监事制度在完善公司法人治理结构，构建和谐稳定劳动关系，促进企业和职工共同发展等方面发挥了积极作用。但是，目前还有相当数量的公司未依法建立职工董事制度、职工监事制度，在已建立这项制度的公司中还有相当一部分因操作不规范而影响了职工董事制度、职工监事制度发挥应有的积极作用。推动依法建立和规范职工董事制度、职工监事制度，是工会民主管理工作一项重要的任务。

加强职工董事制度、职工监事制度建设，是贯彻落实党的全心全意依靠工人阶级根本方针，推进社会主义基层民主制度建设，支持职工参与管理和监督的重要措施；是建立现代企业制度，将民主管理融入公司治理结构，推进公司民主决策、科学决策的重要内容；是源头维护职工合法权益，实现劳动关系双方合作共赢，构建社会主义和谐劳动关系的重要抓手；是加强企业党风廉政建设，促进公司负责人廉洁从业，推动公司健康发展的重要途径。各级工会要充分认识加强职工董事制度、职工监事制度建设的重要性和紧迫性，坚持促进企业发展、维护职工权益，努力推动职工董事制度、职工监事制度建设，保障职工的民主权利。

二、依法推进公司建立职工董事制度、职工监事制度

（一）着力推进公司依法建立职工董事制度、职工监事制度。

各级工会应当依据《公司法》等法规政策的规定，推动和督促国有及国有控股公司率先依法建立职工董事制度，引导和支持混合所有制公司、非公有制公司的董事会设立职工董事，同时要督促设立了监事会的各类公司都依法建立职工监事制度。

（二）切实保证职工董事、职工监事候选人条件和人数比例。

1. 职工董事、职工监事候选人应符合以下基本条件：与公司存在劳动关系；能够代表和反映职工合理诉求，维护职工和公司合法权益，为职工群众信赖和拥护；熟悉公司经营管理或具有相关的工作经验，熟知劳动法律法规，

第六章 企业民主管理相关法律法规政策

有较强的协调沟通能力；遵纪守法，品行端正，秉公办事，廉洁自律；符合法律法规和公司章程规定的其他条件。遵循职工董事、职工监事任职回避原则，坚持公司高级管理人员和监事不得兼任职工董事，公司高级管理人员和董事不得兼任职工监事。公司高管的近亲属，不宜担（兼）任职工董事、职工监事。

2. 职工董事、职工监事的人数和具体比例应依法在公司章程中作出明确规定。国有及国有控股公司，其董事会成员中应当有公司职工代表；引导和支持国有及国有控股公司以外的其他公司董事会成员中配备适当比例的职工董事，力促董事会成员中至少有一名职工董事。所有公司监事会中职工监事的比例不低于三分之一。督促公司在设立（或改制）的初始阶段，依照相关法律规定在董事会、监事会中预留职工董事、职工监事的席位，并在公司章程中予以明确规定。

3. 职工持股会选派到董事会、监事会的董事、监事，一般不占职工董事、职工监事的名额。

（三）依法规范职工董事、职工监事产生的程序。

1. 职工董事、职工监事的候选人，可以由公司工会根据自荐、推荐情况，在充分听取职工意见的基础上提名，也可以由三分之一以上的职工代表或者十分之一以上的职工联名推举，还可以由职代会联席会议提名。公司工会主席、副主席一般应作为职工董事、职工监事候选人人选。

2. 职工董事、职工监事应由公司职代会以无记名投票方式差额选举，并经职代会全体代表的过半数同意方可当选。尚未建立职代会的，应在企业党组织的领导和上级工会的指导下，先行建立职代会。

3. 职工董事、职工监事由职代会选举产生后，应进行任前公示，与其他董事、监事一样履行相关手续，并报上级工会和有关部门（机构）备案。公司工会应做好向上级工会报备的相关工作。

三、依法规范职工董事、职工监事履行职责规则

（一）依法明确职工董事、职工监事的职权、义务和责任。

职工董事、职工监事依法享有与公司其他董事、监事同等权利，在董事会、监事会研究决定公司重大问题时，职工董事、职工监事应充分发表意见，履行代表职工利益、反映职工合理诉求、维护职工和公司合法权益的职责与义务，并承担相应责任。

1. 职工董事依法行使下列职权：参加董事会会议，行使董事的发言权和

表决权；在董事会研究决定公司重大问题时充分发表意见，确定公司高级管理人员的聘任、解聘时，如实反映职代会民主评议高级管理人员情况；对涉及职工合法权益或大多数职工切身利益的董事会议案、方案提出意见和建议；就涉及职工切身利益的规章制度或者重大事项，提出董事会议题，依法提请召开董事会会议，反映职工合理要求，维护职工合法权益；列席与其职责相关的公司行政办公会议和有关生产经营工作的重要会议；要求公司工会、公司有关部门通报相关情况，提供相关资料；向公司工会、上级工会或有关部门如实反映情况；法律法规、规章制度和公司章程规定的其他权利。

2. 职工监事依法行使下列职权：参加监事会会议，行使监事的发言权和表决权；参与监督检查公司对涉及职工切身利益的法律法规、规章制度和公司章程的贯彻执行情况；监督检查公司职工工资、劳动保护、社会保险、福利及劳动合同、集体合同等制度规定的落实情况；听取和监督公司的经营管理情况；参与对公司的财务检查和对公司董事会、经理层人员履行职责的监督；就涉及职工切身利益的规章制度或者重大事项，提出监事会议题，提议召开监事会会议；列席董事会会议，可对董事会决议事项提出质询或者建议；列席与其职责相关的公司行政办公会议和有关生产经营工作的重要会议；要求公司工会、公司有关部门通报相关情况，提供相关资料；向公司工会、上级工会或有关部门如实反映情况；法律法规、规章制度和公司章程规定的其他权利。

尚未设立职工董事的公司，遇有董事会制订公司合并、分立、解散和变更公司重大方案，或者制订公司利润分配方案等涉及职工切身利益的重要事项时，职工监事应当按照对职工董事的要求主动担负起相应职责。

3. 职工董事、职工监事应当履行以下义务：认真学习党的理论和路线方针政策，学习国家法律法规，积极参加相关培训，提高自身思想政治素质和相关业务素质；遵守法律法规和公司章程及各项规章制度，执行股东会、董事会、监事会的决议，保守公司秘密，认真履行职责；及时了解企业管理和发展状况，经常深入职工群众广泛听取意见和建议，在董事会、监事会上真实准确、全面充分地反映职工的合理诉求；执行职代会的决议，在董事会、监事会会议上，按照职代会的相关决议或在充分考虑职代会决议和意见的基础上发表意见，行使表决权；建立履职档案，对履行职责情况进行书面记录并妥善保存；每年至少一次向公司职代会报告工作，接受监督、质询、民主评议；法律法规和公司章程规定的其他义务。

第六章　企业民主管理相关法律法规政策

职工董事、职工监事向公司职代会作述职报告的主要内容包括：（1）全年出席董事会、监事会会议情况，包括未出席会议的原因、次数；（2）在董事会、监事会会议上发表意见和参与表决的情况，包括投出弃权或者反对票的情况及原因；（3）对公司劳动关系重大问题和职工切身利益重要事项进行调查，反映职代会意见和职工利益诉求，与董事会、监事会其他成员及公司管理层进行交流磋商等情况；（4）参加教育培训情况；（5）根据相关法律法规、规范性文件和公司章程，履行职工董事、职工监事权利义务其他需要报告的情况。

4. 职工董事、职工监事应担负的责任。董事会、监事会的决议、决定违反法律法规或者公司章程、股东大会决议，致使公司遭受严重损失的，参与决议或决定的职工董事、职工监事应当按照有关法律法规和公司章程的规定，承担相应责任。但经证明在表决时曾表明异议或者代表职代会意见并载于会议记录的，可以免除责任。

职工董事、职工监事在收到董事会、监事会议题议案，审议发现有损害职工利益的内容，或者与已有的职代会意见相悖，必要时应向董事长、监事会主席提出暂缓审议该项议题或议案的建议，并及时向职代会报告。因故不能参加董事会、监事会会议时，应以书面形式委托其他董事、监事代为反映意见，并在委托书中明确授权范围。

（二）严格规范职工董事、职工监事的任期、罢免和补选。

1. 职工董事、职工监事的任期与其他董事、监事的任期相同，每届任期不超过三年，任期届满后可以连选连任。职工董事、职工监事因辞职、患病、工作调动等原因离职的，或因劳动关系变更、终止、解除等原因不能履行职责时，经职代会通过终止其任职资格。

2. 职工董事、职工监事有下列行为之一的，由公司职代会依法罢免：公司职代会对其述职进行无记名民主评议，结果为不称职的；不能如实反映公司职代会的决议、决定，在参与公司决策、履行监督职责时不代表职工利益行使权利，损害职工合法权益的；拒绝向公司职代会报告工作的；有其他不依法履行职工董事、职工监事职责行为的。

罢免职工董事、职工监事，须由三分之一以上职工代表或者十分之一以上职工联名提出罢免议案，并经职代会讨论通过。职代会讨论罢免职工董事、职工监事有关事项时，职工董事、职工监事有权在会上提出申辩理由或书面申辩意见。罢免议案须采用无记名投票方式，经职代会全体代表的过半数同意方获通过。罢免案通过后，公司工会应当将罢免结果报上级工会和有关部门备案。

3. 职工董事、职工监事出现空缺的，应当由公司工会尽快组织补选，补选程序与产生程序相同。在新补选职工董事、职工监事就任前，原职工董事、职工监事仍应当依照法律法规和公司章程的规定，履行其职责。

（三）完善职工董事、职工监事履行职责的必要保障。

履职权益保障。公司应当为职工董事、职工监事依法履行职责提供必要的工作条件，保证其履职所必须的工作时间，其在履行职责期间除享受正常的工资和福利待遇外，履职所发生的费用比照其他董事、监事办理。职工董事、职工监事为履行职责，必要时可聘请律师或会计师等协助其工作，费用应依法参照有关规定由公司或公司工会承担。职工董事、职工监事在任职期间，除法定情形外，公司不得与其解除劳动合同。职工董事、职工监事在任期内和任期届满后，公司不得因其履行职责的原因，对其降职、减薪或采取其他形式进行打击报复。

工作制度保障。公司工会要推动公司依法完善职工董事制度、职工监事制度相关配套制度，为充分发挥职工董事、职工监事的作用提供制度保障。建立培训制度，公司要在职工董事、职工监事任职前和任职期间组织其参加岗位适应性学习培训，不断提高其业务素质和履职能力。建立调研制度，职工董事、职工监事应通过工会和职代会建立起与广大职工群众联系的渠道，通过召开职工群众座谈会、职工代表团（组）长和职代会专门小组（委员会）负责人联席会议、职工代表巡视检查等形式，直接征求和听取职工群众的意见。

信息服务保障。公司应协助职工董事、职工监事全面了解公司情况，及时向职工董事、职工监事提供公司生产经营管理等方面的资料和信息。职代会下设工作机构要及时向职工董事、职工监事提供职代会的议题、议案和决议等材料，协助其开展专题调研和巡视检查，及时反映职工的有关意见和建议。公司工会要通过各种有效途径，为职工董事、职工监事提供专业意见和相关咨询。

四、正确处理职工董事、职工监事与公司相关组织机构的关系

职工董事、职工监事接受公司党组织的思想政治领导。适应建立现代企业制度和公司实行民主管理的要求，公司党组织担负着加强公司民主管理制度建设、引领公司依靠职工办企业的政治责任，支持职工董事、职工监事依

第六章　企业民主管理相关法律法规政策

法履行职责。

职工董事、职工监事通过董事会、监事会集体向股东会负责。职工董事、职工监事在董事会、监事会中代表职工行使参与决策和监督的民主权利，在研究决定涉及职工切身利益重要事项时，重点代表和维护职工利益，并应充分考虑和尊重出资人及公司的整体利益。股东会应尊重职工董事、职工监事的法定权利。

职工董事、职工监事参与并服从董事会、监事会的决策。职工董事、职工监事通过充分发挥职代会与董事会、监事会之间联系、沟通的桥梁作用，向董事会、监事会负责。职工董事应接受监事会的监督。董事会、监事会尊重并支持职工董事、职工监事依法履行职责。

职工董事、职工监事与公司行政部门应互相尊重、互相支持。职工董事、职工监事通过参与董事会、监事会的工作，对公司经营管理工作施加影响，应支持配合公司行政部门履行经营管理职责；就涉及职工切身利益的事项和问题向有关职能部门征询意见，也可在职权范围内约见公司高级管理人员，反映职工对经理层的意见，并对经理层实施监督。公司行政部门在研究涉及职工切身利益的重大问题时，应当听取职工董事、职工监事的意见。

职工董事、职工监事应直接向公司职代会负责。职工董事、职工监事由职代会选举产生，参加职代会的有关活动，认真执行职代会的决议，自觉接受职代会的监督。职代会下设的机构，应协助职工董事、职工监事依法履行职责。职工董事、职工监事与职代会的关系，应当在公司职代会实施细则中作出明确规定。

公司工会应为职工董事、职工监事履职提供高效服务。要帮助职工董事、职工监事解决工作和生活中的实际问题，及时督促协调公司行政为职工董事、职工监事提供有关信息资料。在涉及职工切身利益重要制度的制定、重大事项决议的执行过程中，为职工董事、职工监事形成书面意见，收集、整理和提供职工利益诉求及对公司生产经营管理等方面的意见建议。

五、切实加强职工董事制度、职工监事制度建设的组织领导

各级工会要按照党中央关于推进基层民主建设的决策部署，积极推进职工董事制度、职工监事制度建设，依法保障公司职工的知情权、参与权、表达权和监督权，促进劳动关系与社会和谐稳定。

（一）自觉坚持党的领导，争取政府重视支持。

各级地方工会要及时向党委汇报、向政府反映公司依法建立职工董事制

度、职工监事制度情况及工作中的困难和问题。借助政府和工会联席会议、厂务公开协调领导机构、劳动关系三方协商机制等工作平台，会同有关部门合力推进加强职工董事制度、职工监事制度建设，督促违法违规公司整改，推动形成党委加强领导、政府重视支持、工会积极作为、有关各方齐抓共推职工董事制度、职工监事制度建设的良好工作格局。

（二）明确目标责任，加强工作检查督导。

各级工会要围绕全面深化改革对现代企业民主管理工作的新要求，在深入调研的基础上制定工作规划，明确目标任务；细化实施方案，落实职责分工；突出工作重点，强化监督检查；创新工作方法，务求工作实效。探索建立激励约束机制，实行上下联动，将依法建立职工董事制度、职工监事制度，作为评先选优的必要条件，加强指导督促，扎实推进职工董事制度、职工监事制度健康发展。

（三）强化舆论宣传，不断优化工作环境。

各级工会要重视加强对中国特色现代企业制度，包括职工董事制度、职工监事制度的研究，扩大研究成果的宣传，形成助力职工董事制度、职工监事制度建设的良好社会舆论氛围。争取通过人大执法检查、政府劳动监察和政协调研视察，推动公司依法建立和规范职工董事制度、职工监事制度。积极参与制定和修改推行职工董事制度、职工监事制度的地方法规政策，为加强职工董事制度、职工监事制度建设提供有力的法治保障。

（四）坚持问题导向，精准发力破解难题。

各级工会要根据国有独资、国有控股、混合所有制、私营、外资等不同类型公司制企业的实际，提出有针对性的指导意见，推动职工董事制度、职工监事制度有机融入现代企业制度体系。在深化国企改革、发展混合所有制经济过程中强化职工源头参与，代表好、维护好职工合法权益，促进劳动关系和谐。聚焦职工最关心最直接最现实的利益问题，着力推进公司依法保障职工劳动经济权利，通畅职工利益诉求表达渠道，组织职工有序参与企业管理。

（五）夯实工作基础，多措并举补齐短板。

各级工会要注重及时总结建制经验，发挥先进典型的示范引领作用。扎实开展培训工作。积极探索建立职工董事、职工监事建制信息库和工作评估制度，运用大数据和"互联网+"等现代化手段，加强对职工董事、职工监事的管理。把推进职工董事制度、职工监事制度建设与工会自身建设和职代会等民主管理制度建设结合起来，形成优势互补、作用叠加效应，更加有效地

第六章　企业民主管理相关法律法规政策

保护调动激发劳动关系双方的积极性、创造性，实现职工与公司共促发展、共享成果。

【6-2-10】

《董事会试点中央企业职工董事履行职责管理办法》

各董事会试点中央企业：

  为有效发挥职工董事在董事会中的作用，保障职工民主权利，促进企业和谐发展，根据《中华人民共和国公司法》、《中华人民共和国工会法》和《国有独资公司董事会试点企业职工董事管理办法（试行）》（国资发群工〔2006〕21号）等有关规定，我们制定了《董事会试点中央企业职工董事履行职责管理办法》。现印发给你们，请结合实际，遵照执行。

国务院国有资产监督管理委员会
二〇〇九年三月三十日

董事会试点中央企业职工董事履行职责管理办法

第一章　总　　则

  第一条　为有效发挥职工董事在董事会中的作用，保障职工民主权利，促进企业和谐发展，根据《中华人民共和国公司法》（以下简称《公司法》）、《中华人民共和国工会法》（以下简称《工会法》）和《国有独资公司董事会试点企业职工董事管理办法（试行）》等有关规定，制定本办法。

  第二条　本办法适用于国务院国有资产监督管理委员会（以下简称国资委）履行出资人职责的董事会试点中央企业。

  第三条　本办法所称职工董事，是指由公司职工通过职工代表大会（以下简称职代会）选举产生，作为职工代表出任的公司董事。

  第四条　职工董事享有与其他董事同等的权利，承担相应的义务。职工董事在履行董事职责时，应该履行由本办法规定的特别职责。

第二章　职工董事的特别职责

  第五条　职工董事享有与公司其他董事同等权利、承担相应义务的同时，还应履行关注和反映职工合理诉求、代表职工利益和维护职工合法利益的特别职责。

  第六条　公司章程或董事会议事规则应当对职工董事的特别职责作出具体规定。

  职工董事特别职责涉及的事项一般可以分为董事会决议事项和向董事会通报事项两类。

  （一）决议事项：主要包括公司劳动用工、薪酬制度、劳动保护、休息休假、安全生产、培训教育和生活福利等涉及职工切身利益的基本管理制度的制定及修改。

（二）通报事项：主要包括职工民主管理和民主监督方面的诉求、意见与建议，以及涉及职工利益的有关诉求意见或倾向性问题。

第七条　职工董事履行特别职责的基本方法：

（一）职工董事就履行特别职责的相关事宜听取职代会、工会等方面的意见。开展各种形式的调查研究活动，直接听取职工意见和建议。

（二）职工董事就职工利益诉求方面的情况与董事会其他成员保持经常性沟通和交流，并可通过会议等形式，听取外部董事的意见和建议。

（三）职工董事可参与决议事项的议案拟定，将征集的职工有关意见或合理诉求在议案形成过程中得以体现，或在董事会会议决议过程中反映、说明或提出建议意见。

（四）在董事会会议研究决定涉及职工切身利益的决议程序中，职工董事可提供该决议事项需要特别说明的调查材料或资料，并就该事项的决议发表意见。

（五）董事会会议可听取职工董事关于职工对公司经营管理的建议、职工相关利益诉求和倾向性问题等方面的通报性事项专题报告。

第八条　职工董事履行特别职责应承担相应义务：

（一）遵照国家法律法规和公司章程的有关规定，对公司负有忠实勤勉和保守商业秘密等义务，对公司职工负有忠实代表和维护其合法权益的义务。

（二）积极参加有关培训和学习，不断提高履职能力和专业知识水平。

（三）全面准确地反映职工诉求和意愿，在反映诉求、发表专项意见和参与董事会决策中，应充分考虑出资人、公司和职工的利益关系，依法维护职工的合法权益。

（四）自觉接受出资人和职工的监督和评价。

（五）职工董事独立在董事会上表决，个人负责。

（六）依法接受监事会的监督。

第三章　职工董事履职的工作条件

第九条　企业党组织、公司经理层、职代会和工会组织等应支持职工董事履行反映职工合理诉求、维护职工合法权益的职责；企业要建立和完善职工董事履行职责的信息沟通机制，为职工董事履职创造必要的工作条件。

第十条　企业党组织应支持职工董事全面履行董事职责。

第六章 企业民主管理相关法律法规政策

（一）确定工会负责人人选，应考虑兼备职工董事的资格和能力，如该人选具备董事履职的资格和能力，一般应推荐为职工董事的候选人。

（二）职工董事由非工会负责人担任时，可以推荐职工董事作为工会副主席候选人或兼任工会组织中其他相当的职务。

（三）为职工董事开展调查研究、了解职工队伍的思想状况等履职活动提供相应的条件。

（四）党组织主要负责人应定期与职工董事交换意见和沟通情况，帮助职工董事及时了解和掌握企业的有关情况。

第十一条 公司经理层应按《公司法》、《工会法》和公司章程等有关规定为职工董事履职提供条件。

（一）公司经理层在研究涉及职工切身利益的重大问题时，应当邀请职工董事列席会议。

（二）根据职工董事履职需要，公司高级管理人员应接受职工董事的约谈，并如实反映相关情况。

（三）为职工董事调查研究、查阅资料等履职活动提供条件；为职工董事提供履职所需的办公条件和工作经费；职工董事履职出差、办公等有关待遇参照其他董事执行。

（四）保证职工董事履职活动所必需的工作时间。

第十二条 公司职代会对职工董事履职活动的支持。

（一）职代会的工作机构应及时向职工董事提供每次职代会的议题、议案、建议和决议情况等书面材料。

（二）职代会下设的各专门工作委员会，应当协助职工董事开展专题调查研究和巡视检查。

（三）职代会各代表团（小组）、职工代表应协助职工董事的履职工作，按照职工董事的要求，全面、及时地向职工董事反映职工的有关意见和建议。

第十三条 公司工会应对职工董事履职活动提供相应的服务。

（一）为职工董事提供有关维护职工合法权益方面的法律法规、政策文件等信息资料。

（二）在涉及职工切身利益的重要制度的制订、重大事项决议的执行过程中，向职工董事提供职工群众的相关意见。

（三）为职工董事收集、整理和提供职工权益诉求和民主管理方面的信息，包括职工对劳动用工、薪酬制度、劳动保护、休息休假、安全生产、培训教育、生活福利及对公司生产经营方面的倾向性意见或合理化建议等。

（四）为职工董事召开座谈会、走访职工等调查研究活动做好组织工作和提供相应的服务。

（五）董事会在听取或研究涉及职工利益的通报事项时，公司工会应在董事会会议召开前（一般不少于10个工作日），为职工董事起草书面报告提供条件和资料。

第四章　职工董事的履职管理

第十四条　职工董事的上岗培训、履职指导和评价考核等日常管理由公司董事的委派（选聘）机构负责。

第十五条　公司要为职工董事安排相应的培训和学习，确保职工董事参加培训学习所需的时间，提高职工董事履职所需的专业素质和工作能力。

第十六条　公司董事的委派（选聘）机构在对董事的工作绩效进行评价时，应听取公司工会和监事会关于职工董事履行特别职责的意见，并纳入总体评价意见。

第十七条　公司工会要了解职工董事履职的工作情况，职工董事要及时与公司工会沟通工作情况。公司职代会每年应向公司董事的委派（选聘）机构提出职工董事履职行为的评价性意见，并对职工董事履职情况进行无记名投票测评，主要内容应包括出席董事会会议、就相关决议事项开展调查研究、反映职工诉求和意愿等履职活动的记录、勤勉尽职程度和履行职责的能力。

第十八条　职工董事或公司工会代表职工董事每年应向职代会或职工大会报告工作情况，听取职工代表对职工董事履职情况的意见，工会要及时向职工董事反馈职工的意见和建议。

第十九条　公司董事会办公室等相应办事机构应为职工董事履行职责提供服务和帮助。

第五章　附　则

第二十条　本管理办法自公布之日起施行。

【6-2-11】

《中华全国总工会关于进一步推行职工董事、
职工监事制度的意见》（总工发〔2006〕32号）

为了推动建立和完善中国特色的现代企业制度，保障职工民主决策、民主管理、民主监督的权利，建立和谐稳定的劳动关系，促进企业健康发展，根据《中华人民共和国公司法》有关规定，现就进一步推行职工董事、职工

第六章 企业民主管理相关法律法规政策

监事制度，提出以下意见：

一、充分认识推行职工董事、职工监事制度的重要性和必要性

职工董事、职工监事制度，是依照法律规定，通过职工代表大会（或职工大会及其他形式，下同）民主选举一定数量的职工代表，进入董事会、监事会，代表职工行使参与企业决策权利、发挥监督作用的制度。凡依法设立董事会、监事会的公司都应建立职工董事、职工监事制度。

推行职工董事、职工监事制度，是贯彻落实党的十六大和十六届三中、四中、五中全会精神，牢固树立和落实科学发展观，加强社会主义民主政治建设、构建社会主义和谐社会的重要举措；是建立现代企业制度，完善公司法人治理结构的重要内容；是维护职工合法权益，调动和发挥职工的积极性和创造性，建立和谐稳定的劳动关系，促进企业改革、发展、稳定的内在需要。建立职工董事、职工监事制度也是许多市场经济国家现代企业管理的成功经验。各级工会一定要从实践"三个代表"重要思想、加强党的执政能力建设、落实全心全意依靠工人阶级指导方针的高度，充分认识这项工作的重要性、紧迫性，高度重视，把这项工作列入重要议事日程。

二、进一步规范职工董事、职工监事制度

（一）职工董事、职工监事人选的条件和人数比例

职工董事、职工监事人选的基本条件是：本公司职工；遵纪守法，办事公道，能够代表和反映职工的意见和要求，为职工群众信赖和拥护；熟悉企业经营管理或具有相关的工作经验，有一定的参与经营决策和协调沟通的能力。

未担（兼）任工会主席的公司高级管理人员，《公司法》中规定的不能担任或兼任董事、监事的人员，不得担任职工董事、职工监事。

董事会中职工董事与监事会中职工监事的人数和比例应在公司章程中作出明确规定。职工董事的人数一般应占公司董事会成员总数的四分之一；董事会成员人数较少的，其职工董事至少1人。职工监事的人数不得少于监事会成员总数的三分之一。

（二）职工董事、职工监事的产生程序

职工董事、职工监事的候选人由公司工会提名，公司党组织审核，并报告上级工会；没有党组织的公司可由上一级工会组织审核。工会主席一般应作为职工董事的候选人，工会副主席一般应作为职工监事的候选人。

职工董事、职工监事由本公司职工代表大会以无记名投票方式选举产生。

职工董事、职工监事候选人必须获得全体会议代表过半数选票方可当选。

公司应建立健全职工代表大会制度,尚未建立的,应组织职工或职工代表选举产生职工董事、职工监事,并积极筹建职工代表大会制度。

职工董事、职工监事选举产生后,应报上级工会、有关部门和机构备案,并与其他内部董事、监事一同履行有关手续。

(三)职工董事、职工监事的职责

职工董事、职工监事享有与其他董事、监事同等的权利,承担相应的义务,并履行下列职责:

职工董事、职工监事应经常或定期深入到职工群众中听取意见和建议。

职工董事、职工监事在董事会、监事会研究决定公司重大问题时,应认真履行职责,代表职工行使权利,充分发表意见。

职工董事在董事会讨论涉及职工切身利益的重要决策时,应如实反映职工要求,表达和维护职工的合法权益;在董事会研究确定公司高级管理人员时,要如实反映职工代表大会民主评议公司管理人员的情况。

职工监事要定期监督检查职工各项保险基金的提取、缴纳,以及职工工资、劳动保护、社会保险、福利等制度的执行情况。

职工董事、职工监事有权向上级工会、有关部门和机构反映有关情况。

(四)职工董事、职工监事的任期、补选、罢免

职工董事、职工监事的任期与其他董事和监事的任期相同,任期届满,可连选连任。

职工董事、职工监事在任期内,其劳动合同期限自动延长至任期届满;任职期间以及任期届满后,公司不得因其履行职责的原因与其解除劳动合同,或采取其他形式进行打击报复。职工董事、职工监事离职的,其任职资格自行终止。职工董事、职工监事出缺应及时进行补选,空缺时间一般不得超过3个月。

职工代表大会有权罢免职工董事、职工监事。罢免职工董事、职工监事,须由三分之一以上的职工代表联名提出罢免议案。

三、正确处理职工董事、职工监事与公司工会、职代会的关系

公司工会要为职工董事、职工监事开展工作提供服务。应协调和督促公司及时向职工董事、职工监事提供有关生产经营等方面的文件和资料,协助职工董事、职工监事进行调研、巡视等活动;协助职工董事、职工监事就有关议题听取职工意见,进行分析论证,提出意见和建议;成立"智囊团"等

第六章　企业民主管理相关法律法规政策

形式的组织，为职工董事、职工监事提供咨询服务；协调有关方面建立职工董事、职工监事各项工作制度。

职工董事、职工监事要向公司职工代表大会负责。应积极参加职工代表大会的有关活动，认真执行职工代表大会的有关决议，在董事会、监事会会议上按照职工代表大会的相关决定发表意见。应定期向职工代表大会报告工作，接受职工代表大会的质询。职工代表大会每年对职工董事、职工监事履行职责情况进行民主评议，对民主评议不称职的予以罢免。

四、加强对职工董事、职工监事制度建设工作的领导

各级地方工会和产业工会要进一步加强对职工董事、职工监事工作的领导，明确责任，指定专门的部门和人员负责此项工作。要切实把工作重点放在基层，深入研究解决问题。要善于发现和总结经验，宣传典型，用典型推动工作。

要经常对职工董事、职工监事制度的推行情况进行调查分析。根据《公司法》的有关规定，结合各地实际，加强与各地政府及有关部门的合作和联系，参与制定和完善有关推行职工董事、职工监事制度的地方性政策法规。

【6-2-12】

中华人民共和国工会法

（2021年12月24日第十三届全国人民代表大会常务委员会第三十二次会议通过）

第一章　总　则

第一条　为保障工会在国家政治、经济和社会生活中的地位，确定工会的权利与义务，发挥工会在社会主义现代化建设事业中的作用，根据宪法，制定本法。

第二条　工会是中国共产党领导的职工自愿结合的工人阶级群众组织，是中国共产党联系职工群众的桥梁和纽带。

中华全国总工会及其各工会组织代表职工的利益，依法维护职工的合法权益。

第三条　在中国境内的企业、事业单位、机关、社会组织（以下统称用人单位）中以工资收入为主要生活来源的劳动者，不分民族、种族、性别、职业、宗教信仰、教育程度，都有依法参加和组织工会的权利。任何组织和个人不得阻挠和限制。

工会适应企业组织形式、职工队伍结构、劳动关系、就业形态等方面的发展变化，依法维护劳动者参加和组织工会的权利。

第四条 工会必须遵守和维护宪法，以宪法为根本的活动准则，以经济建设为中心，坚持社会主义道路，坚持人民民主专政，坚持中国共产党的领导，坚持马克思列宁主义、毛泽东思想、邓小平理论、'三个代表'重要思想、科学发展观、习近平新时代中国特色社会主义思想，坚持改革开放，保持和增强政治性、先进性、群众性，依照工会章程独立自主地开展工作。

工会会员全国代表大会制定或者修改《中国工会章程》，章程不得与宪法和法律相抵触。国家保护工会的合法权益不受侵犯。

第五条 工会组织和教育职工依照宪法和法律的规定行使民主权利，发挥国家主人翁的作用，通过各种途径和形式，参与管理国家事务、管理经济和文化事业、管理社会事务；协助人民政府开展工作，维护工人阶级领导的、以工农联盟为基础的人民民主专政的社会主义国家政权。

第六条 维护职工合法权益、竭诚服务职工群众是工会的基本职责。工会在维护全国人民总体利益的同时，代表和维护职工的合法权益。

工会通过平等协商和集体合同制度等，推动健全劳动关系协调机制，维护职工劳动权益，构建和谐劳动关系。

工会依照法律规定通过职工代表大会或者其他形式，组织职工参与本单位的民主选举、民主协商、民主决策、民主管理和民主监督。

工会建立联系广泛、服务职工的工会工作体系，密切联系职工，听取和反映职工的意见和要求，关心职工的生活，帮助职工解决困难，全心全意为职工服务。"

第七条 工会动员和组织职工积极参加经济建设，努力完成生产任务和工作任务。教育职工不断提高思想道德、技术业务和科学文化素质，建设有理想、有道德、有文化、有纪律的职工队伍。

第八条 工会推动产业工人队伍建设改革，提高产业工人队伍整体素质，发挥产业工人骨干作用，维护产业工人合法权益，保障产业工人主人翁地位，造就一支有理想守信念、懂技术会创新、敢担当讲奉献的宏大产业工人队伍。"

第九条 中华全国总工会根据独立、平等、互相尊重、互不干涉内部事务的原则，加强同各国工会组织的友好合作关系。

第二章 工会组织

第十条 工会各级组织按照民主集中制原则建立。

各级工会委员会由会员大会或者会员代表大会民主选举产生。企业主要负责人的近亲属不得作为本企业基层工会委员会成员的人选。

第六章 企业民主管理相关法律法规政策

各级工会委员会向同级会员大会或者会员代表大会负责并报告工作，接受其监督。

工会会员大会或者会员代表大会有权撤换或者罢免其所选举的代表或者工会委员会组成人员。上级工会组织领导下级工会组织。

第十一条 用人单位有会员二十五人以上的，应当建立基层工会委员会；不足二十五人的，可以单独建立基层工会委员会，也可以由两个以上单位的会员联合建立基层工会委员会，也可以选举组织员一人，组织会员开展活动。女职工人数较多的，可以建立工会女职工委员会，在同级工会领导下开展工作；女职工人数较少的，可以在工会委员会中设女职工委员。

企业职工较多的乡镇、城市街道，可以建立基层工会的联合会。

县级以上地方建立地方各级总工会。

同一行业或者性质相近的几个行业，可以根据需要建立全国的或者地方的产业工会。

全国建立统一的中华全国总工会。

第十二条 基层工会、地方各级总工会、全国或者地方产业工会组织的建立，必须报上一级工会批准。

上级工会可以派员帮助和指导企业职工组建工会，任何单位和个人不得阻挠。

第十三条 任何组织和个人不得随意撤销、合并工会组织。

基层工会所在的用人单位终止或者被撤销，该工会组织相应撤销，并报告上一级工会。

依前款规定被撤销的工会，其会员的会籍可以继续保留，具体管理办法由中华全国总工会制定。

第十四条 职工二百人以上的企业、事业单位的工会，可以设专职工会主席。工会专职工作人员的人数由工会与企业、事业单位、社会组织协商确定。

第十五条 中华全国总工会、地方总工会、产业工会具有社会团体法人资格。

基层工会组织具备民法典规定的法人条件的，依法取得社会团体法人资格。

第十六条 基层工会委员会每届任期三年或者五年。各级地方总工会委员会和产业工会委员会每届任期五年。

第十七条　基层工会委员会定期召开会员大会或者会员代表大会，讨论决定工会工作的重大问题。经基层工会委员会或者三分之一以上的工会会员提议，可以临时召开会员大会或者会员代表大会。

第十八条　工会主席、副主席任期未满时，不得随意调动其工作。因工作需要调动时，应当征得本级工会委员会和上一级工会的同意。

罢免工会主席、副主席必须召开会员大会或者会员代表大会讨论，非经会员大会全体会员或者会员代表大会全体代表过半数通过，不得罢免。

第十九条　基层工会专职主席、副主席或者委员自任职之日起，其劳动合同期限自动延长，延长期限相当于其任职期间；非专职主席、副主席或者委员自任职之日起，其尚未履行的劳动合同期限短于任期的，劳动合同期限自动延长至任期期满。但是，任职期间个人严重过失或者达到法定退休年龄的除外。

第三章　工会的权利和义务

第二十条　企业、事业单位、社会组织违反职工代表大会制度和其他民主管理制度，工会有权要求纠正，保障职工依法行使民主管理的权利。

法律、法规规定应当提交职工大会或者职工代表大会审议、通过、决定的事项，企业、事业单位应当依法办理。

第二十一条　工会帮助、指导职工与企业、实行企业化管理的事业单位、社会组织签订劳动合同。

工会代表职工与企业、实行企业化管理的事业单位、社会组织进行平等协商，依法签订集体合同。集体合同草案应当提交职工代表大会或者全体职工讨论通过。

工会签订集体合同，上级工会应当给予支持和帮助。

企业、事业单位、社会组织违反集体合同，侵犯职工劳动权益的，工会可以依法要求企业、事业单位、社会组织予以改正并承担责任；因履行集体合同发生争议，经协商解决不成的，工会可以向劳动争议仲裁机构提请仲裁，仲裁机构不予受理或者对仲裁裁决不服的，可以向人民法院提起诉讼。"

第二十二条　企业、事业单位、社会组织处分职工，工会认为不适当的，有权提出意见。

用人单位单方面解除职工劳动合同时，应当事先将理由通知工会，工会认为用人单位违反法律、法规和有关合同，要求重新研究处理时，用人单位应当研究工会的意见，并将处理结果书面通知工会。

第六章　企业民主管理相关法律法规政策

职工认为用人单位侵犯其劳动权益而申请劳动争议仲裁或者向人民法院提起诉讼的，工会应当给予支持和帮助。

第二十三条　企业、事业单位、社会组织违反劳动法律法规规定，有下列侵犯职工劳动权益情形，工会应当代表职工与企业、事业单位、社会组织交涉，要求企业、事业单位、社会组织采取措施予以改正；企业、事业单位、社会组织应当予以研究处理，并向工会作出答复；企业、事业单位、社会组织拒不改正的，工会可以提请当地人民政府依法作出处理：

（一）克扣、拖欠职工工资的；

（二）不提供劳动安全卫生条件的；

（三）随意延长劳动时间的；

（四）侵犯女职工和未成年工特殊权益的；

（五）其他严重侵犯职工劳动权益的。"

第二十四条　工会依照国家规定对新建、扩建企业和技术改造工程中的劳动条件和安全卫生设施与主体工程同时设计、同时施工、同时投产使用进行监督。对工会提出的意见，企业或者主管部门应当认真处理，并将处理结果书面通知工会。

第二十五条　工会发现企业违章指挥、强令工人冒险作业，或者生产过程中发现明显重大事故隐患和职业危害，有权提出解决的建议，企业应当及时研究答复；发现危及职工生命安全的情况时，工会有权向企业建议组织职工撤离危险现场，企业必须及时作出处理决定。

第二十六条　工会有权对企业、事业单位、社会组织侵犯职工合法权益的问题进行调查，有关单位应当予以协助。

第二十七条　职工因工伤亡事故和其他严重危害职工健康问题的调查处理，必须有工会参加。工会应当向有关部门提出处理意见，并有权要求追究直接负责的主管人员和有关责任人员的责任。对工会提出的意见，应当及时研究，给予答复。

第二十八条　企业、事业单位、社会组织发生停工、怠工事件，工会应当代表职工同企业、事业单位、社会组织或者有关方面协商，反映职工的意见和要求并提出解决意见。对于职工的合理要求，企业、事业单位、社会组织应当予以解决。工会协助企业、事业单位、社会组织做好工作，尽快恢复生产、工作秩序。

第二十九条　工会参加企业的劳动争议调解工作。

地方劳动争议仲裁组织应当有同级工会代表参加。

第三十条　县级以上各级总工会依法为所属工会和职工提供法律援助等法律服务。

第三十一条　工会协助用人单位办好职工集体福利事业，做好工资、劳动安全卫生和社会保险工作。

第三十二条　工会会同用人单位加强对职工的思想政治引领，教育职工以国家主人翁态度对待劳动，爱护国家和单位的财产；组织职工开展群众性的合理化建议、技术革新、劳动和技能竞赛活动，进行业余文化技术学习和职工培训，参加职业教育和文化体育活动，推进职业安全健康教育和劳动保护工作。

第三十三条　根据政府委托，工会与有关部门共同做好劳动模范和先进生产（工作）者的评选、表彰、培养和管理工作。

第三十四条　国家机关在组织起草或者修改直接涉及职工切身利益的法律、法规、规章时，应当听取工会意见。

县级以上各级人民政府制定国民经济和社会发展计划，对涉及职工利益的重大问题，应当听取同级工会的意见。

县级以上各级人民政府及其有关部门研究制定劳动就业、工资、劳动安全卫生、社会保险等涉及职工切身利益的政策、措施时，应当吸收同级工会参加研究，听取工会意见。

第三十五条　县级以上地方各级人民政府可以召开会议或者采取适当方式，向同级工会通报政府的重要的工作部署和与工会工作有关的行政措施，研究解决工会反映的职工群众的意见和要求。

各级人民政府劳动行政部门应当会同同级工会和企业方面代表，建立劳动关系三方协商机制，共同研究解决劳动关系方面的重大问题。

第四章　基层工会组织

第三十六条　国有企业职工代表大会是企业实行民主管理的基本形式，是职工行使民主管理权力的机构，依照法律规定行使职权。

国有企业的工会委员会是职工代表大会的工作机构，负责职工代表大会的日常工作，检查、督促职工代表大会决议的执行。

第三十七条　集体企业的工会委员会，应当支持和组织职工参加民主管理和民主监督，维护职工选举和罢免管理人员、决定经营管理的重大问题的权力。

第六章　企业民主管理相关法律法规政策

第三十八条　本法第三十六条、第三十七条规定以外的其他企业、事业单位的工会委员会，依照法律规定组织职工采取与企业、事业单位相适应的形式，参与企业、事业单位民主管理。

第三十九条　企业、事业单位、社会组织研究经营管理和发展的重大问题应当听取工会的意见；召开会议讨论有关工资、福利、劳动安全卫生、工作时间、休息休假、女职工保护和社会保险等涉及职工切身利益的问题，必须有工会代表参加。

企业、事业单位、社会组织应当支持工会依法开展工作，工会应当支持企业、事业单位、社会组织依法行使经营管理权。

第四十条　公司的董事会、监事会中职工代表的产生，依照公司法有关规定执行。

第四十一条　基层工会委员会召开会议或者组织职工活动，应当在生产或者工作时间以外进行，需要占用生产或者工作时间的，应当事先征得企业、事业单位、社会组织的同意。

基层工会的非专职委员占用生产或者工作时间参加会议或者从事工会工作，每月不超过三个工作日，其工资照发，其他待遇不受影响。

第四十二条　用人单位工会委员会的专职工作人员的工资、奖励、补贴，由所在单位支付。社会保险和其他福利待遇等，享受本单位职工同等待遇。

第五章　工会的经费和财产

第四十三条　工会经费的来源：

（一）工会会员缴纳的会费；

（二）建立工会组织的企业、事业单位、社会组织、机关按每月全部职工工资总额的百分之二向工会拨缴的经费；

（三）工会所属的企业、事业单位上缴的收入；

（四）人民政府的补助；

（五）其他收入。

前款第二项规定的企业、事业单位拨缴的经费在税前列支。

工会经费主要用于为职工服务和工会活动。经费使用的具体办法由中华全国总工会制定。

第四十四条　企业、事业单位、社会组织无正当理由拖延或者拒不拨缴工会经费，基层工会或者上级工会可以向当地人民法院申请支付令；拒不执行支付令的，工会可以依法申请人民法院强制执行。

第四十五条　工会应当根据经费独立原则，建立预算、决算和经费审查监督制度。

各级工会建立经费审查委员会。各级工会经费收支情况应当由同级工会经费审查委员会审查，并且定期向会员大会或者会员代表大会报告，接受监督。工会会员大会或者会员代表大会有权对经费使用情况提出意见。

工会经费的使用应当依法接受国家的监督。

第四十六条　各级人民政府和用人单位应当为工会办公和开展活动，提供必要的设施和活动场所等物质条件。

第四十七条　工会的财产、经费和国家拨给工会使用的不动产，任何组织和个人不得侵占、挪用和任意调拨。

第四十八条　工会所属的为职工服务的企业、事业单位，其隶属关系不得随意改变。

第四十九条　县级以上各级工会的离休、退休人员的待遇，与国家机关工作人员同等对待。

第六章　法律责任

第五十条　工会对违反本法规定侵犯其合法权益的，有权提请人民政府或者有关部门予以处理，或者向人民法院提起诉讼。

第五十一条　违反本法第三条、第十一条规定，阻挠职工依法参加和组织工会或者阻挠上级工会帮助、指导职工筹建工会的，由劳动行政部门责令其改正；拒不改正的，由劳动行政部门提请县级以上人民政府处理；以暴力、威胁等手段阻挠造成严重后果，构成犯罪的，依法追究刑事责任。

第五十二条　违反本法规定，对依法履行职责的工会工作人员无正当理由调动工作岗位，进行打击报复的，由劳动行政部门责令改正、恢复原工作；造成损失的，给予赔偿。

对依法履行职责的工会工作人员进行侮辱、诽谤或者进行人身伤害，构成犯罪的，依法追究刑事责任；尚未构成犯罪的，由公安机关依照治安管理处罚法的规定处罚。

第五十三条　违反本法规定，有下列情形之一的，由劳动行政部门责令恢复其工作，并补发被解除劳动合同期间应得的报酬，或者责令给予本人年收入二倍的赔偿：

（一）职工因参加工会活动而被解除劳动合同的；

（二）工会工作人员因履行本法规定的职责而被解除劳动合同的。

第五十四条 违反本法规定,有下列情形之一的,由县级以上人民政府责令改正,依法处理:

(一)妨碍工会组织职工通过职工代表大会和其他形式依法行使民主权利的;

(二)非法撤销、合并工会组织的;

(三)妨碍工会参加职工因工伤亡事故以及其他侵犯职工合法权益问题的调查处理的;

(四)无正当理由拒绝进行平等协商的。

第五十五条 违反本法第四十六条规定,侵占工会经费和财产拒不返还的,工会可以向人民法院提起诉讼,要求返还,并赔偿损失。

第五十六条 工会工作人员违反本法规定,损害职工或者工会权益的,由同级工会或者上级工会责令改正,或者予以处分;情节严重的,依照《中国工会章程》予以罢免;造成损失的,应当承担赔偿责任;构成犯罪的,依法追究刑事责任。

第七章 附 则

第五十七条 中华全国总工会会同有关国家机关制定机关工会实施本法的具体办法。

第五十八条 本法自公布之日起施行。1950年6月29日中央人民政府颁布的《中华人民共和国工会法》同时废止。

学习心得体会随手记